서양 고전으로 읽는 경영 이야기

인문의 어깨에 올라 경영을 바라보다

서양 고전으로 읽는 경영 이야기

인문의 어깨에 올라 경영을 바라보다

리케이온

| 프롤로그 |

경북대학교 경영대학원(MBA) 인문고전독서토론회 리케이온

2015년 11월에 만들어진 리케이온은 아리스토텔레스 학당의 이름을 빌린 것이다. 경북대학교 경영대학원 재학생들이 의기투합하여 만들었고 지금은 창립 회원을 비롯하여 졸업생과 재학생이 함께 참여하는 인문고전 독서토론회가 되었다. 5년 만에 회원 수가 10배가 되었으니 양적으로나 질적으로 크게 성장했다. 인문고전 읽기에 사람들이 점점 더 많은 관심을 가지게 된 것이 무척 기쁘다.

리케이온의 독서 토론은 매달 마지막 토요일 아침 7시에 한다. 한 달에 한 번이지만 토요일 아침 7시라는 시간은 만만치 않다. 피곤했던 일주일의 노동을 마무리하고 달콤한 아침잠을 즐길 수 있는 시간이기 때문이다. 거기다가 책 토론이라니. 그래도 즐겁게 모여드는 회원들을 보면 신기하기도 하고 재미도 있다. 올해는 코로나 사태로 인해 3개월 동안 카카오톡을 통한 온라인 토론을 진행했다. 비록 온라인 독서토론이지만 우리의 전통을 한 번도 깨지 않고 같은 시간에 토론회를 했다는 생각에 가슴이 부듯하다. 참여해 보지 않은 사람은 느끼지 못하는 지적 행복감을 주는 시간이다. 이 행복감을 나누고 싶지만 손사래를 치는 사람들이 많다. 행복을 안겨준다는데도 거절하니 어쩔 도리가 없다.

　독서토론회를 시작한 초기에는 주로 경북대 국제대학원 건물 1층 세미나실에서 모임을 했다. 최근에는 수성못에 있는 카페에서 주로 한다. 찬바람이 뺨을 에이는 해가 막 뜨는 겨울의 수성못은 조금 쓸쓸하지만 새해의 힘찬 기운을 느끼기에 최적이다. 날씨가 추울수록 독서토론에 참여하는 사람들의 얼굴에는 감동과 즐거움이 짙게 느껴진다. 봄이 오는 수성못은 벚꽃이 허드러지고 멋진 풍경을 만든다. 봄에 하는 독서모임은 꽃놀이 온 유생들 같다. 여름의 수성못은 열정적이고 활기차다. 많은 사람들이 아침운동을 하고 있고 책을 끼고 카페로 들어오는 우리들의 모습은 이방인같다. 그래서 재밌는 여름 아침이다. 가을이면 노오란 낙엽들과 스러지는 햇살 아래 책 읽기 최적의 시간이다. 한 해를 마무리해야 되는 시점이 다가오면 한 해 동안 열심히 살아온 나를 칭찬하고 싶다.
　첫 번째 『인문의 어깨에 올라 경영을 바라보다』(동양편)가 나온 지 2년이 지났다. 그 이후에도 여전히 매달 마지막 토요일 오전 7

시에는 어김없이 사람들이 모여 책을 들고 앉아있다. 힘들기도 하련만 매달 한 번도 쉬지 않고 그 어려운 인문 고전을 토론한다. 오히려 한 번도 쉬지 않은 것이 다행인지도 모른다. 이런 일은 한 번만 쉬어도 다시하기 힘든 법이다. 지나고 보니 안 빠지고 나온 사람들이 글을 쓰게 된다. 그리고 그 글은 계속 책을 읽으면서 더 나아지고 있다.

첫 자가 붙은 일은 늘 설레지만 서툴다. 첫사랑, 첫걸음, 첫 만남, 첫 출간….

두 번째 『인문의 어깨에 올라 경영을 바라보다』(서양편)를 기획할 때 더 나은 성과를 위해 많은 시간과 열정을 쏟았다. 열정은 뜨거우나 세련되지 못함이 아직도 아쉽다. 그래도 세상에 귀한 보물인 양 내놓는다. 모양이 예쁘지 않은 과일이 더 맛날 수도 있듯이 우리의 글 속에 살아있는 현장의 숨소리가 묻어있음을 자랑스럽게 여긴다.

자신의 일을 하면서 글을 쓴다는 건 그런 힘이 있다. 사람들 속에 움직이면서 자기 자리를 지키고 있는 사람들의 굳건함이 배어 있다.

이번 책은 서양고전에서 각자의 통찰을 이야기 하고 있다. 시대와 지역을 대표하는 서양고전들 중에서 선별하여 한 편씩을 풀어냈다. 저자가 책을 선정하고 이야기 하는 방식은 특별한 형식적 제약 없이 자신의 개성에 맡겼다. 그래서 조금 산만한 느낌은 있

어도 다양한 음식을 맛보는 듯한 성찬을 기대했다. 각자 일하는 분야가 다른 것은 책의 일관성에는 단점이나 다양한 직업적 배경에서 나온 경험을 녹여냈다는 점에서는 다른 책에서 볼 수 없는 독특한 장점이다. 부디 장점을 중심에 놓고 이 책을 읽기 바란다.

모여서 책을 읽고 토론하는 일은 많은 생산적인 결과물을 만든다. 그 중에서 가장 확실한 성과는 책을 쓰는 일이다. 이번 공동 작업 후에는 각자 자신의 책을 쓰기 위해 더 앞으로 나아갈 것이다. 비록 글 쓰는 일이 직업은 아닌 탓에 부족한 점이 있더라도 우리의 걸음을 중단하지는 않을 것이다.

"영원히 죽지 않을 것처럼 배우고 내일 죽을 것처럼 행하라."는 말이 있다. 우리의 배움은 책을 통해 계속 이어질 것이고 삶의 여정을 통해 글로 축적되리라 믿는다.

책을 내기까지 많은 시간을 할애하고 노력해 주신 김도균 리케이온 초대회장께 감사의 마음을 전한다. 그리고 성원해주신 모든 리케이온 회원들에게도 감사와 사랑의 마음을 전한다.

2021년 1월
리케이온 회장 최성욱

| 축하의 글 |

자전거를 놓으며

어렸을 적 자전거를 배울 때가 생각납니다. 그것은 누군가의 설명만으로는 부족한 일이었습니다. 직접 자전거에 올라 핸들을 잡고 페달을 밟으며 나아가야 했거든요. 그때 누군가가 뒤에서 잡아 주었던 것을 기억하십니까? 그를 굳게 믿었기에 기우뚱거리면서도 앞으로 달려갈 수 있었던 거지요. 하지만 한참을 가다가 넘어질 때쯤 뒤를 돌아보면 든든히 잡아줄 거라 믿었던 그가 일찌감치 손을 놓았다는 사실을 발견하곤 했습니다. 지금 생각해 보면 적절한 때에 손을 놓아 준 그분이 고맙습니다.

비대면 권하는 사회에서 비대면 원하는 사회로의 변화. 그 많은 시절의 어려움을 겪고 '리케이온'에서 『인문의 어깨에 올라 경영을 바라보다』 '서양편'이 출간되었습니다. 그 지고한 의미를 헤아리며 축하의 말씀을 전합니다. 저는 뒤에서 잠시 문법의 자전거에 손을 얹었을 뿐 모두 스스로를 경영하며 미래로 나아갔습니다. 유시유종(有始有終)이란 말처럼 시작이 있었으므로 소기의 도착점에 이른 것 같습니다. 하지만 이것은 완결된 목적지가 아니라 변화해 가는 과정상의 한 지점일 수도 있습니다.

　한 분 한 분의 이름을 다 부를 순 없지만, 이 '한 분 한 분'이란 말 속에 모두의 이름과 그간의 스토리들이 담겨 있음을 기억할 것입니다. 선생님들과 함께한 일분일초가 다 소중하고 의미 있었습니다. 리케이온 회원들과 함께 '인문과 글쓰기'라는 주제로 대화를 나눌 수 있어 행복했습니다. 저는 한참 전에 자전거에서 손을 놓았으며 오히려 뒤에서 선생님들의 인문과 경영에 관한 콘텐츠를 보며 배우고 있었습니다. 제목처럼 인문의 어깨에 올라 거인보다 더 멀리 세상을 내다보고 통찰할 수 있기를 소망합니다. 다시 한 번 축하드립니다.

2021년　1월
빛과 장창수

〈 차 례 〉

최성욱 14 — 프랑스 선생님과 애민(愛民)이의 성장 이야기 : 장 자크 루소의 『에밀』

진미정 76 — 최상의 담론, 중용 『니코마코스 윤리학』

손수빈 122 — 존 스튜어트 밀, 스펙과 실무의 중심에서 『자유론』을 외치다

도은한 160 — 조지 오웰의 눈에 비친 나의 경영을 보다 : 『동물농장』

김도균 210 — 막스 베버, 기업의 사회적 책임을 묻다 : 『프로테스탄트 윤리와 자본주의 정신』

곽대훈 256 — 『리어왕』에서 경영리더십을 배우다

| 최성욱 |

영진고 재학시절 문학 동아리(靑竹) 활동을 했지만 대학교에 진학하고 나서 글쓰기를 그만두었다. 경북대학교 치대를 졸업하고 서울대학교 대학원에 진학하여 치의학 석사 및 박사 학위를 취득하였다. 새로운 분야에 대한 배움의 열망이 경북대 경영대학원(MBA)에 진학하게 하였다. 경영대학원 재학 중에 인문고전 독서토론 동아리 리케이온에 참여하면서 다시 글을 쓰기 시작했다. 경영학 석사를 취득하였고 현재 대구사과나무치과 대표원장으로 일하고 있다. 평생 꿈꾸는 소년으로 살 생각이다.

최성욱 /

프랑스 선생님과 애민(愛民)이의 성장 이야기: 장 자크 루소의 『에밀』

프랑스 선생님과 애민(愛民)이의
성장 이야기: 장 자크 루소의 『에밀』

최성욱

1.

교육은 저마다의 철학에 기반을 두고 이루어진다. 애민이의 성장 과정은 특별하다고 할 수 있다. 어릴 때부터 훌륭한 선생님이 곁에 있었기 때문이다. 그 선생님은 외국인이었고 이름은 장 피에르였다. 우리는 그를 피에르 수사라고 불렀다. 한국에 선교를 오신 수사(修士)인데 우연히 그 수사 주변에 살게 된 것이 큰 행운이었다. 피에르 수사는 1987년에 한국에 왔고 그해에 애민이가 태어났다. 애민이라는 이름은 나의 아버지, 즉 애민이의 할아버지가 사람을 사랑하며 사는 사람, 사람들로부터 사랑받는 사람이 되라는 뜻으로 지어 주셨다.

피에르 수사는 파란색 눈과 갈색의 탐스런 머리를 가지고 있었고 키가 185센티미터 정도 되는 전형적인 프랑스인이었다. 외국인치고는 한국말이 유창했다. 물론 사투리까지 다 알아듣지는 못했지만 한국어로 설교를 하면 사람들이 놀라곤 했다. 그 당시 대구에서는 프랑스인이 드물기도 하였지만 한국어를 유창하게 하는 외국인은 거의 없었기 때문이다. 피에르 수사는 대학에 강의를 다니기도 하였고 한국 사람들과 교류하며 선교활동을 하였다. 25년 전 피에르 수사와 만나면서 애민이의 특별한 육아기는 시작되었다.

2.

우리 집은 피에르 수사가 머무는 숙소 근처에 있었고 큰길로 나가기 위해서는 우리 집 앞을 지나가야 했기 때문에 가끔씩 그와 마주치게 되었다. 어느 날은 애민이를 안고 길을 걸어가는데 피에르 수사가 맞은편에서 걸어오고 있었다. 그때 애민이는 생후 백일 정도였다. 갑자기 애민이가 심하게 울기 시작했고 나는 당황해서 어쩔 줄을 몰랐다. 아내는 일이 있어 아침에 나갔고 분유가 떨어져서 동네 슈퍼에 분유를 사러 가던 길이었다. 애민이의 울음은 점점 거세졌고 나는 아이를 달래기 위해 진땀을 흘렸다.

이때 피에르 수사가 내게 다가왔다. 아이는 우는데 낯선 외국인이 다가오자 더 당황해서 어쩔 줄 몰라 하며 그 외국인을 물끄러미 바라보고 있었다. 피에르 수사는 가만히 아이를 들여다보더니 손을 천천히 기저귀에 대보는 것이었다. 나는 경황이 없어서 그냥 바라보고만 있었다. 피에르 수사는 기저귀에 댄 손을 빼더니 내 눈을 보며 말했다.

"아이가 똥을 싼 거 같아요. 얼른 기저귀를 갈아 주세요."

나는 외국인의 유창한 한국말에 놀라기도 하고 정신이 없어서 허둥대며 빠른 걸음으로 집으로 돌아갔다. 고맙다는 인사를 해야겠다는 생각은 하면서도 외국인을 처음 보는 데다 당황하다보니 그냥 집으로 와버렸다.

거실 마루에 아이를 눕혀놓고 내복 바지를 벗기고 기저귀를 묶은 노란 고무줄을 풀었다. 아이의 구수한 똥 냄새가 느껴졌다. 애민이는 집을 나서는 순간 똥을 쌌던 모양이다. 애민이가 태어난 뒤로 줄곧 아내만 돌보다 보니 이런 상황은 처음이었다. 아내가 했던 일을 떠올리며 천 기저귀를 물이 담긴 양동이에 던져 넣고 아이의 엉덩이와 다리를 젖은 수건으로 닦았다. 애민이는 이제 더 이상 울지 않고 오른손 엄지손가락을 빨면서 나를 빤히 바라보며 옹알이를 했다. 아이가 진정되고 나니 아까 본 외국인에게 고맙다는 인사도 못 하고 온 것이 마음에 걸렸다. 한국말을 잘했던 기억이 나 다음에 만나면 꼭 감사 인사를 해야겠다고 마음먹었다.

애민이의 내복을 갈아입히고 분유를 사기 위해 다시 집을 나섰다. 혹시 그 외국인을 만나지 않을까 길을 걸으며 두리번거렸다. 완만한 골목길을 다 내려갈 때까지 뒤를 한 번씩 돌아보며 내려갔지만, 그 외국인은 보이지 않았다. 나는 분유를 사서 다시 집으로 왔다. 집으로 오는 길에도 그 외국인과 마주치지 않았다.

저녁때가 되자 아내가 집으로 돌아왔고 아내에게 낮에 있었던 일을 얘기했다. 아내도 그 외국인을 본 적 있다고 했다. 그래도 한국말을 그렇게 잘하는 줄은 몰랐다며 신기해했다. 아내는 기저귀를 갈아줘서 고맙다며 처음으로 기저귀를 간 소감이 어떠냐고 물었다. 나는 처음 해보는 일이라 서툴러서 한참을 애먹었다고 대답했다. 아내에게 아이 보는 일이 힘든데 고생이 많다고 하니 아내는 빙긋이 웃으며 제 일인데요 한다. 아내가 예뻐 보인다.

자신이 소중하게 생각하는 일을 상대방도 소중하게 대하면 예뻐 보이게 마련이다. 아이를 낳고 산후조리를 하는 동안 아내는 몸도 부은 데다 화장기도 없어서 얼굴이 못나 보인다고 생각했다. 출산 후에는 처녀 때와는 달리 여성스러움은 줄었지만 더 사랑스럽다. 아름답다는 기준은 내가 처한 상황에 따라 변한다. 프로타고라스의 말처럼 내가 만물의 척도가 되는 걸 느낀다. 아내를 가만히 안아주었다. 애민이는 엄마 아빠의 모습을 뚫어지게 보다가 웃었다. 아이도 좋아 보이는 모양이다. 아내는 아이에게 분유를 타서 먹이고 재웠다. 나는 이부자리를 준비하고 누웠다. 낮에 보았던 그 외국인이 생각났다. 다음에 만나면 꼭 고맙다는 인사를 해야겠다고 생각하며 잠이 들었다. 그리고 며칠 후 우리의 운명적인 만남이 있었다.

3.

　나는 출근을 위해 서둘러 집을 나섰다. 아내는 서류가방을 챙겨주며 배웅해 주었다. 평소보다 조금 일찍 출근하던 참이었다. 수업 들어가기 전에 처리해야 할 업무가 있었기 때문이었다. 나는 국민학교 선생님이다. 초등학교로 이름이 바뀐 것은 1996년의 일이니 국민학교라는 이름은 지금은 낯선 단어가 되었다. 대문을 나서 버스를 타기 위해 골목길을 내려가고 있는데 앞에 누군가가 쓰러져 있는 모습이 보였다. 아직 이른 시간이라 해가 완전히 뜨지 않아서 사람의 형체가 잘 구별되지 않았다. 점점 그 사람에게로 다가가니 조금씩 모양새가 뚜렷하게 보였다.

　며칠 전에 만났던 그 외국인이 아닌가. 그런데 왜 땅바닥에 누워서 몸을 뒤척이고 있는지 의아했다. 조금 더 다가가서 보니 그 외국인은 왼쪽 발목을 양손으로 잡고 신음 소리를 내고 있었다. 고통스러운 모양이었다. 나는 며칠 전에 있었던 일도 있고 해서 서둘러 그 외국인에게 다가갔다. 가까이서 보니 아마도 발목을 다친 것 같았다. 쓰러져 있는 사람의 옆쪽에 조그만 웅덩이 모양의 패인 곳이 보였다. 어두운 골목길을 내려오다가 패인 웅덩이에 발을 접질린 모양이다. 나는 얼른 다가가서 눈인사를 하고 발목을 살펴보았다. 왼쪽 발목이 심하게 삔 것 같았다. 발목을 손으로 누르니 신음 소리를 냈다. 많이 아픈 것 같은데 참을성이 많은 것 같았다.

　나는 곧 다시 올테니 움직이지 말고 그대로 계시라고 말하고는 집으로 뛰어갔다. 아내가 갑자기 집으로 급하게 돌아온 나를 보고 놀라서 무슨 일 있는지를 묻는다. 나는 며칠 전 본 그 외국인이 발목을 접질러서 다쳤다고 말하고는 마당 구석에서 나뭇가지와 노끈을 찾아 검은 비닐봉지에 담았다. 그리고 뒤편 창고로 목발을 가지러 갔다. 예전에 내가 축구하다가 다쳐서 한동안 하고 다녔던 목발이 생각났던 것이다. 다행히 목발은 창고 구석에 먼지를 뒤집어쓴 채 놓여 있었다. 나는 옆에 있던 걸레로 먼지를 대충 닦아내고 창고에서 목발을 들고 나왔다. 아내는 애민이를 품에 안고 안절부절못하며 지켜보고 있었다. 나는 걱정하지 말라고 말하고는 급히 집을 나섰다.

마음이 급해서 골목길을 뛰어 내려갔다. 날이 밝아오고 있었다. 얼마 후 아직 그 자리에 누워있는 외국인이 보였다. 나는 준비해 간 나뭇가지와 노끈을 이용하여 왼쪽 발목을 고정시켰다. 나는 군대에서 의무병으로 복무한 경험이 있어서 그런 상황에 익숙했다. 군대에서는 행군하다가 발목을 삐는 병사들을 치료하는 일이 매우 흔했다. 일단 발목이 고정되자 통증이 줄어들었는지 가볍게 미소를 지으며 고맙다고 말했다.

"별거 아닙니다. 며칠 전에 우리 아이가 울 때 저를 도와주셨는데 고맙다는 말도 못 하고 갔는데 이렇게 도울 수 있어서 다행이네요."

나의 말에 그 외국인은 연신 고맙다고 말했다.

"나는 프랑스에서 온 장 피에르라고 합니다. 그냥 피에르라고 부르세요."

"그러시군요. 저는 최선우라고 합니다."

피에르는 내가 의사냐고 물었고 나는 국민학교 선생님인데 의무병으로 근무하면서 간단한 응급조치를 배웠다고 말했다. 피에르 수사는 다시 고맙다고 말하면서 관사로 좀 데려다 줄 수 있느냐고 물었다. 나는 그의 어깨를 부축하여 일으켜 세웠고 가져온 목발을 왼쪽 겨드랑이에 넣어주었다. 피에르 수사는 신음 소리를 내면서 일어섰고 오른쪽 손을 내 어깨 위로 둘렀다. 나는 오른손에 서류가방을 잡고 왼손으로 허리를 부축했다. 나이를 가늠할 수 없는 탄탄한 몸이 느껴졌다. 피에르 수사는 목발을 짚으며 조심스럽게 걷기 시작했다. 10분이면 가는 거리였는데 걷는 속도가 느려서 관사까지 가는데 30분 이상 걸린 것 같았다.

관사는 언덕 끝에 있었다. 야트막한 담장과 대문이 있고 마당에는 잔디가 깔려 있다. 관리하는 사람이 있는 듯 정원이 잘 가꾸어져 있다. 대문을 들어서니 징검다리처럼 돌이 놓여 있었지만 목발 때문에 잔디를 밟으며 현관까지 걸었다. 현관의 문고리를 두드리자 안에서 인기척이 났다. 프랑스어로 말하는 소리가 들렸다. 피에르 수사가 프랑스어로 상황을 설명하는 것 같았다. 그러자 안에서 급히 문 여는 소리가 들렸고 외국인 수녀가 소리를 지르며 피에르를 맞이했다. 나는 수녀에게 피에르 수사를 넘겨주고 가보겠다고 인사를 했다.

"최 선생님 감사합니다. 당신 덕분에 무사히 집으로 돌아올 수 있었습니다. 이 신세를 잊지 않겠습니다."

피에르 수사는 크게 미소 지으며 진심으로 감사를 표했다. 나는 당연한 일을 한 것뿐이라며 몸조리 잘 하시라고 말하며 웃어보였다. 기분이 좋았다. 며칠 전 도움을 받은 것에 대한 보답도 했고 인사도 하게 되었으니 잘 되었다고 생각했다.

"혹시 통증이 더 심해지거나 발목이 많이 부으면 뼈가 상했을 수도 있으니 병원에 꼭 가보세요. 얼음으로 찜질을 하시면 통증도 덜하고 붓기도 가라앉을 겁니다."

나의 설명에 피에르 수사는 고맙다는 인사를 하며 내 손을 잡았다. 손에 털이 많고 의외로 부드러웠다. 나도 손을 가볍게 쥐었다가 놓았다. 시계를 보니 출근 시간이 다 되어 가고 있었다. 나는 학교에 가야 한다며 인사를 했다. 피에르 수사는 어서 가시라며 손을 흔들었다.

나도 가볍게 손을 흔들고 정원으로 나왔다. 대문을 나서면서 뒤를 돌아보니 피에르 수사가 아직도 나를 보며 손을 흔들고 있었다. 대문을 나서자마자 뛰기 시작했다. 이러다가 수업에 늦을 것 같았다. 버스 정류장에 도착하니 숨이 헐떡거렸다. 다행히 버스가 바로 도착해서 버스에 올랐다. 지금 가면 수업에 맞춰서 도착할 수 있을 것 같아 안심이 되었다. 버스 손잡이를 잡고 아까 있었던 일을 떠올렸다. 피에르 수사를 도와준 일이 기분 좋아서 나는 창밖을 보며 엷은 미소를 지었다. 분주한 아침이 창밖으로 지나고 있었다.

4.

그 일이 있고 2주가 지난 어느 날, 아침 출근길에 피에르 수사를 만났다. 이번에는 내가 먼저 반갑게 인사했다. 다리는 괜찮은지 물었고 피에르 수사는 밝은 표정으로 응급치료를 잘 해줘서 이제는 목발 없이 걸을 만하다고 웃으면서 말했다. 그날 일은 고마웠다며 집이 어디인지를 물었다. 나는 뒤를 돌아 손가락으로 언덕 중간쯤을 가리켰다.

"저희 집은 저기 전봇대 있는 골목 안쪽 두 번째 집이에요. 대문이 파란색이고 최선우라는 문패가 붙어 있어요."

피에르 수사는 미소를 지으며 알겠다고 했고 내일 저녁에 목발을 갖다 주러 가도 괜찮은지를 물었다. 나는 괜찮다며 몇 시쯤 올 수 있는지 물었다. 피에르 수사는 6시 이후에는 시간이 될 거 같은데 몇 시쯤 찾아가면 되겠느냐고 말했다. 나는 7시쯤 와서 같이 저녁을 먹으면 어떠냐고 물었다. 피에르 수사는 매우 기뻐하며 그러겠다고 말했다. 우리는 천천히 골목길을 걸어내려 갔다. 아직도 다리가 약간 불편해 보였다. 나는 피에르 수사의 보폭에 맞추어 걸었다.

"피에르 수사님은 언제 한국에 오셨어요?"

"올해 1월에 왔습니다."

피에르 수사는 발음을 분명하게 하려고 노력하면서 말을 천천히 또박또박 했다.

"한국말을 참 잘하시네요. 어떻게 한국말을 배우셨나요?"

나는 감탄하며 말했다.

"제가 한국에 오기 전에 프랑스에서 한국인 교사에게 5년 정도 말을 배웠습니다. 한국말 배우기 무척 어렵습니다. 하하."

피에르 수사의 웃는 모습이 무척 선해 보였다. 나는 외국인과 말해본 적이 없어서 어색했지만 피에르 수사의 유창한 한국말에 두려움이 점차 사라졌다.

"신부님이신가 봐요? 옷이 신부님 복장이네요."

피에르는 자신의 옷을 한번 쓱 훑어보더니 미소를 지었다.

"네, 저는 예수회 소속 수사입니다."

그의 말은 약간 딱딱하게 들렸지만 한국말 경어를 능숙하게 구사했다. 선교활동을 하고 있으며 예전에는 프랑스에 있는 가톨릭 학교에서 아이들을 가르치는 일도 했다고 말했다. 요즘은 아이들 교육에 관한 연구를 한다고 했다. 이런저런 얘기를 하다 보니 버스정류장에 도착했다. 2~3분 정도 기다리니 2-1번 버스가 도착했다. 피에르 수사는 그 버스를 탄다고 했고 나는 다른 버스를 타니까 먼저 가시라고 말했다. 피에르 수사는 함박웃음을 머금고 내일 저녁에 찾아가겠다고 말하고 버스를 탔다.

나는 손을 가볍게 흔들며 낼 봐요 라고 인사했다. 도로 끝에 닿아있는 파란 하늘이 바다처럼 펼쳐져 있고 구름들이 배 모양을 하고 떠 있었다. 상쾌한 아침이었다. 바닷물을 뚫고 나오는 듯 버스 한 대가 도로에 나타났다. 학교로 가는 36번 버스였다. 우리 집에 외국인이 온다는 사실에 몹시 설레었다. 내일 저녁 식사를 무엇으로 대접하면 좋을까 생각하며 버스에 올랐다.

5.

 다음 날 아침, 나는 평소보다 더 일찍 일어났다. 아침 식사 준비를 하고 있는 아내의 등에 애민이가 고개를 오른쪽으로 기울인 채 업혀 있었다. 왼손 엄지손가락을 빨면서 자는 모습이 천진스럽다. 어젯밤, 아내에게 아침에 있었던 피에르 수사와의 만남과 저녁 식사 초대에 대해 이야기해 두었지만 아침부터 걱정이 되었다.

 "여보, 저녁에 피에르 수사님께 무엇을 대접하면 좋을까?"

 걱정이 묻어나는 말에 아내가 얼굴을 돌리면서 장난스럽게 웃었다.

 "어제 저녁 내내 걱정하더니 아침에 일어나자마자 또 고민이 되시나 봐요?"

 아내는 재미있다는 듯이 대답하며 국의 간을 보려고 숟가락을 입에 갖다 대었다. 나는 고기반찬을 좀 하면 어떻겠냐고 말했고 아내는 걱정하지 마시고 출근 준비나 하라며 빙긋이 웃는다. 아내는 나보다 이런 일에 더 대담한 편이다. 나는 성격이 예민한 편이라 걱정거리가 있으면 잠을 잘 못 자는데 아내는 항상 잘 될 거라며 태평한 성격이다. 그런 아내의 성격이 좋아서 결혼을 결심했었다. 아내의 시원시원한 대답에 그냥 아내에게 맡기면 되겠다는 생각이 들자 기분이 가벼워졌다. 옷을 입고 식탁에 앉으니 아내가 아침을 차려 놓았다. 아내의 요리솜씨는 점점 좋아지고 있었다. 결혼 초에는 할 줄 아는 요리도 별로 없었는데 이제는 제법 어머니의 솜씨를 비슷하게 낸다. 문득 결혼

초에 있었던 일이 떠올랐다.

결혼하고 6개월쯤 지났을 때 일이었다. 아침을 먹다가 내가 갑자기 숟가락을 소리 나게 탁 내려놓으며 심각하게 말했던 기억이 났다.

"여보, 이제껏 사랑으로 참고 먹었는데 더는 견디기가 힘드네. 맛이 없어서 못 먹겠어. 그리고 일주일에 세 번 이상 미역국을 끓이는 건 너무한 거 아냐?"

나는 아침을 먹다 말고 일어나 바로 출근을 했다. 화를 내고 나니 마음이 좋지 않았다. 아내의 울먹이던 얼굴이 자꾸 떠올라서 수업을 어떻게 했는지도 기억이 나질 않았다. 퇴근 시간이 되었지만 집으로 갈 엄두가 나지 않았다. 아내의 침울한 얼굴을 대할 생각을 하니 마음이 무거웠다. 사랑만으로는 결혼 생활이 쉽지 않은 것 같았다. 결혼할 때는 같이 살기만 하면 더 바랄 것이 없다고 생각했었다. 아무것도 필요하지 않았다. 단지 그녀만이 모든 것이었다. 그런데 지금은 반찬 투정을 하고 있다니. 스스로가 미워졌다. 그런 말을 해서는 안 되는 거였는데 후회가 성난 파도처럼 마음을 휩쓸고 지나갔다. 힘겨운 발걸음을 끌면서 집으로 향했다. 대문 앞에서도 한참을 망설이다 문을 밀고 들어섰다. 불이 켜진 거실 문을 힘없이 열었다. 아내가 부엌에서 요리를 하고 있었다. 약간 헛기침을 하며 인기척을 냈다. 아내가 뒤돌아보았다. 나는 미안함이 가득한 표정으로 아내를 바라보았다. 그런데 아내는 밝게 웃으며 나를 맞이하는 게 아닌가.

"여보 왔어요? 손 씻고 얼른 앉아요. 오늘 저녁에는 당신이 좋아하는 김치찌개를 했어요. 어머니께 열심히 배워왔으니 먹을 만할 거예요."

아내는 아무 일도 없었던 것처럼 말하며 찌개를 그릇에 담고 있었다. 나는 미안함을 잠시 내려놓고 손을 씻은 다음 식탁에 앉았다. 김치찌개와 흑미를 넣은 갓 지은 쌀밥이 식탁 위에 놓여 있었다. 나는 아내를 보기 민망해서 눈을 피하며 젓가락으로 밥을 조금 덜어 입에 넣었다. 따뜻한 밥알들이 입속에서 포근하게 씹혔다. 적당하게 잘 된 밥의 온기가 혀를 데운다. 김치찌개에 있는 묵은지를 하나 집어서 먹었다. 매콤하고 달짝지근한 맛이 났다. 약간 단맛이 강하긴 했지만 어머니가 해 주시던 김치찌개 맛과 비슷했다. 나도 모르게 표정이 밝아지면서 아내를 쳐다보았다. 아내가 커다란 눈을 동그랗게 뜨고 내 반응을 기다리고 있었다.

"여보, 진짜 맛있네. 어떻게 한 거야? 어머니가 해 주시던 김치찌개와 비슷해."

아내는 다행이라는 표정으로 빙긋 웃었다.

"당신이 아침에 그러고 나가서 마음이 넘 안 좋았어요. 그래서 낮에 어머니께 가서 김치찌개 만드는 걸 배웠어요. 그동안 내가 맛없는 음식을 해줘서 미안해요. 앞으로는 요리도 열심히 배울게요."

아내는 오히려 미안해했고 나는 어쩔 줄 모르며 말했다.

"아니야. 내가 그러면 안 되는 건데. 당신이 요리를 배울 시간도 없이 공부만 하다가 바로 나한테 시집왔는데 내가 넘 심했어. 미안해. 정말루."

아내는 괜찮다며 밥을 먹기 시작했고 우리는 미안해, 괜찮아 하면서 웃음 반 반찬 반으로 밥을 먹고 뜨거운 밤을 보냈다. 서로를 사랑하는 마음이 이렇게 쌓여 가는구나 하는 생각이 들었다. 일상 속에 녹아드는 둘만의 독특한 경험과 감정이 서로를 향해 있을 때만 생기는 사랑이다. 그래서 연애할 때와는 다른 사랑이 만들어지는 것이리라. 아내는 그렇게 대범하고도 따뜻한 사람이었다.

옛날 추억 속에서 빠져 나와 아침을 맛있게 먹었다. 입가에 미소가 살짝 번지는 걸 느꼈다. 아내는 내 표정을 보며 무슨 생각을 하느냐는 표정이다. 나는 잘 먹었다고 얘기하고 대문을 나섰다. 어느 날과 같이 골목길을 내려가서 버스를 타고 출근했다. 하루가 길고도 금방 지나갔다. 퇴근 시간이 되어서야 다시 걱정이 되기 시작했다. 저녁 식사 대접에 대한 걱정이 버스의 덜컹거리는 움직임에 맞추어 같이 춤을 추는 듯했다. 버스에 내려서 어떻게 집에 왔는지 기억도 나지 않았다. 나는 얼른 부엌으로 가서 아내를 찾았다. 아내는 싱크대에 여러 가지 요리를 해서 펼쳐 놓고 있었다. 두부에 계란 반죽을 입혀 부쳐놓았고 잡채와 쇠고기를 다져 부추와 함께 버무려 놓았다. 맑은 탕국과 흰 쌀밥이 차려져 있었다. 김치는 냄새가 덜 나는 백김치만 담아놓았고 메추리알과 돼지고기를 넣어 만든 간장조림도 있었다. 소갈비에 밤을 넣고 양념해서 쪄 놓았다. 냄새와 모양새가 근사했다.

"여보, 이런 요리는 어디서 배웠어? 정말 먹음직스러워."

약간 흥분해서 말하자 아내의 기분이 좋아졌다. 눈웃음을 지으며 손은 바쁘게 움직였다.

"곧 다 되니까 당신은 식탁보 가져와서 깔아주고 수저만 준비해 주세요."

나는 신나서 알았다고 말하고 얼른 손을 씻고 서랍 속에서 식탁보를 가져와 펴기 시작했다. 시간이 벌써 6시 50분을 가리키고 있었다. 식탁 위에 음식들이 예쁜 그릇에 담겨 나왔다. 나는 물주전자와 물컵을 갖다 놓았다. 평소에는 잘 쓰지 않는 수저 받침대도 꺼내서 수저를 가지런히 올렸다. 안방에서 칭얼거리는 애민이 소리가 들렸다. 아내를 도와 음식을 준비하고 있는데 대문 밖에서 문을 두드리는 소리가 났다. 피에르 수사가 온 모양이다. 나는 서둘러 손을 행주에 닦고 대문으로 나갔다. 문을 열자 피에르가 환하게 웃으며 왼손에는 조그만 상자와 목발을 들고 있었고 오른손에는 포도주 한 병을 가슴에 안고 있었다. 나는 반갑게 인사하며 집 안으로 들어오라고 했다. 피에르 수사는 선물과 목발을 내게 건네주고는 웃음을 지으며 따라 들어왔다. 아내가 거실 입구에서 인사를 했다. 아내는 피에르 수사를 가까이서 보기는 처음이라 약간 긴장한 듯 보였다. 피에르 수사가 한국말로 살갑게 인사하자 그제야 약간 표정이 밝아지며 조금 편하게 이야기를 했다.

"어서 자리에 앉으세요. 시장하시죠? 금방 음식이 준비되니 앉아계세요."

피에르 수사가 약간 어리둥절한 표정으로 물었다.

"'시장하시죠'가 무슨 뜻인가요?"

나는 아내와 얼굴을 마주보고 웃음을 터트렸다.

"피에르 수사님, '시장하시죠?'라는 말은 '배가 고프시죠?'라는 뜻이에요."

나는 웃으며 설명해 주었고 피에르 수사는 알겠다는 듯이 고개를 끄덕였다.

"한국말 어려워요. 하하"

피에르 수사는 식탁에 앉았다. 차려진 음식을 보더니 눈이 커지고 입을 헤 벌리면서 탄성을 질렀다.

"너무 맛있어 보이네요. 이렇게 많은 준비를 해주셔서 감사합니다."

피에르의 감탄에 아내는 기분이 좋아져서 해맑게 웃었다.

"차린 건 없지만 많이 드세요."

아내의 말에 피에르 수사는 정색하며 말했다.

"차린 게 없다니요. 이렇게 음식이 많은데."

아내와 나는 다시 웃음을 터뜨리고는 같이 자리에 앉았다. 피에르 수사는 능숙한 젓가락질로 음식을 맛있게 먹었다. 아내는 갈비찜도 앞으로 밀어주며 요것도 드셔보시라며 권했다. 피에르 수사는 처음 먹어보는 음식이 신기한 모양이다. 특히 소고기 부추잡채를 먹으면서 매우 맛있다며 칭찬을 아끼지 않았다. 식사 중에 나는 피에르 수사가 가져온 포도주를 들고 왔지만 어떻게 개봉하는지 알 수가 없었다. 처음 보는 술이었다. 작년인가 학교 동료 선생이 포도주를 가져와서 먹어 본 기억은 있지만 마개를 딸 수가 없었다. 피에르 수사는 빙

그래 웃으며 주머니에서 와인 오프너를 꺼내 스프링처럼 생긴 것을 코르크 마개에 돌려 넣더니 퍽 하는 소리와 함께 마개를 빼냈다. 아내와 나는 물끄러미 보고 있었다. 포도주 마개를 따는 모습은 처음이었다. 피에르가 맥주잔에 포도주를 삼 분의 일쯤 따랐다. 나는 잔을 들면서 말했다.

"피에르 수사님, 한국에서는 잔에 술을 가득 채우는 게 주도입니다. 하하."

"그렇죠. 하지만 포도주는 잔에 가득 부어 마시지 않습니다. 잔 안의 공기와 접촉하면서 포도주의 맛이 깊어지기 때문에 이렇게 부어 마십니다."

나는 포도주 마시는 법을 몰랐는데 그 말을 듣고 나서 피에르 수사의 잔에도 똑같이 삼 분의 일만 부었다. 아내는 맛만 보겠다고 조금만 달라고 해서 십 분의 일 정도만 부어 주었다. 포도주의 색깔이 붉지 않고 연한 청주 같은 색깔이었고 약간 거품이 있었다. 우리는 건배를 하고 포도주를 마셨다. 나는 포도주의 단맛과 상쾌함에 놀랐다. 전에 먹었던 포도주는 떫은맛이 강했고 달지 않았는데 이 포도주는 단맛이 많이 나서 먹기가 아주 좋았다. 나는 너무 맛있는 술이라며 이것도 포도주냐고 물었다.

"예, 이것은 기포가 들어있는 모스카토라는 포도주인데 단맛이 강해서 포도주를 처음 먹는 사람들이 좋아하는 술이랍니다."

아내도 너무 맛있다며 받아든 술을 다 마셨다. 나도 잔을 끝까지 들이키고는 탁자에 잔을 놓았다. 피에르 수사는 그 모습을 보더니 크게 웃으며 말했다.

"한국 사람들은 잔에 술을 따르면 무조건 한 번에 다 마시는데 이 술은 조금씩 입 안에 넣고 음미하면서 먹는 술이랍니다. 식사하시면서 한 모금씩 드시면 더 좋아요."

피에르 수사의 말에 나는 약간 머쓱해졌다. 피에르 수사가 잔에 술을 따르자 두 손으로 받으며 알겠다고 말했다. 피에르 수사는 연신 맛있다며 밥 한 공기를 다 비웠고 아내는 밥그릇을 얼른 받아서 밥을 다시 가득 담아왔다. 피에르 수사는 너무 많아요를 연발하면서도 두 공기를 맛있게 먹었다. 아내는 밥을 더 주려고 했지만 피에르 수사는 배를 두드리며 터질 것 같아요 하면서 손사래를 쳤다. 아내는 미소를 지으며 밥그릇을 치우고 과일을 준비하기 시작했다. 사과와 배를 먹기 좋게 잘라서 접시에 담아 가져왔다. 피에르 수사는 배를 먹어보더니 이렇게 맛있는 과일은 한국밖에 없다며 맛있다는 말을 연발했다. 과일을 먹으면서 나는 처음 피에르 수사를 만났던 이야기를 하면서 외국인과 말을 해 본 적이 처음이라며, 당황한 나머지 고맙다는 인사도 못 하고 간 일에 대해 미안하다고 말했다. 피에르 수사는 이해한다며 한국 사람들은 외국인에 대한 막연한 두려움이 있는 것 같다면서 자주 겪는 일이라 했다. 오히려 지난번에 자신이 넘어져 발목을 삐었을 때 응급조치를 잘 해주어서 발목이 빨리 나을 수 있었다며 감사하다는 말을 했다.

아내는 피에르 수사가 가져온 상자 안에서 과자를 가져왔다. 색깔이 다양한 과자였는데 과자 두 개를 겹쳐 놓았고 그 사이에 하얀 크림

같은 것이 들어 있었다. 피에르 수사는 프랑스 과자라며 먹어보라고 했다. 나는 한 입 베어 먹었다. 부드러운 과자의 고소함과 달콤한 맛이 어우러져 맛있었다. 나는 매우 맛있다며 처음 먹어 보는 과자라고 고맙다고 말했다. 피에르 수사는 웃으면서 마카롱이라는 프랑스 과자인데 자신이 직접 만들어 왔다고 말했다. 아내도 마카롱을 먹어보더니 처음 먹어보는 맛이라며 정말 맛있다고 했다.

피에르 수사는 나에게 아이들을 가르치는 일이 즐겁냐고 물었다. 나는 아이들을 잘 가르치려고 하지만 뜻대로 잘 되지는 않는다며 약간 심각한 표정을 지었다. 피에르 수사는 자신도 교육에 관심이 많으며 프랑스 수도원 학교에서 아이들을 가르치는 일이 무척 즐거웠다고 말했다. 나는 아이들 교육에 대해 이것저것 물으며 관심을 보였다. 프랑스에서는 아이들을 어떻게 가르치는지 궁금했다. 피에르 수사는 약간 굳은 표정으로 말했다.

"한국에서 아이들을 가르치는 모습을 본 적이 있는데 선생님이 아이들을 작대기로 마구 때리는 모습을 보고 큰 충격을 받았어요. 아이들을 때리는 일은 이제 프랑스에서는 하지 않아요. 가르치는 일에 폭력이 사용되어서는 안 된다고 생각합니다."

"저도 같은 생각이긴 하지만 아이들이 말을 안 듣거나 공부를 열심히 하지 않으면 자꾸 매를 들게 되요. 사실 때리면 효과가 금방 나타나거든요."

나는 변명하듯이 말했다. 피에르 수사는 미간을 찌푸리며 말했다.

"아이들을 때리면 효과는 금방 나타날지 몰라도 아이의 마음에는 상처가 생기고 아이가 가진 본성을 해치게 돼요. 아이를 교육하는 일은 매우 신중하면서도 자연의 섭리에 맞게 해야 합니다."

나는 약간 의아한 듯이 물었다.

"자연의 섭리요? 그게 뭐죠?"

"1762년에 장 자크 루소라는 정치사상가이자 철학자가 쓴 교육에 관한 책에 나오는 말입니다. 자연의 질서 안에서 모든 인간은 평등하다. 모든 인간이 평등하다면, 인간으로서의 성향에 맞게 교육받은 한 어떠한 직업도 가질 수 있고 수행할 수 있어야 한다. 중요한 것은 자연이 부여한 이 인간으로서의 삶을 사는 것이고 그것이 우리가 가르쳐야 할 삶이라고 하셨습니다."

피에르 수사는 매우 진지한 어조로 말했다.

나는 처음 들어보는 말들이 많아서 잠시 생각에 잠겨 있다가 물었다.

"그 책이 어떤 책인가요?"

피에르 수사는 내 눈을 지그시 바라보며 천천히 말했다.

"에밀이라는 책입니다. 내용은 에밀이라는 가상의 아이가 태어나서 결혼할 때까지 어떻게 교육을 시켜야 하는지를 보여준 교육철학서입니다."

피에르 수사는 잠시 호흡을 멈추고 천천히 말을 이어갔다.

"루소는 에밀이라는 책에서 출생에서 다섯 살까지를 유아기로, 다섯 살부터 열두 살까지를 아동기로, 열두 살부터 열다섯 살까지를 소년기로, 열다섯 살에서 스무 살까지를 청년기로, 스무 살에서 결혼까지를 성년기로 나누어 각 연령대의 특성과 교육해야 할 내용을 정리해 놓았습니다. 이 책은 프랑스에서 출간되자마자 금서로 낙인찍혀 한동안 세상에 알려지지 않았다가 후대에 와서 교육에 관한 가장 중요한 책 중의 하나가 되었습니다."

나는 이렇게 대단한 책에 대해 들어보지 못한 것이 부끄러웠다. 피에르 수사는 그런 내 얼굴을 잠시 쳐다보다가 말을 이어나갔다.

"서양의 많은 교육이론이 이 책의 영향을 받았죠. 이 책의 시작 부분에는 이런 말이 있어요. '최고의 행복은 권력에 있는 것이 아니라 자유에 있다. 이것이 나의 원칙이며 교육에 접목시켜야 할 핵심이다' 라고 말입니다. 루소는 자연의 질서를 이해하고 자유롭게 사는 인간을 키워내는 것이 교육의 중요한 역할이며 좋은 일이든 나쁜 일이든, 슬픈 일이든 기쁜 일이든 그것을 잘 견뎌낼 줄 아는 사람이야말로 가장 훌륭한 교육을 받은 사람이라 주장했죠."

나는 처음 들어보는 책이라 그 내용을 자세히 알 수는 없었지만 피에르 수사의 설명을 들으면서 꼭 한 번 읽어보아야겠다고 생각했다. 그때 안방에서 애민이가 자지러지게 우는 소리가 들렸다.

6.

나와 아내는 안방으로 급히 들어갔다. 안방에는 애민이가 방바닥에 누워서 큰 소리로 울고 있었다. 무언가 울음을 통해 절실히 요구하는 듯이 보였다. 나는 애민이의 동작을 유심히 보았다. 그러자 아이가 텔레비전이 놓인 장식장 위에 있는 인형 모양의 시계를 보면서 자지러지게 운다는 것을 알아차렸다. 내가 그 시계를 들어 보이자 애민이는 그 시계에 눈동자를 맞추면서 울음소리를 계속 냈다. 나는 시계를 아이에게 가져다주었고 애민이는 시계를 손으로 누르기도 하고 혀를 날름거리며 빨기도 하였다. 그때 뒤에서 피에르 수사가 그 광경을 지켜보고 있었다. 애민이는 울음을 점차 그쳤고 시계를 이리저리 뒤집으며 장난을 쳤다. 그러다가 다시 뭔가 불만스러운지 또 울기 시작했다. 그 동물 시계는 옆으로 밀어둔 채 다시 자지러지게 울었다. 나와 아내는 점점 안색이 나빠졌다. 아이를 달래려고 애썼지만 애민이는 계속 울었다. 혹시 기저귀가 젖은 것인지 확인해 보았지만 아직 보송했다. 애민이의 몸동작을 따라 지켜보다가 아이가 벽에 걸려있던 아내의 외투에 달린 장식품을 보면서 떼를 쓰는 것 같았다. 그 장식품은 여우털로 만들어서 외투의 깃에 달아놓은 것이었다. 나는 그 외투의 여우털 장식을 떼어내 아이에게 가져다주었다. 애민이는 여우털 장식품을 만지작거리며 울음을 멈추었다. 나와 아내는 안도의 숨을 내쉬었다. 그때 피에르 수사가 등 뒤에서 말했다.

"아이가 응석을 부릴 때 그 숨은 의도를 잘 파악해야 합니다. 아이가 물체를 향해 손을 뻗으면서 우는 것은 손이 닿지 않아서라기보다는, 다시 말해 거리에 대한 판단이 미숙해 운다기보다는 그 물체로 하여금 다가와 달라고 명령하는 것입니다. 아니면 당신에게 그 물체를 가져다 달라고 명령하는 것입니다. 만일 앞의 경우라면 아이를 그 물체 쪽으로 데리고 가세요. 그러나 당신에게 명령하는 것이라면 응하지 말아야 합니다. 아이가 울부짖을수록 무시해야 합니다. 사람에게든 사물에게든 아이는 결코 주인이 아닙니다. 아이에게 지배나 복종의 관념이 깃들게 해서는 안 됩니다."

나는 피에르 수사의 말에 당황했지만 생각해 보니 맞는 것 같았다. 처음 아이를 키우다보니 아이의 특성을 잘 알지도 못했고 아이가 울면 항상 울음을 그치게 하기 위해서만 신경을 썼던 것 같았다. 나는 피에르 수사가 아이들 교육에 대한 깊은 통찰을 가지고 있다는 생각이 들었다. 그래서 갑자기 피에르 수사에게 아이 교육을 맡기면 어떨까 생각했다. 하지만 거절당할까봐 두려워 표정이 어두워졌다. 내가 말없이 생각에 잠긴 듯한 표정으로 있으니 피에르 수사가 아이 때문에 걱정이 있느냐고 물었다. 나는 그 말에 용기를 내어 말했다.

"피에르 수사님, 이런 부탁이 무리라는 생각은 들지만 애민이의 스승이 되어 아이가 잘 클 수 있도록 저와 아이를 가르쳐 주시면 안 될까요?"

피에르 수사는 갑작스런 부탁에 잠시 당황한 듯 눈동자가 커졌다. 그러다 이내 함박웃음을 지으며 말했다.

"제가 한국 아이를 가르쳐 본 적은 없지만 애민이의 교육을 전적으로 맡겨 주신다면 한번 해보겠습니다."

"감사합니다. 피에르 수사님."

나는 감격해서 피에르 수사의 손을 덥석 잡았다. 피에르 수사도 나의 진심어린 부탁에 마음이 움직인 모양이다. 우리는 한참을 마주보며 손을 잡고 있었다. 그때 아이의 칭얼거리는 소리에 다시 정신이 들었다.

아내는 아이를 품에 안고 우리 두 사람의 모습을 물끄러미 보고 있었고 애민이는 엄마 품에서 눈을 크게 뜨고 오른손 엄지손가락을 빨고 있었다. 나는 피에르 수사를 데리고 거실로 나왔다. 거실에 있는 식탁에 마주 앉았다. 아까 먹다 남은 와인이 놓여 있었다. 우리는 말없이 와인으로 잔을 부딪치고는 목을 축였다. 피에르 수사는 진지한 표정으로 나를 바라보며 말했다.

"저에게 애민이를 교육시켜 달라고 하신 말씀이 진지한 부탁이라면 제가 한국에 있는 동안에는 자주 찾아와서 애민이를 교육하고 최선생님께 조언을 하겠습니다. 아이들에게 가르쳐야 할 학문은 단 한 가지, 인간의 의무에 관한 학문밖에는 없죠. 그런 차원에서 그 학문을 가르치는 사람을 나는 교사라기보다는 지도자라 부르고 싶어요. 지도자는 단지 가르치는 사람이 아니라 이끌어주는 사람이기 때문입니다. 지도자는 교훈을 직접 주기보다는 발견하도록 해 줍니다."

나는 진지하게 경청했다. 피에르 수사는 교육에 대해 해박한 지식과 경험을 가지고 있다는 생각이 들었다. 애민이의 교육에 대해 훌륭한 조언과 가르침을 줄 거라는 확신이 들면서 기분이 좋아졌다. 피에르 수사에게도 나의 마음이 전해졌는지 흐뭇한 미소를 지었다.

"아이로 하여금 습관에 물들지 않도록 해야 합니다. 가장 좋은 습관은 어떠한 습관에도 물들지 않는 습관입니다. 아이의 행동을 규격화하고 양식화하지 말아야 합니다. 아이가 사물을 분간하기 시작하면 모든 것에 호기심을 갖게 됩니다. 이때 선입견을 심어주어 아이를 주눅 들게 하지 마세요. 거미가 있는 것을 용납하지 않는 집에서 자란 아이는 거미를 두려워하는데 이로 인한 습관은 어른이 되어서까지 이어집니다. 어떤 사물에 대해선 친숙한 반면 다른 사물에 대해선 경계심을 갖는 태도는 결코 바람직한 것이 아닙니다. 아이가 편향된 인식을 갖지 않도록 경계하세요. 뱀이나 두꺼비 같은 혐오스러운 동물도 자주 보면 익숙해지고 두려움이 사라집니다."

나는 고개를 끄덕였다. 단순히 혐오스럽다는 이유로 사물에 대한 편견을 갖지 않도록 해야겠다고 결심했다. 피에르 수사는 나의 진지한 눈빛에 안심이 되는 듯 말을 이어갔다.

"갓난아이는 기억력과 상상력이 아직 발달돼 있지 않기 때문에 그 반응이 원초적입니다. 직접적인 자극에만 주의를 기울이는 까닭에 무엇이든 만져보려는 경향이 있습니다. 이때 그것이 명백하게 위험한 것이 아닌 한 제지하지 마십시오. 아이는 이런 행위를 통해 자신의 감각을 실제화 시킵니다. 보고 만지고 듣고, 뜨거움과 차가움을 느끼고, 딱딱함과 부드러움을 감별해내는 모든 것이 교육입니다."

나는 아이에게 조금이라도 위험한 것은 못 만지게 하려 했다. 하지만 아이가 더 자라서 기어 다니거나 걸어 다니기 시작할 때 가급적 많은 경험을 하도록 해야겠다고 생각했다.

"아이는 울면서 뭔가를 부탁합니다. 아까처럼 말이죠. 처음에는 도와달라고 울지만 나중에는 시중을 들어달라고 웁니다. 자신의 나약함에서 비롯된 의존이 어느 순간 지배와 통치의 욕구로 변질됩니다.

그러한 변질에 대한 책임은 어른들에게 있습니다. 어른들이 아이를 섬기면 섬길수록 그 욕구는 강화됩니다. 따라서 아이가 응석을 부릴 때 그 숨은 의도를 파악하는 것이 대단히 중요합니다. 이성이 반짝이기 전까지 인간은 선악을 판별하지 못합니다. 아이가 분별없이 행동하는 것은 그 때문입니다. 어렸을 때는 아무런 죄의식 없이도 야만적인 짓을 서슴지 않습니다. 어떻게 해야 자신을 달래주는지를 아이가 알게 되면, 그 아이는 이제 당신의 주인이 됩니다. 그러면 끝입니다. 울어야 할 이유도 없는데 우는 아이는 없습니다. 그러나 어떤 울음의 원인은 매우 고약합니다. 아이의 잘못된 고집을 꺾는 방법은 간단합니다. 아이보다 당신의 고집이 더 세면 됩니다."

피에르 수사의 말은 미처 내가 생각하지 못했던 아이의 특성과 아이의 잘못된 습관에 대처하는 방법에 관한 것이어서 마음속에 잘 담아두었다. 하지만 아이가 무작정 울면 그러한 태도를 유지할 수 있을지 걱정이 되었다. 하지만 피에르 수사의 말대로 해보기로 마음먹었다.

어느덧 시간이 밤 10시가 다 되어가고 있었다. 나는 피에르 수사에게 아이의 교육을 맡아주고 조언을 해 주기로 한 데 대해 감사의 인사를 드렸다. 피에르는 시간이 될 때마다 들러서 아이를 관찰하고 조언을 해 주기로 하였다. 피에르 수사는 아내에게 맛있는 저녁을 잘 먹었다고 여러 번 인사를 하고 나서 관사로 돌아갔다. 나는 아내에게 피에르 수사에게 들은 이야기를 해 주었고 아이에게 잘못된 관념을 심어주지 않도록 조심하자고 다짐했다.

다행히 애민이는 떼를 쓰다가도 우리 부부의 단호한 태도에 더 이상 떼를 부리지 않았고 큰 병치레 없이 잘 자랐다. 애민이가 돌이 지나고 이제 제법 여러 가지 단어들을 말하기 시작하였고 우리 부부는 신이 나서 아이에게 이것저것 말을 가르치며 즐거움을 느끼게 되었다. 그러던 어느 날 피에르 수사가 몇 달간 다른 지역에 업무를 보러 갔다 와서는 우리 집에 들렀다. 아내는 아이에게 낱말 카드를 보여주며 말을 열심히 가르치고 있었고 나와 피에르 수사는 거실에서 오랜만에 만난 기쁨을 나누고 있었다. 잠시 근황을 묻고 나서 피에르 수사는 아내의 모습을 유심히 보았다. 아내의 열성적인 단어 가르치기가 30분 째 계속되고 있었다. 피에르 수사는 미간을 찌푸리더니 나에게 말했다.

"아내 분에게 낱말 공부를 중단하라고 이야기하십시오. 사람들은 말을 너무 빨리 가르치려는 경향이 있는데 이 또한 잘못입니다. 아이가 말을 배우지 못할까봐 서두르면 오히려 역효과를 낼 수 있습니다. 이러한 경솔한 열성이 부담을 주어 아이의 발음은 불명확해집니다. 천천히 또박또박 말할 기회를 주어야 합니다. 그렇지 않으면 이때의 버릇이 평생 갈 수도 있습니다. 대화에서의 근본은 내 말을 상대방이 알아듣게 발성하는 것입니다. 불분명한 발음과 모호한 억양은 상대방을 혼란스럽게 합니다. 억양은 대화의 생명입니다. 아이에게 말을 가르칠 때 아이로 하여금 분명하게 이해한 말만 듣고 발음하도록 해야 합니다. 아이가 말을 더듬더라도 너무 추궁해서 알려고 하지 말아야 합니다. 인간이 모든 말을 경청할 필요는 없으며 필요한 것만 주의 깊게 들어주는 것으로 충분합니다. 당신을 이해시키는 것은 아이의 몫입니다.

말의 필요성을 절감하게 되면 스스로 잘 말할 수 있게 됩니다."

나와 아내는 아이가 말을 빨리 배웠으면 하는 마음에 조급하게 굴었던 모습이 부끄러웠다. 다른 아이들에게 뒤처질까 항상 걱정스러웠다. 부모가 되어서 아이를 지켜보는 일은 참 힘들다는 생각이 들었다. 피에르 수사는 이런 내 마음을 눈치챘는지 부드럽게 타이르듯이 말했다.

"아이에게 말과 글을 가르치는 가장 좋은 방법은 놔두는 것입니다. 그러면 아이는 저절로 말을 하게 됩니다. 특별한 장애가 없다면 말이죠. 말을 빨리 배운 아이들은 발음도 정확하지 않으며 상대방의 말을 이해할 틈도 없습니다. 하지만 늦게 배운 아이는 자연적인 순서에 따라 쉬운 말과 쉬운 발음부터 받아들입니다. 천천히 관찰하고 그 의미를 확인한 후에 상대방의 말을 수용하는 것입니다. 때때로 아이가 뜻밖의 말을 함으로써 우리를 놀라게 하는 경우가 있는데, 그것은 아이의 의도라기보다는 우리의 관념이 덧붙인 오해이기 십상입니다. 그렇기 때문에 가능한 한 아이의 어휘를 제한하는 것이 좋습니다. 자신이 알지 못하는 낱말을 쓴다거나 이해할 수 없는 관념을 동원해 말하는 것은 커다란 폐단이 됩니다."

나는 피에르 수사의 말을 이해했다. 그리고 아이의 교육을 피에르 수사에게 맡기길 잘했다고 다시 한 번 느꼈다.

7.

　애민이는 강요된 공부 없이도 자연스럽게 말을 배우고 글자를 익혔다. 처음에는 배우는 게 느린 것 같았는데 스스로 깨우치면서 분명하게 말을 하게 되었고 글자도 자연스럽게 익혔다. 피에르 수사의 말대로 아이에게 자연스럽게 이해한 말만 가르친 것이 나중에는 또박또박 말을 잘하는 아이로 성장했다. 피에르 수사는 시간 나는 대로 우리 집에 들러 애민이를 돌봐주기도 하고 함께 놀아주기도 했다. 잠시 프랑스에 갔다 오고 나서도 바로 우리 집에 들러 애민이를 보러 오곤 했다. 나는 그런 피에르 수사에게 깊은 애정을 느꼈다. 마치 자기 자식처럼 애민이를 걱정하고 조언해 주는 모습에 감동을 받곤 했다.

　애민이가 여섯 살쯤 되던 어느 여름날, 나는 수박을 준비해 놓고 피에르 수사를 집에 초대했다. 피에르 수사는 마카롱을 만들어 가지고 왔다. 우리는 수박과 마카롱을 함께 먹었다. 애민이도 옆에서 마카롱을 맛있게 먹으며 피에르 수사에게 낮에 친구와 같이 놀았던 일을 얘기하며 웃었다. 그러던 중 애민이가 수박을 썰기 위해 놔 둔 칼을 만지작거리며 장난을 치다가 새끼손가락을 베이고 말았다. 순식간에 일어난 일이라 나와 아내는 너무 놀라서 당황했다. 아이의 손에서 피가 뚝뚝 흘러내렸다. 애민이도 피를 보고 놀랐는지 울기 시작했다. 아내는 허둥지둥 안방으로 구급상자를 가지러 갔고 나는 애민이의 손을 잡고 조금만 참으라고 말했다. 아내는 울먹이면서 구급상자를 가져왔고 눈물을 흘리면서 아이의 상처에 소독약을 바르고 붕대를 감왔다. 애민이도 계속 울었다. 우리 부부는 정말 가슴이 아프고 어떻게 해야 할지 몰라 안절부절못하고 있었다. 시간이 조금 지나자 애민이도 진정이 되었는지 울음을 그치고 잠이 들었다. 나는 아이를 방에다 누이고 다시 거실로 돌아왔다. 아내는 애민이가 자는 옆에서 계속 아이의 머리를 쓰다듬으며 울먹이고 있었다. 피에르 수사는 아무 말도 표정도 없이 거실 의자에 앉아 있었다. 상황이 급박했는데 피에르 수사의 태도에 나는 마음이 상했다. 나는 약간 화가 나서 물었다.

"수사님은 애민이가 다쳤는데 걱정이 되지 않으신가 봐요?"

피에르 수사는 나의 반응을 예상이라도 한 듯이 고개를 끄덕이면서 말했다.

"최 선생님이 그렇게 생각하는 게 당연합니다. 하지만 아이가 넘어지거나 부딪혀 다쳤을 경우, 혹은 코피를 흘리거나 손가락을 베었을 경우에도 주위 사람들이 서둘러 아이에게 쫓아가지 않도록 하십시오. 그래봤자 상황이 개선되지도 않을 뿐더러 이미 주어진 아픔은 참는 수밖에 다른 도리가 없는 것입니다. 서둘러 접근하면 오히려 두려움만 키워 아이가 아픔을 더 크게 느낄 수 있습니다. 이 경우 상처보다 공포가 더 큰 괴로움을 줄 수 있는데, 내 방식대로 한다면 적어도 이 두 번째의 괴로움은 막아줄 수 있을 것입니다. 아이는 어른을 통해서 자신을 판단합니다. 부모가 두려워하면 아이도 두려워하고, 부모가 침착하면 아이도 차분해집니다. 고통을 필요 이상으로 과장하지 않도록 주의해야 합니다. 그래서 고통의 단계에 맞는 아픔만 수용하는 의연함을 길러줄 필요가 있습니다. 이렇게 하면 더 큰 고통이 찾아와도 참아낼 줄 알게 됩니다."

  나는 어른스럽지 못하게 애민이 앞에서 당황한 모습을 보인 게 부끄러웠다. 사실 손을 조금 베인 것은 흔한 일이기도 하고 시간이 지나면 아무는 상처인데 아이에게 경황없는 부모의 모습을 보인 게 후회가 되었다. 이번 일을 계기로 더 차분한 대응이 필요하다는 생각을 하게 되었다. 피에르 수사는 항상 새로운 단계에서 벌어지는 일에 대해 명확하게 정리를 해 주었다. 처음 아이를 키우는 부모 입장에서 보이게 되는 미숙함은 어쩌면 부모들의 노력과 고민의 부족 때문인지도 모르겠다. 부모가 아이의 양육에 대해 진지하게 고민하지 않으면 자신도 모르게 아이에게 두려움과 편견의 관념을 갖게 할 것이다. 피에르 수사는 나를 지그시 바라보면서 말을 이어갔다.

  "고통에 대한 학습은 절대적으로 필요합니다. 작은 상처에도 기절할 것처럼 호들갑을 떠는 것, 그렇게 되도록 과보호로 아이를 격리시키는 어리석은 일을 하지 마십시오. 씩씩하게 자란 아이는 불평도 적습니다. 그 아이는 스스로 많은 것을 할 수 있으므로 타인의 손길을 그다지 필요로 하지 않습니다. 자신의 힘으로 난관을 극복하려고 애쓰는 동안 지식 또한 증대합니다. 아이의 인생이 시작되는 것은 이때부터입니다. 다섯 살에서 열두 살 시기에 자신을 의식하고 행동하며 개체로서 자신의 삶을 느끼기 때문입니다. 이때부터 아이는 도덕적 존재로 격상합니다. 아이를 행복하게 키우고 싶다면 지금부터 하는 말을 잘 기억해 두고 애민이에게 가르치세요. 행복이란 언제나 그가 겪는 고통의 최소량에 의해 측정되지 않으면 안 됩니다. 모든 고통은 그것에서 벗어나고자 하는 욕망과, 모든 쾌락은 그것을 누리고자 하는 욕망과 결부돼 있습니다. 이 욕망은 결핍을 전제로 합니다. 그리고 이 결핍은 고통을 수반합니다. 그러므로 우리의 불행은 이 욕망과 능력의 불균형에서 비롯된 것입니다. 만약 이 둘 사이의 균형을 완벽하게 유지할 수 있는 사람이 있다면 그 사람은 절대적으로 행복할 것입니다."

나는 피에르 수사의 말에 큰 깨우침을 얻었다. 행복에 대한 막연한 생각이 논리적으로 정리되는 느낌이었다. 피에르 수사는 나를 부드러운 눈길로 바라보며 말을 이어갔다.

"그렇다면 우리에게 주어진 과제는 이 욕망과 능력을 균형 있게 조화시키는 일일 것입니다. 진정한 행복은 능력을 넘어서는 욕망을 줄이고 힘과 의지를 평형 상태로 유지하는 데 있습니다. 그때서야 비로소 우리의 몸과 마음이 질서를 잡아, 몸은 활동 상태에 있으면서도 영혼은 평정을 유지할 수 있습니다. 만족은 결코 욕망의 끈을 놓지 않습니다. 인간이 불행하다고 느끼는 것은 결핍 그 자체 때문이 아니고 그 결핍을 느끼게 하는 욕망 때문입니다."

피에르 수사의 말은 나에게 많은 것을 생각하게 만들어 주었다. 더불어 애민이에게도 이러한 생각을 스스로 가질 수 있도록 가르쳐야겠다고 생각했다. 행복하게 사는 법을 가르치는 일이 부모가 해야 할 가장 중요한 교육이 아니겠는가.

피에르 수사는 잠시 숨을 고르고 물을 마셨다. 애민이가 많이 다치지 않았는지 걱정되는 모양이었다. 그래도 그 마음을 의연하게 조절하고 있었다. 나는 피에르 수사의 말과 행동이 항상 평정을 유지하는 것에 놀라곤 했다. 그는 성직자이지만 한 인간으로서도 배울 점이 많은 사람이었다. 피에르 수사는 할 말이 좀 남은 듯 내 눈을 부드럽게 바라보며 입을 떼었다.

"최 선생님, 애민이 시기의 아이는 짐승이어서도 안 되고 어른이어서도 안 되며, 단지 아이여야 합니다. 아이는 스스로의 약함을 느껴야 하지만 그 약함 때문에 고통 받게 해서는 안 됩니다. 의존하되 복종하도록 해서는 안 됩니다. 요구하되 명령하도록 해서도 안 됩니다. 아이 스스로 자유의지에 따라 행동할 수 있고, 해야 한다는 의지를 심어주어야 합니다. 복종에 의해 행동하지 않도록 하고, 지배한다는 느낌으로 가르치지 마세요. 부족한 부분이 무엇인지 스스로 깨닫고 도움을 요청할 때에만 그것을 보충해 주어야 합니다. 한 번 더 강조하지만 아이가 자신의 요구사항을 쟁취하기 위해 말로써가 아니라 울음으로써 호소한다면 단호하게 그것을 거절해야 합니다. 만일 요구를 들어줄 생각이었다면 아이가 의사 표시를 하는 순간 바로 들어주세요. 그렇지 않았다면 거절하되 번복하지 마세요. 또한 지나치게 엄격하거나 지나치게 관대한 것은 모두 다 피해야 할 일입니다. 장 자크 루소 선생님은 이런 말씀을 하셨죠. '당신의 아이를 불행하게 만드는 확실한 방법이 있다. 아이가 갖고 싶어 하는 것이면 무엇이든지 갖게 하라.' 하나를 가지면 둘을 갖고 싶고 욕망은 날로 증대될 것이며 그에 따라 당신의 능력은 고갈됩니다. 언젠가 당신은 애민이의 요구를 거절해야만 할 시기가 올 것이고 그러면 애민이는 견딜 수 없을 것입니다.

원하는 것을 갖지 못하는 고통보다 익숙하지 않은 당신의 그 거절 때문에 아이는 더 고통스러울 것입니다. 나약함과 지배욕이 광기와 불행을 만들어냅니다. 최 선생님, 꼭 기억하십시오."

애민이가 칼에 손을 베이는 일 때문에 한바탕 소동이 있었고 그 덕에 많은 가르침을 받았다. 애민이를 키우는 일이 하나씩 정리되고 분명해지는 느낌이었다.

그 일이 있은 지 3년 후 애민이가 아홉 살이 되던 해였다. 피에르 수사와 우리 부부 그리고 애민이는 휴일에 가까운 산으로 소풍을 갔다. 여름으로 접어들던 때라 녹음이 우거지고 약간 더워지고 있었다. 산에 올라가서 한 시간쯤 지났을까 시원한 계곡이 나타났다. 몸에는 약간 땀이 날 정도여서 우리는 계곡으로 내려가 양말을 벗고 발을 담그기 위해 물 가까운 바위 위에 앉았다. 애민이는 목이 마른지 엄마가 들고 있던 피크닉 바구니에서 음료수 병을 꺼내려고 갑자기 바구니를 잡아당겼다. 엄마는 바위 위에 앉으려다가 애민이가 바구니를 잡아당기는 바람에 바구니를 떨어뜨리고 말았다. 바구니에 든 유리병이 바위에 떨어지면서 깨졌다. 유리병은 산산조각이 났고 음료수는 바위 위로 쏟아져 버렸다. 아내는 순간적으로 애민이의 머리에 꿀밤을 주면서 야단쳤다. 나도 그 광경을 보다가 애민이에게 소리쳤다.

"애민아 조심해야지. 갑자기 바구니를 잡아당기면 어떡하니? 아까운 유리병이 다 깨졌잖아!"

내가 소리를 지르자 애민이는 눈치를 보면서 어쩔 줄 몰라 했다.

"죄송해요. 목이 말라서 음료수병을 꺼내려고 했는데."

애민이는 금방이라도 울음을 터뜨릴 것 같았다. 옆에서 보던 피에르 수사가 애민이를 토닥여 주면서 말했다.

"애민아, 괜찮아. 아무도 다치지 않았으니 너무 놀랄 것 없다. 하지만 행동을 하기 전에는 그 행동이 어떤 결과를 만드는지 신중해야 한단다. 다음부터는 조심하도록 해야겠지?"

애민이는 피에르 수사의 다정한 타이름에 약간 마음이 풀린 듯 '네' 하고 나직이 대답하고는 양말을 벗고 냇가로 내려갔다. 아직 물이 차서 애민이는 물속에 들어갔다 나왔다를 반복하며 좀 전에 있었던 일은 잊어버린 듯하였다. 나는 유리 조각을 나뭇잎으로 싸서 다치지 않도록 옆으로 치웠다. 정리가 되고 나자 피에르 수사와 나란히 바위에 앉아 계곡 물에 발을 담갔다. 피에르 수사는 나를 바라보면서 말했다.

"최 선생님, 애민이에게 교훈을 줄 땐 말로만이 아니라 경험을 통해 얻도록 해야 합니다. 잘못을 저질러도 체벌하지 않도록 하십시오. 이 나이 때 아이들은 잘못이 무엇인지 모르는 경우가 대부분입니다. 애민이가 용서를 구하게 하지도 마세요. 아직 애민이에겐 도덕적 관념이 없을 뿐더러 그럴 만한 의지도 없기 때문입니다. 아이들은 구속받으면 구속받을수록 더 거칠어집니다. 당신의 눈을 벗어나는 순간 아이는 그 속박의 고통에 대해 보상받고 싶어 하기 때문입니다."

나는 피에르 수사의 말에 조금 전 갑자기 애민이에게 소리 지른 것을 후회했다. 아이의 특성을 잘 이해하지 않고서는 아이를 잘 키울 수 없는 법이다. 이러한 피에르 수사의 말은 성장 과정의 특성에 대해 깊이 고민해 보지 않은 나에게 매우 유익했다. 나는 고개를 끄덕이며 잘 알았노라고 말했다.

언젠가 애민이가 만화책을 보고 있는데 내가 너무 오래 만화책을 본다고 심하게 꾸짖은 생각이 났다. 애민이는 안 보겠다고 대답을 하고는 제 방으로 들어갔다. 한참 후에 애민이 방에 들어가 보니 애민이가 이불을 뒤집어쓰고 자고 있었다. 나는 완전히 이불을 뒤집어쓰고 있어서 혹시 답답할까봐 이불을 걷어서 얼굴이 나오도록 하려고 이불을 조금 내렸다. 그러자 갑자기 애민이가 이불을 부여잡고 누에고치처럼 몸을 말았다. 나는 이상해서 이불을 확 벗겼다. 그러자 애민이가 이불 속에서 만화책을 꼭 안고 있는 것이 아닌가. 내가 야단칠 때는 만화책을 그만 보겠노라고 대답하고는 이불을 뒤집어쓰고 조그만 손전등으로 만화책을 보고 있었던 것이다. 나는 애민이 등짝을 때리면서 왜 말을 듣지 않느냐며 소리를 질렀던 일이 있었다. 결국 스스로 깨닫고 자제하지 않으면 아무리 야단을 쳐도 몰래 하게 되어 있는 법이다. 나는 다시는 애민이를 체벌하지 않기로 다짐했다.

피에르 수사는 내가 골똘히 생각에 잠겨 있자 혼자 휘파람으로 알 수 없는 노래를 불렀다. 청명한 하늘에 구름들이 예쁘게 떠다니고 있었다. 우리는 가져 간 도시락을 맛있게 나누어 먹고 산을 내려왔다. 집에 도착해서 아내가 과일을 준비하는 동안 피에르 수사와 나는 거실에 앉아 있었다. 피에르 수사는 탁자에서 기다리는 동안 말했다.

"최 선생님, 복종이라는 괴물이 아이들에게 거짓말을 해야 할 필요성을 만듭니다. 아이들은 이 괴물을 피하기 위해, 벌이나 꾸지람을 들지 않기 위해 사실을 은폐합니다. 거짓말로 인한 당장의 이익이 진실을 말해서 얻을 장차의 이익을 압도하기 때문입니다. 그렇지 않고 자연스럽고 자유롭게 교육을 한다면 아이는 거짓말할 이유가 없습니다. 야단치지도 벌주는 일도 없는데 왜 애민이가 거짓말을 하겠습니까? 정직함이 어떤 위험도 초래하지 않는다면 말입니다."

나는 아이가 나를 속이면서 이불 속에서 만화책을 보던 모습을 떠올렸다. 애민이에게 거짓말을 하게 하는 일도 정직하게 말하게 하는 일도 어른들의 책임이라는 생각이 들었다. 피에르 수사는 언제나 나의 부족한 점을 잘 알려주고 깨우치게 해 주었다. 피에르 수사를 만나게 된 것은 정말 큰 행운이며 놀라운 인연이라는 생각이 들었다. 그때 뒤에서 아내가 과일을 가져오다가 피에르 수사의 말이 끝나기를 기다려 사과와 귤이 예쁘게 담긴 과일 접시를 식탁에 소리 나지 않게 놓았다. 사과는 토끼 모양을 하고 있어서 귀여웠다. 아내의 정성스런 마음은 사소한 것에서부터 느껴진다. 아내가 조심스럽게 물었다.

"수사님 저는 애민이가 공부만 잘하기보다는 참한 아이로 컸으면 해요. 어떻게 하면 될까요?"

아내는 피에르 수사를 여러 해 동안 보았지만 질문을 하는 것은 처음이었다. 이제는 피에르 수사가 좀 편해진 모양이다. 피에르 수사도 아내의 질문에 호기심 어린 눈으로 아내의 얼굴을 미소 지으며 바라보았다. 나는 사과 하나를 포크에 찍어서 피에르 수사에게 건네주었다. 피에르 수사는 포크를 받으면서 말을 시작했다.

"허세와 가식을 버리고 덕망 있고 성실하게 살아야 합니다. 애민이에게 모범을 보여주세요. 그 모범이 애민이의 마음에 각인되도록 하세요. 자비롭게 행동하되 그러한 태도를 아이에게까지 강요하지 마세요. 아이들에게 돈을 주면서 자선 행위를 하게 한다는 것은 매우 우스운 일입니다. 그 명예는 그 나이의 아이들에게는 결코 어울리지 않는 일입니다. 자선을 베푼다는 것은 어른의 의무일 뿐이며 아이의 의무가 될 수 없습니다. 미덕을 가르치는 데 있어 가장 중요한 교훈은 남을 해치지 않도록 하는 일입니다. 아무에게도 해를 끼치지 않는 사람만큼 큰 선행이 어디 있겠습니까? 그런 사람이 되기 위해서는 얼마나 큰 불굴의 정신과 강인한 성격이 필요하겠습니까?"

아내는 피에르 수사와 조심스럽게 눈을 맞추며 이야기를 들었다. 아내의 얼굴에 굳은 의지가 보였다. 애민이를 바르고 참한 아이로 키우겠다는 결연한 각오가 보였다. 아내가 사랑스럽고 존경스럽다.

"애민이 어머님, 아이 같은 어른이 있는 것처럼, 어른 같은 아이도 있습니다. 자신의 아이가 비범하다고 생각하기 시작하면 추호도 그 점을 의심하지 않는 어머니들이 많습니다. 그러한 어머니들은 아이들이 종종 보이는 발랄함이나 기지, 놀랄 만큼의 단순한 언행 등을 보면서도 그것을 비범함의 징후로 간주합니다. 하지만 이것들은 모두 그 나이 또래의 아이들에게서 흔히 발견되는 특징들일 뿐입니다. 제멋대로 자유롭게 성장하는 아이가 어쩌다 기발한 말 한마디 했다고 해서 그것이 놀랄 일일까요? 그런 일 한 번 없이 자란다면, 그것이 더 놀랄 일일 것입니다. 그러므로 애민이를 연령에 맞게 다루세요. 아이를 지나치게 혹사시킴으로써 가진 힘을 탕진시키지 않도록 해야 합니다."

아내의 낯빛이 잠시 흐려졌다. 자신은 애민이가 영특하다고 생각하고 있었고 더 많은 지식을 아이에게 잘 가르쳐야 한다고 생각하고 있었다. 혼란스러운 생각들이 아내의 머릿속을 헤집고 다녔다. 피에르 수사는 아내의 그런 생각을 짐작하는 듯 말없이 토끼 모양의 사과를 한 입 베어 물었다. 사과를 씹는 소리가 침묵 속에서 깊은 상념을 흔들었다.

"애민이를 서둘러 판단하지 마세요. 어린 시절을 존중해 주어야 합니다. 아이들의 어린 시절을 잘못 사용하면 아무것도 하지 않는 것보다 더 많은 시간을 잃는다는 점을 부모들은 모르고 있습니다. 잘못된 교육은 차라리 하지 않는 것보다 못합니다. 현실에 대해 아무런 이해력도 갖추지 못한 애민이에게 장래의 행복이라든가 미래의 이익 등에 대해 가르치려고 하는 일은 결국 말 뿐인 교육, 말로만 포장하는 교육에 지나지 않습니다."

아내는 점점 고민이 깊어지는 모양이다. 다른 집의 아이들이 공부하는 모습을 보면 애민이에게 하나라도 더 빨리 가르쳐야 한다는 강박감이 들었기 때문이다. 주변의 어머니들이 하는 행동에 초연하기란 힘든 법이다. 아내는 뭔가를 결심한 듯한 표정으로 물었다.

"수사님 그러면 지금 애민이에게 어떤 것을 가르쳐야 할까요?"

피에르 수사는 그런 질문을 기다렸다는 듯이 엷은 미소를 지었다.

"애민이 어머님, 아이들을 교육하는 데 있어 지켜야 할 준칙이 하나 있어요. 그것은 서둘러 가르치지 말라는 점입니다. 아직 학문을 사랑할 수 없는 아이에게 학문을 싫어하도록 만들지 말아야 합니다. 애민이에게 생각하는 힘을 길러주고 싶으세요?"

아내는 결연하게 "네"라고 대답했다.

"애민이의 신체를 단련시키세요. 끊임없이 달리고 활동하게 하세요. 소리 지르면서 움직이도록 하세요. 힘을 쓰다보면 그 힘에 상응하는 분별력을 갖게 됩니다. 그 분별력이 아이의 사고능력을 향상시킵니다. 기백의 측면에서 어른이 되게 해야 합니다. 그러면 이성의 측면에서도 곧 어른이 될 것입니다. 신체를 쓰면 쓸수록 정신은 더욱 계발됩니다. 체력과 이성이 서로 도우며 함께 성장합니다. 교육은 자연으로부터 배우는 것이지 인간으로부터 배우는 것이 아닙니다. 누구도 가르쳐주지 않으므로 그 학생은 스스로 더 많이 공부하게 됩니다. 이렇게 하여 그의 신체와 정신은 동시에 단련됩니다. 육체가 튼튼해질수록 정신은 훨씬 더 약동합니다. 아이의 신체나 정신의 결함은 모두 한 가지 원인, 아이를 너무 일찍 어른으로 만들고 싶어 하는 학습에서 기인합니다."

나는 어디선가 책에서 읽었던 말이 생각났다. 공부 잘하는 아이가 철이 드는 것이 아니라 철이 든 아이가 공부를 잘하게 된다고. 그래서 공부를 잘 하게 가르칠 것이 아니라 아이가 철이 들도록 해야 공부를 스스로 잘 하게 된다는 말이었다. 부모들은 사랑이란 이름으로 아이에게 많은 실수를 하고 있다는 생각이 들었다.

그 일이 있은 후 아내는 애민이가 가기 싫어하는 학원을 끊었고 배우고 싶어 하는 것만 가르쳤다. 그리고 아는 사람의 소개로 아이스하키팀에 애민이를 보냈다. 애민이는 처음에는 힘들어 했지만 팀을 이루어 운동하는 것을 좋아하게 되었고 자신의 신체 능력이 향상되는 것에 자부심을 느꼈다. 애민이는 아이스하키를 하고 난 후에 헬멧을 벗을 때 영하의 아이스링크 안에서도 자신의 머리에서 김이 모락모락 나는 것을 보고 즐거워했다. 마치 자신의 열정을 뿜어내는 것처럼 느꼈다. 애민이는 운동을 하면서 공부에도 더 자신감이 생겼다. 아내는 운동이 아이에게 얼마나 중요한 일인지 깨달았다.

보통 아이스하키라는 운동은 돈이 많이 들고 특별한 사람들이 하는 운동이라 생각한다. 하지만 장비를 구입하는 비용 이외에는 크게 부담이 없었다. 아이들에게는 중고 장비를 사서 쓰게 하는 게 더 낫다. 아이들은 금방 자라기 때문에 좋은 장비도 얼마 안 가서 못 쓰게 된다. 그리고 운동을 하면 새것도 금방 헌것이 된다. 아내는 애민이에게 지인의 아이들이 쓰던 중고 장비를 사 주었고 아이스링크장에 데리고 가는 수고를 기꺼이 감수했다. 운동할 때마다 장비를 착용하게 도와주는 일은 힘들었지만 애민이가 좋아하는 모습을 보면서 보람을 느꼈다. 애민이가 다른 선수들과 부딪쳐 넘어지고 다시 벌떡 일어나는 모습을 볼 때면 안타까운 마음도 들었고 대견하기도 하였다. 아이는 넘어지고 일어서는 법을 스스로 배워야만 한다는 점을 아내는 이해하게 되었다. 간혹 다른 아이들보다 실력이 떨어지는 모습을 보면 애가 쓰였다. 그래도 아내는 이제 제법 의연해졌다. 경쟁을 통해 승리하는 데만 집착하게 하지 않았다. 자신을 성장시키고 단련시키는 데 집중하도록 격려해 주었다. 애민이는 하나씩 경험하고 느끼고 성장해 가고 있었다.

8.

　어느덧 애민이가 중학교에 입학하게 되었다. 애민이는 운동을 열심히 해서 다른 아이들보다 키도 더 크고 다리도 튼실하게 되었다. 이제는 애민이도 자아가 생기기 시작하였다. 힘도 덩치도 나와 비슷해졌다. 국민학교 때 자유롭게 활동하던 습관이 있어서인지 중학생이 되어서도 뛰고 노는 것에 몰두하고 있었다. 나와 아내는 조금씩 걱정이 되기 시작했다. 건강하고 튼튼한 체력을 만드는 일은 좋지만 공부에도 관심을 가져야 하는데 영 관심이 없었다. 마침내 아내가 애민이에게 큰 소리를 내기 시작했고 애민이는 공부에 대한 압박을 받기 시작했다. 하지만 이제 커버린 애민이를 아내가 감당하기에는 힘에 부쳐 보였다.

　봄이 되었고 개나리가 노오란 자태를 뽐내며 거리의 담벼락을 물들이고 있었다. 아직 바람은 약간 찬 듯해도 따스한 기운이 얼굴과 목을 부드럽게 감싸는 느낌이었다. 나는 퇴근하는 길에 피에르 수사를 우연히 만났다. 겨우내 서울에 가서 강연을 하느라 3개월 동안 보지 못했다. 피에르 수사도 나를 보자 반가워 한달음에 뛰어왔다. 반갑게 손을 맞잡고 인사를 했다. 나는 시간이 괜찮으면 집에 가서 차 한 잔 하자고 했고 피에르 수사도 어제 대구에 왔는데 오늘은 한가하니 좋다고 하였다. 우리는 그 동안 근황을 서로 나누며 집으로 향했다.

　아내는 반갑게 피에르 수사를 맞이했다. 아내가 차를 준비하는 동안 피에르 수사는 애민이가 잘 지내는지 물었고 나는 중학교에 입학

해서 공부에 대한 스트레스를 많이 느끼는 것 같다고 말했다. 아내는 차를 준비해서 탁자에 놓았다. 지난달에 아는 스님이 절에서 보내 온 국화차였다. 차향이 은은하게 거실을 채웠다. 아내도 피에르 수사에게 반가움을 표현하더니 곧 애민이가 공부에 관심을 갖지 않는다고 푸념을 늘어놓았다. 중학교에 입학하고 나서는 아내는 마음이 조급해지고 있었다. 피에르 수사는 국화차를 천천히 입으로 불어 식히면서 한 모금 마셨다.

"어머님께서 애민이가 공부를 열심히 하지 않아 걱정이 많으신가 봅니다."

피에르 수사의 말에 아내는 근심 어린 표정으로 그렇다고 하면서 어떻게 하면 좋을지 걱정이라고 말했다.

"애민이 어머님, 교육의 핵심은 많은 지식을 주입하는 데 있는 게 아니라. 애민이의 두뇌 속에 보다 명료한 관념을 심어주는 데 있습니다. 잘못 알고 있을 바에야 아무것도 아는 것이 없는 편이 더 낫습니다. 이성이나 판단력은 천천히 다가오지만 편견은 떼를 지어 몰려옵니다. 지금의 애민이 나이에는 정념이 몰려올 때입니다. 그 정념이 문을 두드리는 순간 다른 것에는 주의를 기울이지 않을 것입니다. 지혜의 시기가 짧기도 하지만 이 시기엔 그 밖에도 할 일이 많으므로 아이를 박식하게 만들겠다는 무모한 열정을 가져서는 안 됩니다. 아이에게 학문을 가르치기보다는 학문을 사랑하도록 해야 합니다. 학문에 취미를 붙이도록 해서 그것이 무르익었을 때 조금씩 그 방법을 알려주는 것이 중요합니다. 이 시기는 집중력을 발휘하는 시기이기도 합니다. 한 가지 대상에 일관성 있게 정신을 집중할 수 있도록 조금씩 습관을 들이도록 해주세요. 이때도 강제해서는 효과가 없습니다. 기쁨과 욕구의 힘으로 주의력이 유지되어야 합니다. 아이가 고통스러워한다거나 싫증내는 기미가 보이면 빨리 접도록 하세요. 무엇을 배우기에 앞서 중요한 일은, 애민이가 마음에도 없는 일을 하지 않도록 하는 것이기 때문입니다."

아내는 수긍하는 듯하면서도 걱정하는 얼굴을 감추지는 못했다. 피에르 수사는 이해할 수 있다는 표정으로 아내를 바라보았다.

"혹시 아이가 무엇인가를 물어온다면 만족할 만한 답변을 해 주기 위해 애쓰지 마세요. 호기심을 채워주기보다는 호기심을 불러오는 답변을 해 주세요. 혹시라도 당신을 괴롭히려는 의도가 있는 질문이라면 단호하게 대응하세요. 그런 질문은 배움에 관심이 있는 게 아니라 당신을 그의 질문에 복종시키려는 데 있기 때문입니다. 그의 말보다는 그 질문의 동기를 파악하는 데 힘써야 합니다.

예를 들면 아이가 달의 모양이 변하는 이유에 대해 물어본다면 과학관에 데리고 가서 달의 운동에 대해 직접 경험해 보고 다른 행성의 운동에 대해서도 보여주는 게 좋아요. 부모가 다 설명해주려다가 오히려 아이의 호기심을 잃게 만듭니다. 부모와 선생이 모든 것을 알지 못합니다. 스스로 관심을 갖고 탐구하게 하세요. 애민이가 스스로 터득했을 때 가장 명료한 관념을 가집니다. 그래야 그의 이성이 타인의 권위에 종속되지 않습니다. 주는 대로 받아들이기만 하는 정신은 무기력에 빠지기 쉽습니다. 남의 시중을 받는 사람의 몸이 빨리 쇠약해지는 법입니다. 애민이를 책상에만 붙잡아 두려하지 마세요. 직접 경험하고 해결하게 하세요. 그의 손이 철학자가 되게 하세요. 그의 영혼이 노동자의 손을 갖도록 하세요. 애민이의 어떤 경험이 다른 경험과 손잡게 함으로써 그의 정신 속에 살아 있도록 해 주세요. 필요할 때 그것을 기억해 사용할 수 있도록 질서 있게 배치시켜야 합니다. 사실이든 이론이든, 무질서한 상태로 오래 기억하기란 어렵기 때문입니다."

아내의 표정이 조금 밝아졌다. 방법을 조금 이해한 모양이었다. 나도 아이에게 지식만을 주입하려고 했던 생각을 바꾸었다. 경험하고 호기심을 갖게 하여 스스로 답을 찾고 흥미를 가지도록 해야겠다는 생각이 들었다. 피에르 수사는 자신의 생각을 보충하려는 듯 말을 이어갔다.

"우리의 진정한 스승은 경험과 감각이며, 인간은 자신에게 적합한 것을 자신이 위치한 관계에서만 파악할 수 있습니다. 아이들은 스스로 어른이 돼간다는 사실을 알고 있으므로 그 전에 상응하는 관념들을 점차 보강해 나갈 것입니다. 그러므로 그 전에 아이의 이해 범위를 넘어서는 관념들을 알게 해서는 안 됩니다. 배우는 일은 학생의 몫이며 부모와 선생은 단지 그가 원하는 답을 찾아낼 수 있도록 조언하고 의욕을 북돋우기만 하면 됩니다. 애민이의 질문에 답할 수 없을 때는 주저 없이 그 점을 인정하고 가르침을 포기하는 것이 더 낫습니다.

또한, 부득이한 경우가 아니라면 교육은 행동을 통해 이루어질 때 가장 효과적입니다. 애민이에게 우리의 관념을 주입하기에 앞서 판단하는 법을 가르쳐야 합니다. 당연하다는 듯이 어리석은 일을 받아들이는 아이가 어찌 어리석은 행동을 알겠습니까? 아이를 현명하게 키우려면 현명함이 무엇인지 알도록 해야 합니다. 애민이에게 먼저 사물 그 자체를 가르친 후 그것이 우리 눈에 어떻게 보이는지 가르쳐야 합니다. 거기에서 진실을 보게 하고 그 진실로 하여금 통속적인 견해를 초월하도록 가르치세요. 세상 사람들의 의견에 기대어 판단하게 하지 마세요. 그 판단이 다시 그의 의견이 되는 한 애민이는 절대 어리석음의 상태를 벗어나지 못하게 될 것입니다."

　우리 부부는 피에르 수사의 가르침을 잘 새겨들었다. 애민이에게 공부를 강요하기보다 스스로 필요성을 느낄 때까지 기다렸다. 기다림은 인내와 끈기를 필요로 한다. 부모가 되면 조급함을 참지 못해 아이를 다그친다. 부모도 완전한 인간이 아니기 때문이다. 그렇다 하더라도 그 결과는 언제 터질지 모르는 폭탄처럼 아이들이 속마음을 숨기고 순종하는 척하게 만든다. 애민이는 최소한 자신의 솔직한 마음을 이야기하며 중학교 시절을 보냈다. 다행히 중2병도 무사히 잘 넘겼고 자신의 꿈이 생기면서 공부에 대한 흥미도 생기기 시작했다. 공부를 최상급으로 하지는 못했지만 애민이는 스스로 판단하고 결정하는 일에 자신감을 가지고 자랐다.

9.

애민이는 중학교를 졸업하고 고등학교에 진학했다. 우수한 성적은 아니지만 자신이 하고 싶은 일을 분명하게 말하고 행동하는 학생이 되었다. 고등학교는 중학교와는 분위기가 완전히 달랐다. 친구들이 공부에 적극적이고 교류도 줄어들었다. 애민이는 공부만 하기보다는 동아리 활동도 하고 싶어 문학 동아리에 가입했다. 시를 읽고 쓰는 동아리였다. 시는 상상력을 자극하여 애민이의 생각을 풍부하게 만들어 주었다.

하지만 부모와의 대화는 점차 줄어들었고 자신만의 세계에 빠져드는 경우가 많았다. 엄마와 대화도 거의 하지 않고 자기 방에 혼자 틀어박혀 있었다. 아내의 걱정이 늘었다. 애민이에게 뭐라고 해야 할지, 어떤 말을 해야 할지도 고민이 되었다.

그런데 어느 날 피에르 수사가 마카롱을 만들었다며 집을 방문했다. 가끔 만들어오는 마카롱은 별미였고 아내는 무척 좋아했다. 산수유차를 예쁜 유리잔에 담아 피에르 수사를 대접했다. 마카롱과 산수유차는 잘 어울렸다. 맛있게 마카롱을 먹으며 아내가 머뭇거리며 피에르 수사의 눈치를 보았다. 피에르 수사는 무언가 할 얘기가 있다는 것을 알아채고는 빙긋이 웃었다.

"애민이 어머니, 편하게 말씀하셔도 됩니다. 애민이에게 무슨 일이 있나요?"

아내의 어두워진 표정에 엷은 미소가 지어졌다. 피에르 수사가 집작하고 물어주니 고마웠다.

"애민이가 고등학생이 되더니 말수도 없어지고 잘 웃지도 않아요. 저랑 마주치는 것도 꺼리는 것 같아 걱정이에요."

피에르 수사는 마시던 찻잔을 천천히 탁자에 내려놓으며 아내를 바라보았다. 위로해 주는 눈빛이 따뜻했다. 피에르 수사는 성직자라서 그런지 행동하는 모양새나 눈빛이 사람을 편안하게 해주고 마음을 열게 해 주었다.

"애민이 어머님, 걱정이 많이 되시죠? 그 시기의 애민이는 정념에 눈뜨기 시작하게 됩니다. 격렬한 기질의 변화와 함께 영혼의 동요가 찾아오죠. 그는 이제 유순하지 않습니다. 열병에 걸린 사자처럼 날뛸 땐 다루기조차 힘들 때가 많아집니다. 목소리에 변성도 오고 가느다랗던 솜털도 굵어지기 시작합니다. 어쩌다 이성의 손이 그의 몸을 스치기라도 하면 팽팽한 기타 줄을 건드리기라도 한 것처럼 그의 영혼이 떨립니다. 정념이 그를 에워싸기 시작합니다. 우리들이 가진 정념의 원천은 자기를 사랑하는 마음, 즉 자기애입니다. 자기애는 선한 것이며 자연의 질서에 부합하는 것입니다."

"그렇지만 저렇게 혼자만 있으려고 하니 걱정이 되네요. 어떡하면 좋을까요?"

계속되는 아내의 걱정에 피에르 수사는 애민이와 대화를 해보면 어떨까 하고 물었다. 아내는 반색을 하며 좋아했다.

"수사님께서 애민이와 대화를 해 주신다면 애민이가 어떤 생각을 하는지 털어놓을 것 같아요. 바쁘시더라도 꼭 애민이를 만나서 이야기를 해 주시면 좋겠습니다. 정말 감사합니다."

피에르 수사는 토요일 저녁에 방문하겠다고 약속했다. 나와 아내는 고맙다는 인사를 다섯 번이나 하고서야 피에르 수사를 보내주었다.

토요일 저녁, 피에르 수사는 우리 부부와 같이 저녁을 먹고 차를 마시면서 애민이를 기다렸다. 9시가 되자 애민이가 들어왔다. 학원을 마치고 오는 길이었다. 애민이는 피에르 수사를 보고 시큰둥하게 인사를 하고 제 방으로 들어갔다. 잠시 후 피에르 수사가 애민이의 방문을 두드렸다. 애민이는 피에르 수사가 들어오자 조금 놀라는 듯했지만 금방 표정이 다시 밝아졌다. 어릴 때부터 자주 피에르 수사와 놀고 이야기를 나눈 터라 경계심은 전혀 없었다. 오히려 부모님과 다르게 자신의 이야기를 잘 들어주었던 피에르 수사에게 정서적 공감이 더 잘 되곤 했었다.

피에르 수사는 침대 모서리에 걸터앉았고 애민이를 옆에 앉게 했다. 불편한 대화를 할 때는 마주보는 것보다 옆에 앉는 것이 부담을 덜 주는 법이다. 피에르 수사는 애민이의 머리를 가볍게 쓰다듬어 주면서 말했다.

"애민이가 이제는 정말 많이 컸구나. 시간이 참 빨리도 흐르네. 애민이는 요즘 잘 지내니?"

피에르 수사의 말은 이제 거의 한국인의 말과 구별되지 않을 정도로 자연스러웠고 마치 애민이의 삼촌 같은 느낌이었다. 애민이는 표정이 없는 채로 말했다.

"그럭저럭 잘 지내고 있어요. 아저씨 본 지가 몇 달 되었네요. 잘 지내셨죠?"

어릴 때는 피에르 수사에게 스스럼없이 다가가서 같이 노는 것을 즐거워했는데 이제는 제법 거리감이 생겼다. 피에르 수사는 가볍게 웃으며 애민이를 다정하게 바라보았다.

"애민아, 혹시 학교 다니면서 힘든 일이 있니? 아저씨가 들어줄 테니 편하게 이야기 해 보렴."

부모를 대할 때와는 다른 느낌이어서 애민이는 반발심이 생기지 않았다. 애민이는 가볍게 한숨을 쉬면서 작은 목소리로 말했다.

"아이들과 경쟁하면서 공부만 하는 게 힘들어요. 중학교 다닐 때랑 분위기가 많이 달라서 외롭기도 하고 생각이 많아지네요."

피에르 수사는 가볍게 고개를 끄덕이며 공감을 표했다. 왼손을 뻗어 애민이의 어깨를 가볍게 잡고 토닥거린 후에 천천히 말을 시작했다.

"애민아, 너와 같은 시기가 되면 자라면서 갖게 되는 첫 번째 감정인 자기애에서 두 번째 감정, 즉 자신을 돌봐주는 사람을 사랑하는 마음이 생긴단다. 이 사랑이 의존을 낳고 이 의존이 확대돼감에 따라 타인을 의식하는 마음이 생긴단다. 이때부터 편애나 질투 같은 감정에 사로잡히게 된단다. 이것이 이기심의 씨앗이란다. 자기애와 달리 이기심은 늘 자기 자신을 남들과 비교한단다. 남들보다 더 자신을 아껴줄 것을 요구하는 이 감정은 만족할 줄을 모른단다. 그런 연유로 미워하고 화를 잘 내는 정념은 이기심으로부터 오고, 온화하고 애정이 넘치는 정념은 자기애로부터 온단다. 청년기는 복수나 증오의 시기가 아니야. 연민과 관용의 시기란다. 스무 살이 될 때까지 그 순수함을 유지하고 있는 청년이라면 반드시 그렇단다. 바로 네가 그런 사람이다. 애민아, 이런 말을 의심하는 사람들은 오로지 경쟁심만 부추기는 타락한 교육 분위기밖에 모르는 사람이지. 인간의 허약함이 인간을 사회적 존재로 만든단다. 우리의 비참함이 우리를 인간애에 기울어지게 한단다. 결핍이 애착을 낳고 타인에 대한 필요가 협력을 낳는 법이다. 그러므로 인간이란 절대적으로 행복할 수가 없단다. 신만이 그럴 수 있을 거야. 우리는 좀 더 상대적으로 행복할 뿐이다. 부족하지 않고는 사랑할 수 없으며, 사랑하지 않고는 행복할 수 없단다."

애민이는 어려서부터 피에르 수사의 말을 들으면서 자라온 탓에 철학적 의미가 담긴 말을 잘 이해하였다. 자신의 현재 마음을 잘 바라보고 있는 피에르 수사에게 편안함을 느꼈다. 이기심이 마음을 어지럽히고 있었다는 사실을 이해하게 되었다.

"친구들과 잘 지내고 싶은데 어떡하면 될까요, 수사님?"

"애민아, 너의 마음을 선량하게 가꾸고 싶고 친구들과 잘 지내고 싶다면 질투심에 사로잡히지 않도록 해라. 행복한 사람은 평온하단다. 그런 사람은 자신의 행복을 가슴으로 껴안고 살지. 절제된 기쁨으로 자신을 관리할 수 있어야 한다. 반면 떠들썩한 즐거움이나 안달하는 욕망, 변덕스런 호기심의 뒤엔 항상 권태가 따른단다. 그래서 자기 자신으로 돌아갈 때 늘 불편하지. 그런 사람들의 관심사는 자신의 정체성을 향해 있지 않고 오로지 남들에게 자신이 어떻게 보이는가 하는 데만 있다. 인간의 얼굴은 단지 자연의 책임이 아니다. 습관화된 감정이 누적된 결과란다. 그 결과가 인간의 얼굴에 지속적인 영향을 미친다. 그러니까 나이 들어서의 얼굴은 그 자신의 책임이란다."

애민이는 피에르 수사의 말이 어렵긴 하였지만 어느 정도 이해가 되었다. 자신이 가진 혼란스런 감정들이 질서를 잡는 느낌이었다. 이제 애민이도 자신의 말과 얼굴에 책임을 져야 한다는 사실을 이해하게 되었다. 하지만 아직도 어린 나이이기에 모든 것이 명확하게 이해되지는 않은 것이 사실이었다. 하지만 성장하면서 애민이가 느끼고 깨달아야만 한다. 피에르 수사와 같은 조언자가 있다는 사실이 큰 힘이 되었다. 애민이의 얼굴은 훨씬 밝아졌고 피에르 수사의 눈을 마주 보며 미소 지었다. 피에르 수사는 웃음으로 화답하고 가볍게 어깨를 토닥여 주었다. 피에르 수사는 애민이의 방을 나와서 다시 거실의 탁자에 앉았다. 나와 아내는 피에르 수사의 얼굴을 보며 어떤 얘기가 나올지 궁금해 참을 수가 없었다.

"애민이와 잘 얘기했고 고민도 어느 정도 정리되었으니 걱정하지 마세요. 애민이는 잘 성장했고 지금의 문제도 현명하게 해결할 것이라 생각됩니다. 애민이를 믿고 지지해 주세요. 위로나 격려의 힘은 예상외로 큽니다. 비난해야 마땅할 것 같은 잘못에도 관용과 용서로 애민이를 대한다면 그 교육의 효과는 매우 크답니다."

우리 부부는 안도의 숨을 쉬었다. 그리고 피에르 수사가 있다는 사실에 감사했다. 좋은 스승을 만난다는 것은 일생의 행운이며 애민이에게 그 행운이 있다는 사실에 안도감이 생겼다.

"자기 자신만을 아는 이기심의 영역을 넓혀 다른 존재에게까지 확대하도록 도와주세요. 그러면 그 이기심은 미덕으로 변할 것입니다.

마음속에 미덕의 뿌리가 없는 사람은 없습니다. 이익을 개인 안에 가두지 말고 일반화시키도록 하세요. 그것이 바로 인간에 대한 사랑이며 제가 애민이가 갖길 원하는 사랑입니다. 그의 배려로 타인이 행복해진다면, 그는 한층 더 현명하고 품위 있는 인간이 될 것입니다. 그럴수록 무엇이 옳고 그른지, 아름답고 추한지에 대해 제대로 판단할 수 있을 것입니다."

아내는 이성 문제가 생기면 어떻게 해야 하는지 물었다. 피에르 수사는 크게 웃으며 대답했다.

"성직자에게 그런 질문을 하시다니 어머님이 더 잘 아시지 않습니까? 하하하"

아내는 얼굴이 붉어지며 죄송하다고 말했다. 민망해서 어쩔 줄 몰랐다. 피에르 수사는 재미있다는 표정으로 계속 웃었다. 그리곤 웃음을 그치고 진지한 표정을 지었다.

"애민이 어머님, 제가 놀려서 죄송합니다. 너무 부끄러워하지 마세요. 저는 연애 경험이 없지만 루소 선생님의 견해로 대신해 드릴 수는 있습니다. 우리가 어떻게 하든 애민이는 본능의 충동에 따라 행동하는 날이 옵니다. 우리는 단지 그를 지켜보며, 스스로의 행동에 책임을 지도록 환기시키고, 그를 둘러싸고 있는 위험들을 가능한 숨김없이 보여주는 일을 할 수 있을 뿐입니다. 애민이가 성인이 되면 아이 때와는 반대로 지도해야 합니다. 성에 관한 비밀들 같은 일은 주저하지 말고 말해주세요. 결국 알아야 할 것들을 타인에게서 배우게 하지 말고 부모에게서 배우게 하세요."

아내는 그동안 확신이 서지 않던 일들이 조금씩 분명해지는 모양이다. 이성에 관한 문제도 숨기고 막는다고 되는 일이 아님을 알면서도 자꾸만 숨기고 덮으려 했었다. 애민이가 이성에 관심을 가지면 아내는 공부가 먼저이니 그런 것은 나중에 자연히 알게 된다고 다독여 왔다. 하지만 이제는 분명하게 알게 되었다. 나도 아내도 그 시절에는 타오르는 정념을 주체 못 해 방황하고 고통스러워했다는 사실을 깨달았다. 부모가 되면 자신의 어린 시절을 망각하고 아이들이 성인군자처럼 자라기를 바라게 된다. 하지만 청년기에 정념을 경험하고 불타오르는 사랑의 감정을 다루지 못해 시간과 정력을 낭비하지 않았던가. 정념은 정념의 힘을 통해서만 극복되는 법이다.

피에르 수사는 아내의 결연한 표정을 보면서 부드러운 음성으로 말을 이었다.

"좋은 반려자가 어떤 사람인지 이야기해 주세요. 환상 속에서 사랑을 찾지 않도록 좋은 짝에 대해서 설명해 주세요. 세상에 완벽한 사람은 없습니다. 애민이의 사랑도 마찬가지입니다. 그 사랑하는 사람의 결점조차 사랑할 수 있고 궁극적으로는 결점을 보완할 수 있게 될 것입니다. 사랑하는 여인의 특징과 품성을 머릿속에 그려둔 애민이는 자기의 이상형과 닮은 사람이라면 호감을 가질 것이고 그렇지 않은 사람이라면 반감을 가질 것입니다. 그러면 정념을 타락하는 방향으로 사용하지 않게 됩니다. 그 시기의 젊은이들은 또래들과 어울려 타락의 늪으로 빠집니다. 친구들과의 의리 때문에, 혹은 체면 때문에, 혹은 조롱당하지 않을까 두려워 자신의 몸을 대담하게 내던집니다.

방탕해질 줄도 모르면서 방탕해지는 그 마음의 밑바닥에 허영심이 있습니다. 청년들은 자신의 관심에 따라 행동하는 것이 아니라 남의 관심에 따라 행동합니다. 유혹은 허영심의 문을 통해 들어옵니다. 다시 한 번 강조하지만 애민이가 나쁜 짓을 저질렀을 때는 그 사실을 인정하고 넘어가세요. 부모의 질책이 무서워 당신을 속이지 않게 하세요. 부모나 선생도 완벽한 사람이 아닙니다. 소인배 기질을 가진 부모나 선생들의 공통점은 아이들 앞에서 완벽한 인간인 것처럼 보이도록 행동한다는 점입니다. 인간의 마음에 호소하기 위해서는 인간적인 면모를 보여줘야 한다는 사실을 잊지 마세요. 당신의 아이에게 당신의 약점을 보여주세요. 그와 같은 갈등을 부모도 겪고 있음을 알게 하세요."

아내는 조심스럽게 물었다. 어떤 사람이 좋은 반려자가 될 것인지. 피에르 수사는 나를 보면서 갑자기 그 대답을 하라고 했다. 순간 나는 당황해서 몸을 약간 뒤로 젖히면서 숨을 내쉬었다. 피에르 수사는 나를 계속 바라보면서 말없이 대답을 종용했다. 나는 눈을 잠깐 감고 머릿속을 정리했다. 그리고 입을 뗐다.

"제가 생각하는 애민이의 좋은 반려자는 네 가지 조건을 갖추어야 한다고 생각합니다. 첫째는 애민이의 장점을 잘 알아주는 여자입니다. 두 번째는 서로의 마음을 터놓고 즐겁게 대화할 수 있는 여자입니다. 세 번째는 책 읽기를 좋아하는 여자입니다. 네 번째는 애민이의 삶의 여정에 열정을 불어넣어 주는 여자라고 생각합니다. 물론 애민이도 그 반려자에게 그런 사람이 되어야겠죠. 저의 아버지께서 늘 해

주시던 말씀입니다. 그래서 지금의 아내를 만났죠. 하하."

　나는 마지막 말을 추가해야 아내에게 구박받지 않을 거라는 생각이 들었다. 그래도 말하고 나니 쑥스러워서 웃음을 지었다. 아내도 그런 마음을 눈치챈 듯 빙긋이 웃었다. 피에르 수사는 아버님의 말씀이 아주 좋다며 맞장구를 쳤다. 우리는 같이 크게 웃으며 대화를 마무리했다. 피에르 수사는 관사로 돌아갔고 나와 아내는 침대에 누워서 손을 꼭 쥐고 잠이 들었다. 애민이에 대한 고민이 어느 정도 정리되고 교육에 대한 지향이 같아지니 부부사이도 좋아지는 것 같았다.

10.

　어느덧 시간이 흘러 애민이는 대학을 졸업하고 회사에 취직했다. 자신의 전공을 살려 무역회사에 다니게 되었으며 사회인으로서 성인으로서 자신의 삶을 충실히 살았다. 피에르 수사와 우리 부부의 관심과 배려 속에서 애민이는 잘 자라주었다. 피에르 수사는 프랑스로 다시 돌아갔다. 선생으로서 친구로서 대부로서 25년을 애민이를 지켜보고 성장시켰다. 애민이가 자라는 모습을 지켜보면서 피에르 수사도 많은 영감을 얻었으며 자신의 강연에 인용하기도 하였다. 애민이의 성장은 특별하기도 하였지만 모든 보편적인 인간의 성장 과정을 밟았다. 특별한 점은 피에르 수사와 같은 스승이 있었다는 점이다. 그리고 피에르 수사의 말을 잘 이해하고 실천해온 나와 아내도 약간은 특별하다고 할 수 있을 것이다.

　아이를 잘 키우는 데는 많은 노력과 공부가 필요한 법이다. 지식을 머릿속에 밀어 넣는 일에만 관심이 있는 부모들이 많다는 사실은 안타까운 일이다. 결국 아이와 자신의 삶을 행복하게 만들려고 한다면 어떻게 행복하게 되는지 깊은 고민이 필요하다. 피에르 수사는 프랑스로 떠나면서 애민이에게 자식을 대하듯 뜨거운 애정을 보여주었다. 신을 아버지로 모시고 오로지 신만을 위해 평생을 성직자로 살아온 피에르 수사에게 애민이는 사랑과 가르침으로 낳고 키운 자식이었다. 나도 눈물을 흘리며 피에르 수사를 공항에서 배웅하였다. 아내도 피에르 수사와 포옹하며 눈물을 감추지 않았다. 피에르 수사는 신의 축복을 남기고 한국을 떠났다. 공항대합실에서 피에르 수사는 나에게 한 장의 편지를 건넸다. 애민이게게 전해달라고 했다. 마지막 가는 길에도 스승으로서, 삶을 이끌어준 지도자로서 애정어린 말씀을 남기고 눈시울을 글썽이며 발걸음을 옮겼다. 나와 아내는 피에르 수사가 출국장으로 사라지고 나서도 한참을 손을 흔들며 서 있었다.

애민 군에게.

자네를 처음 만났을 때가 생각나는군. 태어난 지 백일 정도 되었을 때였지. 세상의 인연은 하나님이 정해주신 바이니 우리의 만남이 예사롭진 않다는 생각이 드네. 자네 아버지가 나에게 자네의 교육을 맡아달라고 했을 때 나는 무척 기뻤다네. 순수한 백지 같은 아이를 성장시키며 교육을 하고픈 마음이 있었을 때니까. 자네는 하나님이 주신 선물이었네.

자네는 특별한 관심과 배려 속에서 자라났다네. 자네 부모님은 아주 훌륭하신 분이셔서 매우 힘든 인내의 시간을 나와 함께해 주었네. 자식에 대한 사랑이 클수록 자식의 한쪽 면만 보게 되고 자식을 행복하게 해 주기 위해 오히려 아이들에게 고통을 준다네. 다행히 자네 부모님은 나와 뜻이 잘 맞아서 자네의 개성과 인성을 잘 지켜주었다네.

사람은 고유한 자신만의 특징을 가지고 태어나며 부모와 교육자는 그 특성을 잘 관찰하고 이해하여야 한다네. 결코 쉬운 일이 아니며 운도 따라주어야 하지. 자네가 예의바르고 다정하며 타인과 사물에 대한 깊은 애정과 배려심을 가지고 자라줘서 고맙네. 물론 자네도 사소한 말썽을 부리기도 하였지만 부모님이 잘 이해해 주고 자네를 감싸주셨다는 사실을 잊지 말게. 들판의 이름 모를 풀꽃도 제 혼자 자란 것은 아니라는 사실을 기억해야 하네. 햇볕과 바람과 비와 자연의 보살핌이 있었기에 가능한 일이지. 자네도 기다려주고 지지해준 나와 부모님 덕에 훌륭한 시민으로 자랐네. 모두에게 감사한 일이지.

  자네가 풍족할 만큼 모든 욕구를 충족하지 못하고 자랐다 하더라도 부모님을 원망하지 말게나. 자네에게 모든 것을 바라는 대로 해 주었으면 다른 사람들을 이해하지 못하거나 결핍의 소중함을 몰랐을 테니. 요즘은 '결핍의 결핍'이 아이들을 망치고 있다네. 스스로 구하지 않으면 성장할 수 없고 부족함이 있어야 자신의 능력을 개발하는 법이라네. 잊지 말게나, '아이를 불행하게 만드는 방법은 아이들이 원하는 대로 다 해주는 거라네.'

  이제 자네도 성인이 되어 자신의 삶을 스스로 꾸려가고 당당한 시민의 역할을 해야 한다네. 나는 잘 하리라 믿네. 곧 좋은 배우자도 만나겠지. 부모님의 가르침대로 좋은 배우자를 찾고 자네만의 행복한 세계를 만들어 가길 바라네. 세상의 유혹과 세인들의 혼란스런 말에 현혹되지 말고, 자라면서 배운 신념을 지키고 가꾸어 나가도록 하게. 좋은 벗들과 풍요로운 삶의 궤적을 아름답게 만들기를 기도하겠네.

  자네와 함께한 시간은 하나님의 축복이었다네. 한 영혼이 순수함을 지키며 성장하도록 돕는 일은 나에게 주신 사명 같은 일이기도 하였지. '무릇 고귀한 것은 어렵고도 드물다'는 스피노자의 말처럼, 힘들지만 자네의 순수한 영혼을 다른 사람들과 함께 나누며 행복하게 살기를 진심으로 바라네. 항상 하나님의 은총이 함께하기를…

                            - 자네의 스승이자 친구였던 장 피에르

참고문헌

장 자크 루소, 이환 옮김, 『에밀』, 돋을새김, 2008.

| 진미정 |

경북대학교 경영대학원(MBA)을 졸업했다. 교육 회사 차이그룹에서 인문학을 배우며 가르치고 있다. 인문고전 독서토론회 리케이온에서 토론 진행을 맡고 있다. 대구를 대표하는 패션브랜드 3030기업에서 경영정보팀장을 맡으며 생존과 번영을, 중학교에서 학생을 가르치며 교학상장의 의미를 배웠으며, 사회복지학을 공부하며 작은 사회적 실천을 체험하고 있다. 인문고전을 통해 독서와 사색의 중요성과 글쓰기에 대한 가치를 깨달으며, 이번 저작에는 최상의 행복담론과 중용에 대한 이야기를 담았다.

진미정

최상의 담론, 중용
『니코마코스 윤리학』

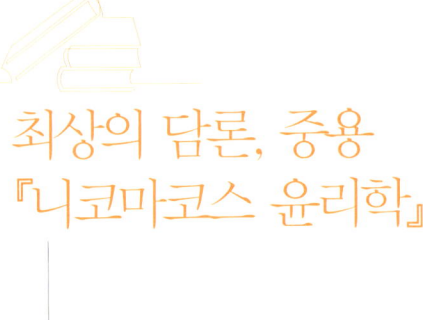

최상의 담론, 중용
『니코마코스 윤리학』

진미정

1. 중용의 프레임으로

신, 자유 그리고 자본

태초에 신이 있었다.

신은 분명히 있었고, 지금도 신은 존재한다. 단지 역사의 흐름 속에서 신의 존재는 그때마다 다르게 명명되어 왔을 뿐이다. 고대에서 유일무이하던 신은 중세에서 절대적 존재가 되었다. 중세에서 맹위를 떨치던 절대 '신'은 오래지 않아 근대의 '이성'에게 권좌를 허락하고 말았다. 불멸을 꿈꾸었던 근대의 '이성'도 현대로 오면서 그 한계를 드러냈다. 시대는 변화의 이름으로 때마다 새로운 신화를 요구했다.

1789년, 프랑스혁명으로부터 절대 왕권에 대한 첫 번째 도전이 시작되었다. 혁명은 또 다른 혁명을 동반한다. 절대적인 권력에 대한 도전은 자본의 자유에 날개를 단 꼴이 되었다. 땅을 소유한 계급인 부르주아의 탄생은 자본주의의 얼굴을 한 첫 번째 신호탄이다. 개인이 소유하는 자본의 양을 자유롭게 허용하는 결과를 초래했기 때문이다. 평등이 부재한 자유는 비대칭으로 성장하여 부익부빈익빈을 잉태했다. 자본주의로 접어들면서 이른바 물신(物神)이 등극한 것이다. 인종과 종교로 분리되어 있던 이념과 사상들이 자본주의의 탄생으로 하나로 묶이게 되었다. 자본주의는 한 국가의 체제이자 전 세계의 체계이다. 돈은 수단으로 시작하여 목적이 되었고, 자본은 자생적으로 비대해져 새로운 세력의 신을 만들고 말았다.

오늘날 매일 수많은 정보가 쏟아지지만 온전히 새것은 없다. 온고지신의 가르침처럼 옛것 위에 새것이 세워진다. 과거를 읽어야 현재가 보인다. 현재를 바르게 진단하고 미래를 설계하는 힘, 그것은 고전 읽기에서 비롯된다.

인식의 틀, 프레임

이른바 자본이 신이 된 후, 프레임은 더욱 중요해졌다. 프레임은 이를테면 인식의 틀이다.

영국의 한 왕은 핑크색을 좋아했다. 신하들에게 자신이 즐겨 쓰는 책상과 의자, 펜과 노트를 핑크색으로 바꾸도록 지시했다. 곧 왕실의 벽지도 핑크색으로 바뀌었고 왕이 사용하는 모든 물건들이 점차 핑크색으로 바뀌어 갔다. 궁정이 어느새 핑크빛으로 물들어 갔으나 왕은 여기서 만족하지 못하고 자신이 보는 모든 것들을 핑크색으로 바꾸고 싶은 욕심이 생겼다. 그래서 그 중 가장 영리한 신하에게 이 명제의 실현을 종용한다. 명령을 하달 받은 신하는 숱한 고심 끝에 묘책을 생각해 내는데, 그것은 바로 핑크색 안경이었다. 핑크색 안경을 낀 왕에게 세상은 온통 핑크빛으로 보였다. 전부가 핑크빛인 세상, 이것이 왕의 프레임이다. 어떠한 색깔의 사물도 이 안경을 끼고 보면 핑크색깔이 되어 버린다.

프레임은 우리가 어떠한 시각으로 대상을 보느냐에 따라서 의미가 달라진다는 것을 시사한다. 모든 의미와 가치에 선행되어 작동되는 프레임. 이 프레임의 윤리에 대해 이야기하고자 한다. 자본주의의 프레임은 물질이다. 사람보다 돈이 우선되어, 수단과 목적의 전복이 우려된다. 돈이면 다 된다는 식의 발상은 인간 존엄성을 위협한다. 소유와 경쟁의 원리를 지양하는 동시에 이 절대적인 프레임의 고리를 끊어야 한다. 그래서 현대에서 프레임은 더욱 중요해진다.

동서양의 프레임, 중용

중용은 일종의 프레임이다. 동양의 중용은 논어, 맹자, 대학, 중용의 사서삼경 중 하나이고, 서양의 그것은 아리스토텔레스의 행복론에서 기인한다. 이처럼 중용은 동서양을 막론하고 고대부터 실재했으며, 시공간을 초월하여 윤리의 근본으로 자리 잡았다.

플라톤의 제자, 아리스토텔레스는 아들에게 전하는『니코마코스 윤리학』을 썼다. 니코마코스 윤리학은 이상이 아닌 현실을 향한 교과

서이다. 플라톤의 이데아는 이상이다. 이데아의 이상향은 현실 회피의 우려를 안고 있다. 아리스토텔레스는 스승의 이상론에서 머무르지 않고 현실 세계로 확장하여 행복과 선을 추구한다. 최고의 행복은 이러한 중용을 통해 발현되는데, 여기서 중용은 절대적인 산술평균이 아닌 상대적인 그 무엇이다. 이를테면 정답이 있는 것이 아니고, '그때그때 마다 다르다'는 의미이다.

아리스토텔레스는 『니코마코스 윤리학』에서 중용을 덕목별로 정의했다.

예를 들어 무절제한 쾌락은 좋지 않은 것으로서 이것의 중용은 절제에 해당한다. 그렇다고 해서 쾌락이 항상 나쁘고 절제가 항상 좋은 것은 아니다. 절제와 무절제는 때에 따라 적절히 사용되어야 한다. 중용은 상대적인 개념으로서 어떠한 상태를 의미하기도 하지만, 부족하거나 모자란 것은 지양하고 적절한 상태를 찾아가는 과정으로도 볼 수 있다. 아리스토텔레스가 중용을 언급한 지 2,300여년이 흐른 지금도 중용은 유효하다. 현대에서 요청되는 덕목이 더 늘었을 뿐, 중용의 본질은 여전히 유의미한 연구대상이다. 고대의 서양 철학자 아리스토텔레스가 설파한 중용 개념은 현대의 조건과 상황에 따라 서로 다른 프레임을 요구하기도 한다.

경영과 중용

사회는 개인의 자유를 존중해야 한다. 개인은 사회의 법과 질서를 지켜야 한다. 사회 안에서 개인의 상충된 이념충돌을 막기 위해서는 스스로 윤리를 인지하는 게 필수적이다. 개인의 행복은 오롯이 질서 안에서 발현되어야 올바른 사회가 될 수 있기 때문이다. 개인에게 행복이 최고의 선이지만 자신의 행복을 추구하기 위해 그 누구에게 위협이 되면 안 된다.

삶의 방황과 혼동 속에서도 자기완성의 길을 닦았던 예술가는 독일의 시인, 헤르만 헤세이다. 한편 공동체의 기원은 근대 마르크스 사상에서 비롯되었다. 마르크스의 공동체 개념은 고대의 아리스토텔레스와 닿아 있다. 마르크스와 아리스토텔레스의 공동체 사상은 마이클 샌델 교수의 『정의란 무엇인가』에 잘 나타나 있다. 개인과 사회, 그리고 공동체에서 최고의 선은 행복이다. 그러나 정의를 배제한 개인과 사회의 행복은 과연 의미가 있는가.

중용은 개개인 스스로이든 공동체에서든 공생의 선을 추구하며 부분과 전체로서 실재한다. 그렇다고 해서 중용의 행태가 똑같은 모습일 필요는 없다. 때로는 최고를 지향하지만, 때로는 가장 낮은 곳에서 가치가 발현되는 것, 때로는 격정의 열정이 최선의 미덕이지만 때로는 침묵이 최고의 가치가 되는 선택, 때로는 뜨거움이 때로는 차가움이 가장 현명한 선택이 됨을, 이렇게 변화 가치의 프레임은 중용에서 비롯된다.

경영 환경은 변화무쌍하다. 그래서 경영에는 많은 변수가 작동되며 그 변수는 매번 새로운 공식을 요구한다. 변화무쌍한 경영환경에 대처하기 위해서는 때마다 다른 공식이 필요하며 이것을 경영현장에서는 '상황적합성'이라고 한다. 이를테면 '상황적합성'은 '그때그때마다 다르다'의 또 다른 이름인 셈이다. 상황에 맞는 경영이란 기존의 공식을 고수하는 것보다 상황에 따라 각기 다른 공식을 적용해야 유리하다는 것이다.

  역사 속에서 절대적인 왕권이 존재하지 않듯이, 조직에서도 변화와 흐름을 수용한 탄력적인 경영철학이 필요하다. 이러한 논리를 끊임없이 인식하는 리더의 자세야말로 진정한 중용적 경영의 자세이다. 경영은 필연적으로 이윤을 추구한다. 회사의 지속성과 조직원들의 번영을 위해 실리를 추구하는 것은 당연하다. 하지만 경영자가 이익만 중시하여 정의를 소홀히 한다면 그 경영은 정도를 이탈하고 있다. 실리와 정의를 동시에 수렴하는 중용적 경영자세가 필요하다고 할 수 있다.

  경영의 환경은 끊임없이 변화한다. 경영자도 한 개인으로서 그 변화의 바람 속에서 같이 흔들릴 수 있다. 경영함은 외부의 변화를 수렴하되 조직 내에서 조화를 이뤄야 한다. 그래서 중용적 경영은 가장 균형 있는 좌표를 추구한다. 하지만 제아무리 최적의 좌표라도 그 좌표가 불변이 될 수 없음을 스스로 인식하는 자세, 이것이야말로 중용적 프레임이다.

2. 사람은 행복을 추구한다

조화와 균형의 리더십

경영자는 큰 사회 속에 속한 한 개인이며, 동시에 조직의 운영자로서 리더이다. 기업의 핵심은 기술이고, 경영의 중심에는 사람이 있다. 그래서 경영자의 사유와 인식의 틀은 특히 중요하다. 리더의 안경이 되어주는 프레임. 그 프레임의 가장 균형적인 모습이 곧 '중용'이라고 할 수 있다. 경영자로서 질서를 취하고 권위를 유지하되, 조직에서 그 권위를 조화롭게 녹일 수 있어야 한다. 이를테면 중용의 프레임은 균형과 조화의 리더십이다.

중용(中庸)의 사전적 의미는 '어느 쪽으로나 치우침이 없이 올바르며 변함이 없는 상태나 정도'이다. 여기서 '中'은 가운데라는 의미이기도 하지만 그렇다고 수학에서의 산술평균이 아니다. 다시 말해서 계산법처럼 절대적이지 않고 오히려 어떤 상대적인 상태에 가깝다.

예를 들어 1에서 10까지의 숫자 중에 중간은 무엇일까. 단순하게 '5'라고 생각할 수 있는데, 이 계산은 오류다. 정답은 '5.5'이다. 1에서 10까지의 합이 55이고, 55를 10으로 나누면 5.5이기 때문이다. 정답의 범위를 유리수에서 정수로 좁혀보자. 1에서 11까지를 더해서 그것을 다시 11로 나누면 평균 '6'이 나온다. 이러한 계산 방법을 수학에서는 '평균' 또는 '중앙값'이라고 하는데, 중용은 이러한 평균이나 중앙값을 가리키는 것이 아니다.

오히려 중용의 상태는 산술적 중간이라기보다는 기하학적 중간에 가깝다. 행위자가 누구냐에 따라, 시점에 따라, 상황에 따라 그 중간 지점은 달라지기 때문이다. 기하학적 중간은 이처럼 상대적이다.[1] 예를 들어 원의 중심을 잡아내는 것은 쉬운 일이 아니다. 우리가 알고 있는 원주율에는 파이(π)의 개념이 들어간다. π는 3.1415926535…로서 무리수의 영역이다. 중용적 경영은 기하학적 중간인 원의 중심을 찾아가는 과정처럼 적확한 정답보다는 상대적인 해석에 가깝다고 볼 수 있다.

만약 갑자기 소나기가 내리면 우산이 필요해진다. 그러나 비가 그치면 우산은 쓸모가 없어져 거추장스럽다. 비가 올지 안 올지는 때가 되어야 알 수 있고 예측은 매번 적중하지는 않는다. 이처럼 경영의 환경은 예외적인 상황이 항상 도사리고 있어 경영전략에서 상황적합성이 우선시되는 이유는 이로써 충분하다.

아리스토텔레스는 지나침과 모자람은 둘 다 좋지 않다고 했다. 단순히 위의 예에서 본다면 1과 11은 양 극단이며, 11은 지나침이고 1은 모자람이다. 지나침과 모자람이 두 '악덕'에 해당되고, 중용은 '덕'에 해당된다. 아리스토텔레스는 인간이 행복을 추구함에 있어 덕으로서 중용을 강조했다. 중용은 '마땅히 주어야 할 사람에게, 마땅한 만큼, 마땅한 때에, 마땅한 목적을 위해, 그리고 마땅한 방식으로 그렇게 하는 것'을 뜻한다. 이 마땅한 적당함을 적절하게 찾아가는 과정

---

1) 아리스토텔레스 지음, 이창우 옮김, 『니코마코스 윤리학』, 이제이북스, 2009, 398쪽.

이 중용의 과정으로 볼 수 있다.

끊임없이 개인의 내면을 완성하고자 노력했던 사상가는 독일의 문호, 헤르만 헤세이다. 작가는 생애동안 겪었던 혼돈과 방황의 고통을 행복으로 승화하여 문학작품으로 남겼다. 헤세가 승화시킨 내면의 길 또한 중용으로 가는 여정이다. 더불어 공동체의 행복과 번영을 추구한 대표적인 사상가로는 애덤스미스와 마르크스가 있다. 그들의 저서, 『국부론』과 『자본론』이 그 증거다. 개인과 공동체에서 행복은 중요하다. 공동체에서 개개인의 행복은 정의가 전제되어야 가능하다. 이러한 공동체에서 행복의 추구는 고대로 거슬러 올라간다. 지금으로부터 2,300년 전 아리스토텔레스는 공동체인 폴리스를 이상향으로 그렸다.

중용적 행복

사람은 무엇으로 사는가. 우선 의식주는 생존에서 필수적 요소이다. 자본주의에서 개인이 소유할 수 있는 자본의 양은 정해져 있지 않다. 돈이 많으면 넓은 평수의 집과 멋진 차를 가질 수 있다. 백만 원으로 유럽을 여행하는 것보다 천만 원으로 하는 여행이 보다 많은 선택지를 주는 것은 사실이다. 그러나 이러한 시각은 지극히 소유의 방식으로서 제한적이다. 사람은 물질적인 충족만으로 행복해지지 않기 때문이다.

인간은 이처럼 의식주에서 만족하지 않고 더 많은 가치를 부여한다. 매슬로의 '인간욕구 5단계 이론'에서도 알 수 있듯이 생존욕구가 충족되면 다음단계인 안전욕구가 생긴다. 이 단계가 충족되면 다음

단계의 애정과 소속의 욕구가 생기고, 세 번째 욕구가 어느 정도 충족되면 다음 단계인 존경의 욕구가 생기게 되고 이 또한 어느 정도 충족하게 되면 궁극적으로 자아실현을 추구하게 된다. 자아실현 단계에서는 타인의 시선을 의식하면서 쌓아 올린 소유의 탑은 무의미해진다. 오롯이 내면의 성장만이 자아실현의 잣대로 작동되기 때문이다.

작금의 경제체제는 자본주의로써 물질의 풍요를 추구하는 시대임에는 틀림없다. 그렇다고 해서 '소유냐, 존재냐'의 물음처럼 인간은 소유만으로 행복 해질 수 없다는 것을 잘 알고 있다. 존재적 삶의 주체는 속도 보다 방향성에 있다. 빠른 성장보다 올바른 방향으로 나아감이 더 유의미한 인생이다. 봉사와 나눔, 그리고 기부는 사람은 소유만으로 행복해지지 않는다는 것을 보여주는 좋은 예이다. 또한 인생은 유한하며, 생과 사의 순간처럼 숙명이 혼재한다. 개인은 사회의 여러 관계망 속에서 얽혀 살아가기에 질서를 지키지 않으면 충돌한다. 인생 질서가 동반된 행복한 삶은 어쩌면 불가능할지도 모른다. 삶의 현실 좌표는 좌충우돌, 카오스 속의 아비규환이기 때문이다. 이렇듯 인간은 태생적인 한계와 수많은 제약 속에서도 생애동안 끊임없이 삶을 고찰하며 살아가게 된다. 한때는 영원할 것 같은 젊음의 열정으로 성공가도를 향해 속도를 한껏 높이기도 한다. 그러나 나아갈 방향을 모른 채 속도를 높이는 자동차는 위험하다. 조금 돌아가더라도 현재의 위치를 점검하고 방향성을 재고하는 시간이 필요하다.

그래서 중용적인 삶은 소유와 존재의 양립을 필요로 한다. 애덤스미스는 『도덕감정론』에서 행복의 조건으로 '최저 수준의 부'를 언급한다. 살아가는 데 필요한 최저 수준의 부를 넘어선 소유의 크기는 행복의 크기와 정비례하지 않는다고 보았으며 맹자의 '무항산무항심'도 같은 맥락이다. 소유가 어느 정도 충족 되었다면 사람은 존재적 주체로서 가치 있는 삶을 지향해야 한다. 지나친 소유는 오히려 소중한 것들을 잃게 하고 등짐이 무거우면 오래 가지 못해 쉬이 지친다. 인간은 누구나 무소유가 되는 날을 외면할 수 없다. 충만한 행복을 향한 오늘의 행보는 지극히 작은 것에서 비롯되며 사유의 산책은 가벼운 발걸음으로 시작한다. 소유는 가볍게, 시간은 충실히 살아가보자. 행복의 시선은 먼 미래가 아니라 지금 여기, 바로 이 순간에 현존하기 때문이다.

사회와 행복

사람은 오래도록 행복을 추구해 왔다. 동서고금을 막론하고 행복은 궁극적인 최고가치로서 자체로 중요하다. 자본주의 체제는 사유재산을 인정한다. 민주주의는 개인의 자유를 존중한다. 그렇다면 어떠한 경우에서도 개인의 행복은 존중되어야 할까. 만약 다른 사람의 재산을 편취함으로써 얻은 이득으로 행복을 느끼는 사람이 있다고 하자. 이러한 개인의 행복까지 허용한다면 사회는 큰 혼란에 빠질 것이다. 나의 행복으로 말미암아 타인이 불행해진다면 이를 이는 행복의 범주에서 배제되어야 한다. 또한 절도와 사기를 일삼고도 계속 행복할 수 있을까. 그래서 사회는 정의와 법이 작동되어야 한다. 이러한 고민은 오래전부터 시작되었다.

철학자 아리스토텔레스는 공동체 안에서 서로 상충되지 않으면서 각자의 행복을 추구할 수 있는 방법을 고민했다. 공동체는 다수의 사람이 사는 곳으로서 나름의 규칙이 존재해야 한다. 여기서 작동되는 것이 '덕'이다. 아리스토텔레스의 '덕'을 상기하면서 '행복'으로 확장해 나가보자.

덕을 이야기하기 전에 먼저 '선'을 살펴봐야 한다. 덕은 선으로 가는 방법인 셈이다. 어떤 행동을 하고자 할 때, 그 행동과 선택에 있어 우리는 기본적으로 선을 추구한다. 행복으로 가는 길은 다양하지만, 쾌락과 향락의 길은 인간의 선에 위배된다. 지극히 주관적인 만족에 국한되어 있는 쾌락과 향락은 사회에서 나쁜 영향을 주고받는다. 내가 행복하고, 네가 행복하고, 가족이 행복하고, 친구가 행복하고, 조직이 행복하고, 나아가 사회가 행복하면 더없이 좋다. 아리스토텔레스의 '인간은 사회적 동물이다'라는 말은 큰 틀에서 이런 의미를 내포한다.

애덤스미스는 『도덕감정론』에서 사람은 기본적으로 '마음속 공평한 관찰자'[2]가 있어 적어도 비난을 싫어한다고 했다. 마음속 재판관이 작동되어 악한 행동은 검열하며, 스스로 선한 행동을 추구한다는 것이다. 타인을 위한 배려 이전에 선함의 행위는 그 자체로 좋다. '마음속 공평한 관찰자'로 인하여 악행은 자체로 검열을 받는다. 살인자

---

2) 애덤스미스는 『도덕감정론』에서 인간은 타인의 시선과 상관없이 스스로 자아를 비판하는 관찰자가 있다고 했다. 즉, 아무런 이해관계나 편견을 가지지 않는 존재로서 내 사정에 대해 완전한 정보를 가지고 언제나 공평한 판단을 내려주는 존재를 뜻한다.

가 공소시효에 임박해서 굳이 자수를 하는 이유는 스스로의 검열에 의한 고백인 셈이다. 길가는 할머니의 무거운 짐을 들어주고 싶은 것은 자연스런 인간미의 행태다.

 기술의 비약적인 발전은 경제적 성장과 과학적 진보를 가져왔다. 시대가 바뀌면서 환경과 제도의 패러다임이 바뀌는 동안에도 바뀌지 않은 것, 그것은 사람이 행복을 추구한다는 것이다. 고대에서 중세, 근대를 거쳐서 현대에 이르기까지 행복은 개인이 추구하는 공통의 이상향임에 틀림없다. 그렇다면 그 행복은 무엇을 가리키고 있을까. 행복은 어떠한 모습으로 형상화되는가. 변화의 시대 속에서 행복의 좌표를 찾는 일, 이것은 중용과 무관하지 않다.

덕의 양행, 교육과 습관

 중용은 덕으로서 발현된다. 아리스토텔레스는 『니코마코스 윤리학』을 통해 '행복은 자신의 삶 전체에 걸쳐 완전한 덕을 실천함으로써 비로소 얻게 되는 것'이라고 했다. 덕이 있는 사람은 감정을 잘 다스리는 데 주력한다. 이것을 아리스토텔레스는 '정념'이라고 했는데, 이 정념이 넘치거나 모자라지 않는 상태를 유지해야 한다. 과하거나 부족한 극단에 치우치지 않는 것이 곧 '중용'이며 '참된 덕'이다. 여기서 덕은 크게 '지적인 덕'과 '도덕적인 덕'으로 나누어지는데, 전자는 대체로 교육에 의한 것이고, 후자는 습관의 결과로 생긴다고 볼 수 있다. 그래서 교육과 습관은 양행으로써 동시에 중요하다. 교육과 습관, 두 마리 토끼를 다 잡아보자.

교육과 학습은 제도권 교육으로 국한되지 않는다. 평생학습이 중요시되는 이유는 비단 지금이 4차 산업혁명으로 가는 길 위에 있기 때문만은 아니다. 사람이 행복을 느끼는 감정은 웃을 때와 깨달음을 얻을 때 배가 된다고 한다. 사람은 웃으면 행복해진다. 나아가 깨달음은 더욱 큰 행복감을 안겨 준다. 깨달음을 얻을 때 분비되는 다이돌핀이라는 호르몬은 엔도르핀의 약 4천 배에 해당한다. 교육과 학습은 과정 자체가 보상인 셈이다.

우리가 책을 읽는 이유는 여러 가지가 있다. 독서 그 자체로 재미를 느끼고 과정을 향유하기도 한다. 더 나아가 변화와 성찰을 꾀하기도 한다. 다시 회자되고 있는 인문학 독서는 이른바 문사철의 총칭이다. 문학을 통해 느끼고, 역사를 통해 알아가고, 철학으로 중심을 잡아간다. 이러한 깨달음의 영역이 있기에 책은 더욱 힘을 가진다. 독서도 배움이다. 고전은 시공간을 초월하여 오랜 시간을 견뎌낸 이른바 검증된 경전이다. 이러한 고전서는 과거를 투영해 현재를 진단하며 동시에 미래를 내다보는 힘을 지닌다.

또한 독서의 힘은 방향성에 있다. 교육은 인간을 바른 방향으로 인도한다. 한 개인은 사회 안에서 교육으로 배운 만큼 고민하고 실천한다. 교육이 배움에서 그치면 사회적 선순환이 되지 않는다. 교학상장(敎學相長), 즉 배우고 가르치면서 서로 성장하며 상생하는 사회가 바른 사회이다. 그래서 교육과 동시에 실천이 중요하다. 배우고 익혀서 행동해야 한다. 머리로 읽고 가슴으로 느끼고, 그리고 발로 행동해야 진정한 배움인 것이다.

자기계발서 목록에 빠지지 않는 것 중에 하나는 습관의 중요성이다. 교육이 중요한 만큼 실천 또한 중요하다. 생각에서 그치면 계속 제자리걸음이다. 진정한 교육의 연장은 올바른 실천이다. 교육으로서 방향이 설정되었다면 이제 행동으로 옮겨야 한다. 성공한 사람들의 비결은 실천의 과정에 있다. 지침을 즉시 행동으로 옮기고 강령을 지속적으로 실천한다. 성공의 열쇠는 누구에게나 주어지지만 성공은 그 열쇠로 문을 여는 자에게만 주어진다. 그래서 성공의 성패는 대부분 방법을 몰라서가 아니라 행동으로 옮기지 않아서이다. '한시간 일찍 일어나서 책을 읽는다.' '약속시간에는 10분 먼저 도착한다.' '매일 30분씩 꾸준히 운동을 한다.'와 같이 시간관리를 중요하게 생각 하는 것은 습관의 시초다. 이처럼 교육과 습관을 지속적으로 동시에 행함이 덕의 양행이다.

동양에서 공자, 맹자, 순자로 흐르면서 유학이 정의되었듯이, 서양에서도 소크라테스, 플라톤, 아리스토텔레스로 이어지면서 서양철학이 정립되었다. 동서양의 교육은 2,500년 전부터 있어 왔으며, 동·서양 고전의 맥락은 이렇게 시작되었다. 동과 서는 오랜 시간을 거슬러 조화와 균형을 추구한 흔적이 역력하다. 비록 지역과 언어는 다르지만 동과 서를 건너 고전의 진리는 일맥상통한다. 현대로 오면서 문명의 발전과 기술의 진보로 세상이 많이 바뀌었다고 하지만, 교육의 중요성은 아무리 강조해도 지나치지 않다. 과거의 전쟁이 피의 전쟁이라면, 현대의 전장은 총칼 없는 싸움터이다. 각국이 이념으로 대치되는 양상은 고대의 춘추전국시대와 별반 다르지 않다. 고전을 현대에서 소환해야 하는 이유는 이것으로 충분하다.

탁월성과 중용

아리스토텔레스는 진정한 행복의 경지인 '에우다이모니아'에서 탁월성과 자제력을 구분하였다. '자제력'과 '자제력의 결핍'은 전자는 엥크라테이아, 후자는 아크라시아이다. 여기서 자제력이 있는 자가 무조건 탁월성을 갖추었다고 볼 수 없으며 이는 '탁월성을 갖춘 사람'과 '자제력이 있는 자' 사이에는 명백한 차이가 존재한다고 보았다. 의도된 자제력과는 별개로 탁월성을 갖춘 사람의 영혼 속에는 아무런 갈등이 존재하지 않기 때문이다. 아리스토텔레스의 에우다이모니아는 이러한 진정한 행복이 발현되는 경지로서 전 생애에 걸쳐 맑은 영혼을 가진 사람의 탁월성에 따른 이성 활동으로 해석되기도 한다. 에우다이모니아는 다음 장에서 다시 언급하기로 하고 먼저 탁월성의 개념으로 들어가 보자.

아리스토텔레스의 중용은 탁월성으로 발현된다. 탁월성의 극단에는 결함이 위치한다. 결함의 사례로 비겁한 사람과 무모한 사람을 들 수 있다. 예를 들어 무슨 일이든 회피하고 두려워하며 어떤 자리도 지켜 내지 못하는 사람은 비겁한 사람으로, 무슨 일이든 결코 두려워하지 않으면서 모든 일에 뛰어드는 사람은 무모한 사람으로 간주한다.

탁월성은 품성의 탁월성으로서 감정과 행위에 관련하여 지나침과 모자람, 그리고 중간인 세 척도가 존재하는데, 여기서 지나침과 모자람의 양 극단은 자체로 거세된다. 마땅히 그래야 할 때, 마땅히 그래야 할 일에, 마땅히 그래야 할 사람들에게, 마땅히 그래야 할 목적을 위해서, 또 마땅히 그래야 할 방식으로 감정을 갖는 것은 중간이자 최선이며, 바로 그런 것이 탁월성에 속하는 것이다. 탁월성은 합리적 선택과 결부된 품성 상태로서 우리와의 관계에서 성립하는 중용에서 비롯된다. 이와 같이 탁월성으로 발현되는 중용은 적절한 때와 시를 일컫는데, 양 또한 상대적인 개념으로 더 많은 양을 취하기도 하지만 때로는 더 적은 양을, 어떤 때는 동등한 양을 취할 수도 있다. 그리고 이때의 더 많고 적음이나 동등함은 대상 자체에 따라 이야기될 수도 있지만, 우리와의 관계에 따라 달라질 수도 있다. 여기서 동등함은 지나침과 모자람의 어떤 중간이며, 대상에 있어서 중간은 각각의 끝에서 같은 거리만큼 떨어진 것으로 이는 모든 사람에게 동일하게 작동된다. 반면 우리와의 관계에서의 중간은 너무 많지도 너무 모자라지도 않는 것을 가리키며, 이는 모든 사람에게 하나이지도 않고 동일하지도 않은 상태를 뜻한다.[3]

중용으로 이르는 세 가지 길

다시 아리스토텔레스의 '덕'으로 돌아가 보자. 정념에는 지나침과 모자람과 그 중간이 있고 여기서 지나침과 모자람은 악덕의 특징이

---

3) 크리스토퍼원 지음, 김요원 옮김, 『니코마코스 윤리학 입문』, 서광사, 2011, 99~100쪽.

고, 중용은 덕의 특징이라고 했다. 그러나 모든 행동과 정념에 있어 중용이 있는 것은 아니다. 중용을 찾아가는 방법에는 크게 세 가지가 있다. 첫 번째, 어떤 것은 자체로 좋은 것이 아니다. 예를 들어 시기와 질투, 절도와 살인 이런 것은 그 자체로 나쁘다. 자체로 나쁜 것은 중용에서 고려할 가치가 없으므로 대상에서 제외된다. 그렇다면 어떤 것에서 중용을 고찰 할 수 있는지 살펴보자.

『니코마코스 윤리학』에는 12가지 중용의 예가 나온다. 즐거움과 고통에서 지나침은 '무절제(akolasia)'이다. 모자람은 '목석 같음(anaisthesia)'이고 여기서 중용은 '절제(sophrosyne)'이다. 적은 재물에서 지나침은 '낭비'이고, 모자람은 '인색'이다. 여기서 중용은 '자유인다움(eleutheriotes)'이다. 큰 재물의 지나침에는 '품위 없음'이고, 모자람은 '좀스러움'이라는 표현을 쓴다. 여기서 중용은 '통이 큼(megaloprepeia)'이다. 절제와 용기에 있어 무슨 일이든 회피하고 두려워하며 어떤 자리도 지켜 내지 못하는 사람은 '비겁한 사람'이 되는 것이며, 이와는 반대로 무슨 일이든 결코 두려워하지 않으면서 모든 일에 뛰어드는 사람은 '무모한 사람'이 되는 것이다. 절제와 용기는 지나침과 모자람에 의해 파괴되고 중용(mesotes)에 의해 보존된다.[4]

아리스토텔레스는 『니코마코스 윤리학』에서 두 번째 길도 안내한다. 모든 일에 있어 중용의 상태는 자체로 더 없이 좋지만, 때때로 우리는

---

4) 아리스토텔레스 지음, 이창우 옮김, 『니코마코스 윤리학』, 이제이북스, 2009, 55쪽.

지나친 쪽으로나 모자란 쪽으로 치우쳐 있을 필요가 있다고 했다. 이렇게 함으로써 우리는 오히려 가장 쉽게 중용적 옳음에 도달할 수 있게 된다.

세 번째 중용에 이르는 방법론으로는 중간을 겨냥한다면 먼저 그것의 대립되는 것으로부터 멀어질 필요가 있다는 것이다. "배를 저 물보라와 큰 파도 바깥으로 멀어지게 하라." 호메로스의 서사시, 『오디세이아』에 나오는 문장이다. 오디세우스가 자신의 동료 키잡이들에게 호소하는 말로써 두 극단 가운데 하나는 더 잘못된 것이며 다른 하나는 덜 잘못된 것이기 때문이다. 그런데 중간을 맞추는 것은 극도로 어려우므로, 차라리 아닌 것에서 멀어지는 길을 택하는 방법이다.

스승과 제자

아리스토텔레스는 기원전 384년, 그리스 북부 마케도니아의 작은 도시인 스타게이로스에서 태어났다. 이때 소크라테스가 죽은 지는 15년이 되었다. 아리스토텔레스의 아버지는 마케도니아의 왕 아민타스(Amyntas)의 궁정 의사였다. 그런 아버지 덕분에 철학뿐 아니라 자연과학에도 깊은 관심과 조예를 가질 수 있었다. 아리스토텔레스가 아테네 출신이 아니라 마케도니아의 작은 도시 출신인 태생적 환경은 이후 아테네 사람들로부터 배척받게 되는 원인으로 작용한다.

기원전 367년, 일찍 부모를 여읜 17세의 아리스토텔레스는 고등교육을 받기 위해 아테네로 유학을 떠나게 되는데 여기서 스승인 플라톤을 만난다. 플라톤의 학교인 아카데메이아(Akademeia)에 입학하고 이때 학장이었던 플라톤은 예순 살이었다. 아카데메이아에서 아리스토텔레스는 플라톤이 죽기까지의 20년간 스승의 가르침을 받는다. 그는 스승의 학당에서 '제1의 독서가'로 불리면서 스승 플라톤의 여러 걸작들을 탐독했다. 또한 열심히 연구하여 비로소 학자가 되었지만, 그에게 제2대 학장의 자리는 주어지지 않았다. 플라톤이 여든 살에 세상을 떠나게 될 때, 스승의 조카가 학장의 자리에 올랐기 때문이다. 스승이 없는 학당에 제자는 더 이상 머무를 이유가 없어진다.

아리스토텔레스는 플라톤의 애제자였지만, 그와 동시에 견해를 달리하는 비판자이기도 했다. 플라톤이 살던 시대의 아테네는 고대 그리스 문명의 전성가도를 달리고 있었으나, 아리스토텔레스가 살던 시대의 아테네는 다소 힘을 잃고 마케도니아에 굴복되는 시기였다. 더군다나 알렉산드로스 대왕이 지배하던 제국은 전제 군주제로 무너지고 말았다. 이러한 시대적 배경은 아리스토텔레스의 철학을 공고히 하는 밑거름이 되기도 한다.

플라톤이 이상을 추구한 반면 아리스토텔레스가 현실을 중요하게 생각한 것은 역사적 배경과 무관하지 않으며 1509년, 산치오 라파엘로가 그린 그림인 '아테네학당'[5]에는 이러한 점이 묘사되어 있다. 그

---

[5] 산치오 라파엘로가 1509년에서 1510년 사이에 그린 프레스코 벽화로 크기는 579.5×823.5cm이며 바티칸 미술관 스텐차 델라 세나투라에 소장되어 있다. 아테네학당 그림의 중간에 '티마이오스'라 쓰인 책을 옆구리에 낀 플라톤은 이데아에 대해 설명하듯 손가락으로 하늘을 가리키고 있으며, 아리스토텔레스는 '윤리학(Eticha)'이라는 책을 허벅지에 받치고 지상을 가리키며 현실 세계를 논변하는 모습이 인상적이다.

림 '아테네학당' 중앙에는 손가락으로 왼쪽 위를 가리키고 있는 플라톤, 오른쪽 아래를 가리키고 있는 아리스토텔레스가 있다. 플라톤이 가리키는 위는 '이데아'로서 이상을, 아리스토텔레스의 아래는 '현실'을 뜻한다. 여기서 플라톤이 들고 있는 책은 신적인 제작의 기술이 그려져 있는 『티마이오스』이며, 아리스토텔레스가 들고 있는 책이 바로 『니코마코스 윤리학』이다. 스승과 제자의 사상은 이렇게 정과 반을 이루며 우리에게 전해지고 있다. 이상과 현실은 마치 한 쌍의 음양처럼 양 극단이기도 하지만 합으로서 중용에서 만난다.

아카데메이아를 떠난 아리스토텔레스는 소아시아에 있는 친구 곁에서 3년간 학문에 전념하게 된다. 기원전 336년, 알렉산드로스가 부왕의 뒤를 이어 왕위에 오르자 아리스토텔레스는 다시 아테네로 돌아와 학교를 세운다. 아테네 서쪽 외딴 교외에 아폴론 리케이오스에 바쳐진 성역이 있는 숲 속에 자신의 학교를 만들게 되는데, 수호신의 이름을 딴 이 학교가 바로 리케이온(Lykeion)이다. 아리스토텔레스는 매일 아침 이 학교의 산책로를 걸으면서 상급 학생들과 함께 철학상의 심오한 여러 문제를 논의하고 강의하였다고 하여 '소요학파'로 불리기도 하였다. 특히 리케이온의 서고는 박물관과 비슷한 규모였으며, 아카데메이아를 넘어서는 큰 학교가 되었다. 아리스토텔레스는 학장으로서 강의하고 학생들과 토론하며 끊임없이 연구하여 집필하는 것을 게을리 하지 않았다.

스승과 제자의 사상은 서양철학에 깊은 서사를 남겼다. 스승 플라톤의 이원론과 제자 아리스토텔레스의 일원론은 대조적이다. 그래서 아리스토텔레스의 철학 사상은 스승 플라톤의 사상에 대한 계승이라 보기보다 오히려 개척에 가깝다.

플라톤의 사상은 사물과 이데아, 두 세계를 상정한다. 수시로 변하는 세상 만물에서는 영원한 원질을 찾을 수 없어 진정한 실체는 따로 존재하는데 이것이 바로 이데아이다. 아리스토텔레스는 하나의 세계를 상정하여 일원론을 설파한다. 이데아(idea)의 개념을 형상(form)으로 대치하고 이러한 형상은 질료를 통해서 구현된다로 보았다. 이데아가 사물 개체와 구별되는 존재라면 형상은 질료와 함께 사물을 이루게 된다. 예를 들어 아폴론이라는 형상과 대리석이라는 질료가 합쳐서 아폴론 석상을 이루는 것이 아리스토텔레스가 이야기하고자 하는 일원론의 개념이다.

행복학개론, 『니코마코스 윤리학』

플라톤의 영향으로 아리스토텔레스는 학문에 더욱 전념하여 다작을 남기게 되는데 이는 아들에게 전승된다. 먼저 그의 학문적 서사로서 소아시아 북부지방에 아카데메이아의 분교 격인 연구소가 세워지는데 아리스토텔레스는 여기에서 연구와 집필을 하게 된다. 이 시기의 3년 동안 『정치학』을 쓰기도 했다. 군주 헤르메이아스의 조카딸인 피티아스와 혼인을 하여 딸을 출산하지만 아내는 세상을 떠난다. 이후 아리스토텔레스와 헤르필리스라는 여인 사이에서 아들이 태어나는데, 이 아들이 바로 니코마코스이다.

아리스토텔레스가 리케이온 학당에서 강의를 하기 위해 쓴 초고들을 정리하여 훗날 아들 니코마코스가 펴낸 책이 『니코마코스 윤리학』이다. 『니코마코스 윤리학』은 『정치학』, 『시학』을 포함해 그의 형이상학적 철학이 담긴 사상서이다. 또한 아리스토텔레스는 이 책을 통해 행복에 대한 이야기를 담았다. 인간이 행복해지기 위해서 크게 세 가지 물음에 초점을 맞출 수가 있는데 그 첫째는 행복이란 무엇인가이며 둘째로는 행복해지려면 어떻게 행동해야 하는가. 그리고 마지막으로, 행복과 관련된 도덕적인 덕, 즉 품성의 덕은 무엇인가가 그것이다.

또한 『니코마코스 윤리학』은 총 10권으로서 중용에 대한 이야기는 제2권에 나온다. 당시 권은 지금의 장(章)에 해당하는 분량으로서 내용은 총 10장인 셈이다. 이 책에는 중용 이외에 지혜, 용기, 절제, 정의, 우애 등에 대한 아리스토텔레스의 윤리적 고찰이 담겨 있다. 『니코마코스 윤리학』은 아리스토텔레스가 아들 니코마코스에게 전하는 윤리 교과서이다.

천사의 찬사, 에우다이모니아

『니코마코스 윤리학』 제1권은 인간에게 가장 훌륭한 삶이 무엇인가에 대한 논의로서 '최고 좋음'에 대한 이야기로 시작 된다. 삶에서 오직 하나의 해답만이 존재하지 않는 것처럼 '최고 좋음'의 행태 또한 다양하다. 행복은 '최고 좋음'에 관한 이야기로부터 쓰여 졌다.

아리스토텔레스는 가장 훌륭한 삶은 '최고 좋음'으로 점철되며 이를 행복으로 여겼다. 여기서 행복이 '에우다이모니아(eudaimonia)'이다. '에우'의 '좋은'과 '다이몬'의 '정령'이 합해져 '유쾌한 천사'로 해석 되며, 이 해석에 따르면 '에우다이모니아'를 성취한 사람은 천사에 의해 삶이 축복을 받은 사람이다. 그래서 잘 살고 잘 행동하는 삶은 최고 좋음으로서 '에우다이몬적인 삶'을 영위한다고 했다. 어떠한 한정된 사람들의 삶을 관찰하여 그 삶이 훌륭하다면 그는 에우다이몬적인 사람이 된다. 이러한 에우다이몬적인 삶을 분석하는 일은 그에게 주된 연구였다고 한다.[6]

여기서 우리가 주의를 기울여야 하는 부분이 바로 '삶'이라는 테제이다. '잘 살고 잘 행동하는 삶'은 특정 철학자에게만 유효한 것이 아니라 인간이라면 누구에게나 의미를 가지기 때문이다. '최고 좋음'은 완성된 탁월성으로부터 발현된다. 그런데 아리스토텔레스의 행복에 기인하는 '완성된 탁월성'은 일종의 지향성이다. 다시말해 인간의 삶 속에서 성취 불가능 할지도 모른다. 그래서 에우다이모니아, 즉 행복의 개념은 저 멀리 있는 모호한 것이 될 수도 있다. 그러나 인생은 마치 등대와 같이 방향을 설정하고 가는 여정들의 합이다. 올바른 방향을 알고 가는 길은 목적의 결과와는 상관없이 여정 자체로 숭고하다. 아리스토텔레스의 에우다이모니아는 그런 의미에서 삶의 등대가 되어줄 것이다. 천사의 찬사까지는 아니더라도 마음속 공평한 관찰자가 지켜보고 있기 때문이다.

---

6) 크리스토퍼 원 지음, 김요한 옮김, 『니코마코스 윤리학 입문』, 41쪽.

3. 동서양의 보편성, 중용

중용

중용(中庸)이라는 개념의 시초는 고대로부터이다. 2천 년 전, 동양과 서양은 동시대에 유사한 개념을 정립하였고, 문헌으로서 『중용』과 『니코마코스 윤리학』을 남겼다. 동양의 중용 개념은 『논어』 6장 「옹야」편에도 실려 있다. 한편, 서양에서는 고대 그리스 철학자인 아리스토텔레스의 『니코마코스 윤리학』에서 메소테스를 언급하고 있다. 메소테스(Mesotes)는 중용의 개념으로서 윤리학 제2권에 나온다.

사람은 일생동안 '어떻게 살 것인가'를 끊임없이 고민한다. 삶이 '하나의 길(道)'로만 통한다면 인생에서 선택과 기대는 사라진다. 인생의 행로에서 정답은 없으나 정도(正道)는 있을 수 있다. 정도를 찾기 위해 때로는 모험을 감행하기도 한다. 그리고 어떤 때는 새로운 길을 추구하기보다 제시된 길 중에서 적절한 길을 찾기도 했다. 이러한 적절한 길 찾기는 중용의 개념과 일맥상통한다.

현대경영에서도 적절한 답 찾기는 중요하다. 조화로운 경영의 길을 제시해 줄 중용의 개념을 찾아 고대로 시간여행을 떠나 보자.

동양의 중용

우리가 흔히 중용이라 함은 동양의 경전이나 그 사상을 일컫는다. 동양사상에서 중용(中庸)은 사서삼경(四書三經) 중 하나이며, 사서는 『논어』(論語), 『맹자』(孟子), 『대학』(大學), 『중용』(中庸)이고, 삼경은

『시경』(詩經), 『서경』(書經), 『역경』(易經)이다. 삼경에 『예기』(禮記)와 『춘추』(春秋)를 더해 사서오경(四書五經)이라고 부르기도 한다. 사서오경은 유교(儒敎)의 기본 경전이다. 중용은 유교를 숭상하였던 조선시대부터 기본적으로 배우고 익혀야 할 필독서였다.

또한 『중용』(中庸)은 공자의 손자인 자사(子思)가 집필한 것으로, 중용의 덕과 인간의 본성인 성(性)에 대해 설명하였다고 한다. 또 다른 설은 『중용』(中庸)은 『대학』(大學)과 함께 『예기』(禮記) 가운데 한 편으로 후에 북송 시대의 성리학자 정호(1032~1085), 정이(1033~1107)형제가 사서에 편입시킨 것으로 유래된다.

주자는 중용을 33장으로 분장하고 주해를 달아놓은 글인 중용장구(中庸章句)에서 "치우침이 없으며 또한 지나치거나 부족함이 없는 것이 中이며, 변함없이 한결같은 것이 庸이다"라고 하였다. 그리고 『중용(中庸)』 2장에도 중용의 개념이 나온다.

중니는 "군자는 중용을 하고, 소인은 중용과 반대로 한다. 군자가 중용을 하는 것은 군자이면서 때에 맞게 하기 때문이요, 소인이 중용과 반대로 하는 것은 소인이면서 거리낌이 없기 때문이다."[7] 여기서 중니는 공자를 가리킨다.

그리고 군자가 그러한 삶을 살 수 있는 이유는 '군자이시중(君子而時中)' 즉, 군자이면서 때에 맞게 하기 때문이라고 말한다. 때에 맞게 하는 '시중(時中)'이 쉽지 않기 때문에 중용의 삶을 살기가 어려우며,

---

7) 유원기, 동서양의 중용(中庸) 개념, 2001.

따라서 '시중'을 할 때에만 중용의 삶을 산다고 말할 수 있다는 것이다.

여기서 궁금한 점이 생긴다. 그렇다면 『중용』은 누구의 저작일까. 『논어』는 공자의 말씀을 사후에 제자들이 기록한 책으로 필자가 명확한 반면, 『중용』은 누구의 저작인지 명확하지 않다고 한다. 사마천은 『사기』에서 중용의 저자로 공자의 손자인 자사를 꼽았는데 자사가 살았을 시대상황과 맞지 않는 내용이 있다. 다음의 구절을 살펴보자.

"오늘날의 수레를 보면 수레는 그 바퀴의 치수가 같게 규격화되어 있고 문서는 같은 문자로 기록되고 있고 행실은 같은 절차와 내용으로 이루어져 있다."[8]

오늘날의 포장도로는 두 바퀴의 간격이 동일할 필요가 없다. 그러나 포장되지 않은 흙길은 노면이 탄탄하지 않아 수레가 지나다 보면 길이 파여서 길이 엉망이 되는데, 두 바퀴 간격을 모두 똑같게 하면 수레가 다닐 때마다 홈이 파이고 그 홈이 굳어지면 수레가 다니기 편해진다. 이안 감독의 영화 〈와호장룡〉[9]에 수레가 길에 난 홈을 따라 달리는 장면이 나온다.

위에서 언급한 내용은 단순히 사실을 넘어 천하 통일을 상징한다.

---

8) 신정근, 『중용, 극단의 시대를 넘어 균형의 시대로』, 사계절, 2010. 28쪽.
9) 영화 와호장룡(2000). 용을 연기한 장쯔이의 대사 중에서 "제가 제일 못 하는 것 중의 하나가 몸에서 힘을 빼는 겁니다. 무슨 운동을 배우려고 하면 항상 가르치는 분들이 몸에서 힘을 좀 빼라고 합니다." 라고 하면서 힘을 빼는 것도 중용의 일부라고 이야기 한 부분이 있다.

같은 치수, 같은 문자, 같은 절차를 가리키는 세 가지 표준화 정책은 진시황이 통일 제국의 제도를 정비하기 위해 사상과 도량형에 대해 강력하게 추진했던 정책을 연상시킨다. 이에 따르면 『중용』은 적어도 진 제국(B.C.221~B.C.206) 이후의 작품이 된다. 그럼에도 불구하고 『중용』이 공자의 손자인 자사의 저작이라는 것이 정설이 된 이유는 사마천이 사기에서 "자사(子思)가 중용을 지었다."라고 자사의 저작임을 밝힌 바 있기 때문이다.

또한 『중용』은 3545字로서, 논어 1만2700字와 맹자 2만4685字에 비해 상대적으로 적은 분량임에도 불구하고 유학에서 중요한 문헌으로 그 내용은 압축적이라 볼 수 있다. 다만 동양의 『중용』은 방향성이 모호하다. 반면 『니코마코스 윤리학』은 중용이 행복으로 가기 위해 꼭 필요한 것이며, 아리스토텔레스가 아들 니코마코스에게 들려주는 행복의 길이라는 뚜렷한 명제를 내포하고 있다. 이제 서양의 중용을 만나보자.

서양의 중용

서양에서 중용의 기원은 아리스토텔레스로 거슬러 올라간다. 아리스토텔레스는 아들 니코마코스에게 전하는 행복의 길로서 『니코마코스 윤리학』을 전승했다. 『니코마코스 윤리학』을 단순화하면 일종의 행복학개론이다. 아리스토텔레스는 『니코마코스 윤리학』에서 개인이 추구해야 하는 최고의 가치는 행복이며, 행복 추구에 있어 윤리적이어야 함을 강조한다. 이러한 윤리는 덕(arete)의 탁월성으로서 그의 중용 개념에 잘 나타나 있다.

중용은 교육과 수련이라는 두 가지 덕을 통해서 극단으로 흐르지 않는 탁월한 품성을 길들이는 것이다. 그래서 윤리적 삶은 교육과 수련을 통해 비로소 실천적 지혜[10]에 이르게 된다.

『니코마코스 윤리학』 제2권에는 '중용'에 해당되는 메소테스(Mesotes)라는 개념이 나온다. 메소테스(Mesotes)는 지나침과 모자람의 극단으로 기울지 않는 중간(to meson)을 뜻한다.

다음은 아리스토텔레스의 중용이론이다.

"마땅히 그래야 할 때, 또 마땅히 그래야 할 일에 대해, 마땅히 그래야 할 사람들에 대해, 마땅히 그래야 할 목적을 위해서, 또 마땅히 그래야 할 방식으로 감정을 품은 것은 중간이자 최선이며, 바로 그런 것이 탁월성에 속하는 것이다. 그러므로 탁월성은 중간적인 것을 겨냥하는 한 일종의 중용이다."

이해를 돕기 위해 중용에 해당하는 메소테스의 개념을 조금 더 살펴보자. 메소테스(Mesotes)는 중간, 가운데, 평균 등을 의미하는 '메소스(mesos)'와 같은 어원을 갖는 추상명사이다. 아리스토텔레스는 메소테스를 '양쪽 끝으로부터 같은 거리에 있는 것'으로 정의하는데, 그렇다고 '중간'이라는 단순한 의미는 아니다. 지나침과 모자람은 피하되 절대적인 중간은 아니며, 동시에 올바른 이성으로서 중용이다.

---

10) 교육과 실천은 동시에 중요하다. 좋은 삶이 무엇인지 아는 것만으로 현실에서 좋은 삶이 펼쳐지는 것은 아니다. 이런 맥락에서 아리스토텔레스는 윤리적 앎을 학문적 인식(episteme)이나 철학적 지혜(sophia)와 구별하여 실천적 지혜(phronesis)라는 표현을 썼다.

즐거움에서 지나침은 '무절제'이며, 모자람은 '둔감'함이며, 여기서 '절제'가 중용에 해당한다.

이렇듯 메소테스는 절대적인 개념보다 상대적인 개념에 가깝다. 예를 들어 삼겹살을 먹는다고 생각해 보면 운동선수나 대식가에게는 열 근의 고기가 식사량으로 적당할 수도 있다. 그러나 일반인이나 소식가에게 열 근의 고기는 부담스러운 양이다. 여기서 상대적인 개념이란 누구에게나 통용되는 무조건적인 값이 아니며, 사실상 필요한 만큼의 양으로써 '적절함'을 뜻한다.

또한 중용은 원의 중심을 찾는 것이라고 할 수 있다. 과녁의 한복판을 맞춘다고 가정해 보자. 중앙에 명중시키기 위해서는 팔을 뻗어 활시위의 강도를 여러 번 조절하여야 할 것이다. 중용을 행사함은 이러한 적절함을 찾아가는 일련의 과정이다.

앞서 살펴봤듯이 동양의 중용이 유학의 경전이라면, 서양의 중용은 행복의 프레임 정도가 된다. 상이한 동서양의 문화는 이처럼 중용의 대상을 달리 특정 한다. 고대 그리스 아테네의 무대는 시민의 광장이다. 아테네 광장은 시민들이 함께 공동체의 문제를 상정하고 해결하는 장이다. 즉, 아리스토텔레스 윤리학의 대상은 시민이다.

반면 동양의 중용은 유학으로서 왕이나 관료, 선비들의 자세와 태도에 대한 이야기이다. 동서양의 두 개념은 대상이 특권층과 시민으로 나뉜다. 시민 모두를 포용하는 보편적 접근의 중용은 아리스토텔레스가 설파한 개념에서 더욱 빛을 발한다. 다만 실천적 지혜에 있어서 동양의 중용은 개념이 확대된다. 이를테면 『대학』에서 '수신제가 치국평천하'는 확장의 개념이다. 실천적 지혜[11]가 자신에 머무르지 않고 자신을 출발점으로 해서 수신, 제가, 치국, 평천하로 점차 확대되는 과정은 인종과 국적을 넘어 만인을 형제자매로 간주한 세계 시민주의(cosmopolitanism)로 이끄는 촉매 역할을 하기 때문으로 볼 수 있다.

동서양 중용의 공통가치

고대의 동서양은 문화적 교류가 없었음에도 불구하고 비슷한 시기에 중용이라는 개념을 공통적으로 제시했다는 것은 실로 놀라울 일이다. 중용의 개념은 오랜 역사를 통해 꾸준히 가치를 발하고 있으며 이는 현대에도 유효하다. 이러한 동서양의 중용에는 몇 가지 공통된 개념을 내포하고 있다.

먼저, 동양의 중용과 서양의 메소테스는 동시에 지나침과 모자람을 피하고 中을 제시한다. 그러나 여기서 中은 그저 적당한 삶이 아니라 최선 또는 최상의 삶을 제안한다. 중용의 양극단으로 서양고전에서는 지나침과 모자람을, 동양고전에서는 과(過)와 불급(不及)을 두 가지 악덕으로 보고 있다. 또한 『니코마코스 윤리학』에서는 '최선' 또

---

[11] 여기서 실천적 지혜는 감정이나 행동에서 중용을 찾고 그것을 실행할 수 있게 하는 능력을 가리키며, 잘 살아가는 것과 관련해 일반적으로 잘 숙고하는 사람이 실천적 지혜가 있는 사람이다. 실천적 지혜는 근현대로 오면서 모든 윤리학적인 논의의 핵심으로서, 인간의 적절한 기능을 제시하는 기능으로 작동되어 삶과 인문학의 통찰에도 영감을 준다. 조대호, 〈아리스토텔레스 니코마코스 윤리학〉, 열린연단, 2015.

는 '최상'의 표현 대신 '탁월성'이라는 표현을 쓴다. 이는 역시 번역에서 선택된 단어의 차이일 뿐 공통된 개념이다.

두 번째, 『중용』과 『니코마코스 윤리학』은 공통적으로 교육의 중요성을 강조하고 있다.[12] 다음은 『중용』 27장에 나오는 구절이다. "군자는 덕성을 높이고 학문에 힘쓰며, 광대함을 지극히 하고, 정묘함에 힘쓰며, 고명함을 다하고 중용에 힘쓰며, 옛것을 잊지 않고 새로운 것을 알며, 할 수 있는 바를 돈독히 하고 예를 숭상한다."

『니코마코스 윤리학』에서 아리스토텔레스는 그 자신도 무엇이 중용인가를 아는 것이 쉽지 않으며, 안다고 하더라도 중용을 행하는 것은 아무나 할 수 있는 것이 아니라고 인정한다. 그러나 이는 노력 여하에 따라서 얼마든지 성취 가능성이 있다는 것을 뜻하기도 한다.

아리스토텔레스의 행복은 좋은 것 중에 가장 좋은 것이며, 우리가 추구하는 가치 중에 최상의 것을 뜻한다. 행복을 뜻하는 에우다모니아 'eudaimonia'는 라틴어 'beatiudo'를 거쳐 오늘날 영어의 'happiness'로 쓰이고 있다. 에우다모니아의 개념은 현대 긍정심리학과 행복심리학에서 다시 회자되고 있으며, '잘 사는 것'과 '잘 행동하는 것'이다.

행동은 습관을 낳는다. 습관은 ethos로서 습성으로 확장된다. 중용을 뜻하는 메소테스(Mesotes)는 교육과 습관을 통해 발현된다. 그래서 중용이론은 바른 교육을 통해 도달하는 진정한 행복의 필요충분

---

12) 유원기, 동서양의 중용(中庸) 개념, 2001.

조건이다.

　동양의 『중용』과 서양의 『니코마코스 윤리학』에서 언급한 '중용'의 개념은 상대적이며 명확한 잣대가 아니다. 이런 점에서 중용사상은 다양한 해석을 허용하여 상황에 따라 그 의미가 달라질 수 있다.
　경영의 환경도 이와 비슷하다. 중용이란 조금도 기울어지거나 흔들리거나 무너지지 않는 절대 안정이 아니다. 넘어져서 완전히 뒤집어지지 않는 한 기우는 것을 허용하면서 묘하게 균형을 잡는 것이다. 또한 어떤 원칙을 세우고 이를 절대적으로 적용하는 것이 아니라 상황에 따라 조절해야 하는 것이다. 중용의 개념을 상황적합성으로서 경영철학에 대입해 보자.

4. 중용으로 경영을 바라보다

꿈의 직장, A사

A사는 온라인 게임을 개발하는 회사이다. A사는 IT기업으로서 주된 성장 동력은 개발자, 즉 인적자원이다. 직원들이 안락한 환경에서 창조적인 역량을 십분 발휘하기 위해 조성된 회사의 건물 내에 미용실과 사우나는 물론, 영화관과 골프클럽까지 겸비한 시설을 보유하고 있다. 사내 식당은 양식, 한식, 중식, 일식을 고루 준비하여 직원들이 편리한 시간에 원하는 메뉴로 식사가 가능하다. 직원들은 프로젝트팀으로 구성되며 한 프로젝트가 끝날 때마다 한 달간의 가족 해외여행을 지원한다. 회사는 복리후생의 차원을 넘어 직원의 행복이 곧 회사의 동력과 일치한다는 경영이념 하에 A사 대표는 수평적 조직을 지향하며 대표의 책상에는 항상 인문학 서적이 놓여 있다.

직원들은 출퇴근 시간에 구애 받지 않고 자신의 고유 업무에 맞게 자유로이 근무하며 각자의 프라이버시가 보장된 공간에서 업무가 이루어진다. 회사의 매출은 13년간 꾸준한 성장세를 띠고 있으며 성장은 직원들의 성과급으로 고루 분배된다.

A사는 글로벌 기업으로서 2008년 미국발 금융위기와 2010년 유럽발 재정위기에도 굴하지 않고 창업이래부터 현재까지 한국의 강소기업으로 자리를 굳건히 하고 있다. 이런 A사에 시련이 닥친 것은 경쟁사 B사의 출현으로부터다. A사에서 10여 년간 자리를 지켜온 개발부 핵심 직원 P는 작년 와이프의 출산을 핑계로 육아휴직에 들어간 상태

이다. P가 맡고 있던 프로젝트는 잠정 보류되었고 휴직이 끝나는 시점에 복귀하여 완료하기로 되어 있었다. 그런데 어찌된 일인지 지난달 그 프로젝트의 게임N이 B사에서 출시되었다. 그리고 B사는 A사의 직원 P가 차린 회사라는 소문이 들려왔다. 온라인 게임 특성상 유저는 대부분 10대와 20대이다. 유저의 절반이 B사의 게임으로 등을 돌렸다. P가 개발한 게임은 단번에 업계 1위를 찍고 승승장구 중이다. 고민 끝에 A사의 대표는 P를 만났다.

열린 프레임, 중용

A사 대표는 P의 이야기에 소스라치게 놀란다. 그와 형 동생으로 함께했던 지난 10년이었다. P는 그간의 고초를 이야기한다. "갇혀진 울타리 안에서 힘들었습니다. 대표님!" "제가 아무리 열심히 해도 저는 부품에 불과했습니다." "대표님의 이상이 저와 달랐기 때문입니다."

여태 한 목표로 달려왔다고 생각했는데 동상이몽이었다니 A사의 대표는 어안이 벙벙했다. P는 차분하게 말을 이어 갔다. "대표님이 보내주신 해외여행에서 가이드가 대표님의 사촌인 것을 알고 경악을 금치 못했습니다. 직원들의 감시가 여행에서도 계속되었다고 생각합니다. 여기가 바로 감옥이었습니다." "제가 몇 번 힘들다고 말씀 드렸을 때 대표님은 월급인상으로 제 입을 막으셨죠. 맞습니다. 단칸방에서 신혼을 시작한 저로서는 대표님이 구세주셨습니다. 장학금을 포기할 수 없었던 저는 지방의 국립대학을 선택했고 대기업과 공기업에 제출한 서류는 매번 낙방이었습니다. 가정형편상 더 이상 취업을 미룰 수 없었을 그때, 대표님이 제 손을 잡아 주셨지요. 그래요 정말 고마웠습니다. 그리고 정말 열심히 일했습니다. 결혼을 하고 번듯하게 서울에 아파트도 장만하고 정말 나도 사람답게 사는 가 했습니다."

A사 대표가 놓친 것은 무엇인가. 중용의 입장에서 생각해 보자. 경직된 의사결정은 독이다. 경영자의 눈으로 인식하고 판단한 행복이 직원에게는 오히려 구속이 되었다. 아무리 직원을 사랑한다고 확신하더라도 이런 확고한 자신의 판단과 애정이 오히려 직원에게 해가 될 수도 있기 때문이다. 의사결정에는 소통과 공감이 선행되어야 한다. 소통은 쌍방향의 흐름이다. "나는 대표고 너는 직원이다." 식의 사고에서 직원들은 주인의식을 가질 수 없다. 진부한 논리이지만 회사를 '내 것'이라 생각 했을 때 직원의 능률이 가장 올라간다. 타인과의 관계에서 열린 프레임이 중요한 지점이다.

사람은 누구나 행복을 추구한다. 행복은 내면에서 비롯된다. 소통은 쌍방향이며, 공감은 울림이다. 조직의 목표를 중요시한 나머지 직원들의 자유를 속박해서는 안 된다. 사람은 자유 안에서 비상한다. 비단 자유는 돈으로 살 수 없다. 복리후생과 보상에서 최대치를 부여해도 직원에게 모든 것이 될 수는 없다. 꿈과 희망은 자체로 쉼이다. 아름다운 건물에도 파놉티콘은 존재하며 검열의 감시는 스스로 작동된다. 경영자가 설정한 행복의 프레임이 직원의 그것과 반드시 일치하지는 않는다. 그래서 의사결정은 중용스러워야 한다. 회사의 성장이 중요하듯이 구성원들의 행복도 그에 못지않게 중요하다.

새로운 균형감각

장자의 '바닷새 이야기'는 유명한 일화이다. 노나라 임금이 어느 날 행차에서 새를 어여삐 여겨 친히 종묘 안에 데리고 들어온다. 임금은 최고의 새장에 새를 두어 술을 권하고 아름다운 궁궐의 음악을 들려주었으며 소와 돼지 그리고 양을 잡아 극진히 대접하였다. 그러나 새는 아무것도 먹지 않았으며 임금의 극진한 대접에도 불구하고 삼 일 만에 죽어 버렸다.

노나라 임금이 아무리 새를 사랑하더라도 확고한 자신의 판단과 애정이 새에게는 오히려 독이 되었던 것이다. A사 대표의 실수도 노나라 임금의 그것과 닮아 있다. 대표의 확고한 판단은 넘치는 애정으로서 직원 P에게는 오히려 독이 되었다. 아름다운 궁궐 속 새장이 감옥이 되었던 것처럼, 여행에서 가이드는 대표의 측근으로서 파놉티콘[13]으로 작동 되어 직원P에게는 호의가 아니라 감시로 작동되었다. 공동체에서 필연적으로 우리는 타인과 마주한다. '타인은 지옥이다'라는 어떤 드라마의 제목처럼 우리는 항상 관계 속에서 어려움을 호소한다. '내 마음 같이'가 안 되는 게 타인인 것이다. 다름을 인정하고

---

13) Panopticon은 영국의 철학자인 제러미 벤담이 제안한 일종의 감옥 건축양식으로 감시하는 자는 모습을 드러내지 않고도 수용자들의 일거수일투족을 다 볼 수 있어 수용자들로 하여금 스스로 항시 누군가 지켜보고 있다는 생각을 각인시키게 된다.

그것을 허용하는 것이 인간관계의 출발점이다.

   존재의 중심은 자신이다. 내가 행하고 느끼는 모든 것이 경험으로 축적되고 이 경험치는 지혜로 거듭난다. 존재가 실재할 때 실존은 자체로 존귀하다. 그런데 여기서 잊지 말아야 할 것이 있다. 자기가 귀중하다면 남도 귀중하다는 것을 인지해야 한다. 자기중심이었던 축이 타인 중심으로 옮아가는 것이 관계형성에서 무엇보다 중요하다. 중심축이 타인으로 바뀐다는 것은 자신의 존재가 탈중심으로 바뀐다는 것을 의미한다. 타인을 중심으로 두면서 자신의 중심은 비움이 된다. 이러한 비움을 통해 타자와 소통하고 관계가 두텁게 형성된다. 여기서 서로의 관계는 상충이 아니라 보완의 관계이다. 이와 같이 타자와 소통하기 위해서는 내면화하여 갖게 된 선입견으로부터 벗어나야 한다.

   장자는 특정한 '성심'을 하나의 절대적인 기준으로 생각하는 자체가 문제시 된다고 지적한다. 자신의 제한된 성심을 직원 모두에게 적용할 수 있다고 판단함이 첫 번째 오류를 일으켰다. 이러한 대표의 호의는 직원에게는 감시로 작동된 결과를 초래했다. 경영자는 환경과 조건에 맞는 새로운 균형감각을 가져야 한다. 절대적인 기준은 일반화 되면서 구조화 되어 생각의 틀 속에 갇힌 채 응고 되어 버린다. 실행은 사고로부터 비롯된다. 타자와 조우할 때 우리는 고착화된 자의식을 비워야 한다. 자신의 판단이 옳다는 생각을 중지하고 구조화된 선입견을 버리는 것이 실천적 지혜와 상황적합성의 시작이다.

　내부든 외부든 사회 속에서 균형감각은 필수다. 경영철학에서 균형감각은 경영이라는 항해에서의 나침반이 되어 길을 바르게 안내하고 좌초를 막는다. 크리스토퍼 원은 『니코마코스 윤리학 입문』에서 모든 것들을 고려한 후에 주어진 상황에서 실행될 수 있는 최상의 행위를 올바르게 판단하는 능력은 실천적 지혜라고 했다. 삶에서 '실천적 지혜'는 경영에서의 '상황적합성'과 일맥상통한다. 삶은 정답이 없다. 여러 갈래 길 속에서 느끼고 경험하는 자신의 행로가 지혜로 축적될 뿐이다. 어쩌면 경영에도 정답이 없는 건 마찬가지이다. 경영전략에서 상황적합성이 가장 상위에서 작동되는 원리는 단순하다. 환경에 영향을 받으며 항상 변수가 존재하기 때문이다. 변수 앞에서 계획은 무용지물이 된다. 그래서 우리는 삶 앞에서 숙연해진다. 삶도 그러하고 경영에서도 그러하다.

중용의 프레임으로 경영을 바다보다
　중용의 프레임으로 경영을 바라보기 위해 고대 동서양의 중용 개념으로부터 아리스토텔레스의 『니코마코스윤리학』에 이르기까지 살펴보았다. 이제 실제 경영에서 중용을 접목해 보자. 중용과 경영의 연결로서 의사결정 관점에서 접근하는 것도 좋을 듯하다.
　경영자는 경영 목표를 만들어 가는데 있어서 독단으로 빠지지 않기 위해서 많은 의견을 수렴해야 한다. 처음의 시작인 초심을 잊지 않는 것도 중요하지만 환경 변화에 따른 목표 수립 과정에서 경영자가 중심을 잡고 치우치지 않는 역량을 가지는 것 또한 무엇보다 중요할 것이기 때문이다. 그래서 경영자의 중용적 프레임은 의사결정 과정에서 무엇보다 중요해 진다. 이를테면 상황에 따라 적합한 의사결정을 함에 있어 중용적인 사고와 태도가 선행되어야 한다.

중용을 관통한 올바른 의사결정은 곧 조직원들의 행복과도 직결된다. 경영 조직은 작은 사회이다. 사회 안에서 조직원들은 행복을 추구한다. 경영자가 선택한 의사결정이 반드시 조직원들의 그것과 같지 않다는 점을 인식하는 것에서부터 중용의 프레임은 작동된다. 행복은 자유와 평등이 동시에 충족되어야 그 의미가 발현된다.

아리스토텔레스에서 러셀까지, 중용과 행복

인류의 기원과 함께 행복의 추구는 시작되었다. 『니코마코스윤리학』은 행복윤리학의 고전이다. 물론 고전철학은 시간을 거슬러 해석의 한계가 따르기 마련이다. 중요한 것은 중용철학 안에 숨어 있는 본질이다. 때에 따라 중용은 고고한 이상향일수도 있고 행복에 있어 필수불가결한 요소일수도 있다. 영국의 철학자 버트런드 러셀은 『행복의 정복』을 통해 행복을 추구함은 현대인에게도 여전히 유효함을 나타낸바 있다. '중용은 재미없는 이론일지는 모르지만, 상당히 많은 문제에 관한 한 정확한 이론이다.' 라고 이야기한 러셀의 행복이론에도 중용적 의미가 곳곳에 서려 있다. 고대에서 현대까지 중용이론은 행복의 한 갈래임에 틀림없다.

중용의 의식은 곧 행복의 프레임이다. 아리스토텔레스에서 러셀까지 2,300년 동안 인류는 행복을 추구해 왔으며 이는 여러 문헌으로 전해진다. 수많은 문헌에서 중용과 본질을 같이 하는 개념들이 실려 있다. 이제 중용이론은 동서고금을 막론하고 언급되는 보편적인 이론으로 중용은 고대에도 있었고 현대에도 실재하고 있다. 특히 삶에서 중용적 균형은 중요하다. 이는 경영에서도 철학을 관통하는 중심 사상이다.

중용은 위인의 삶에도 여실히 드러난다. 위인들의 공통점은 천재성이 아니라 꾸준한 노력이다. 끈질긴 노력이 없이는 위대한 성취를 이룰 수 없기 때문이다. 번뜩이는 영감은 섬광처럼 빛나지만 천재성을 일반적인 언어로 풀어내려면 지속적인 노력이 있어야 가능하다. 위인들의 공통점은 쾌락을 멀리하고 사상을 깊이 하는데 있다. 그들은 절제된 삶으로서 자신의 사상과 철학을 위해 많은 시간의 지루함을 견뎌냈다. 절제는 중용의 한 형태로서 응축이다. 고대 철학자 소크라테스는 사람들과 대화를 나누기도 하였지만 생애의 대부분은 조용히 지내며 산책하는 시간을 꾸준히 가졌다. 잘 알려진 대로 근대 철학자 칸트는 자신의 고장인 쾨니히스베르크에서 16킬로미터를 벗어난 적이 없다고 한다. 심지어 하인들이 시계를 볼 필요도 없이 매일 정해진 시간에 따라 산책을 했다. 빛나는 성취는 절제를 통한 중용적 실천을 통해 발현된다.

최상의 담론, 중용

삶의 실천적 지혜와 경영의 상황적합성은 맥락을 같이한다고 했다. 이는 계획과는 다르게 미처 대비하지 못한 상황이 펼쳐지고 이것은 삶과 경영의 과정 모두에서 빈번히 발생되기 때문인지도 모른다. 이렇듯 삶의 여정은 한마디로 혼돈의 연속이다. 경영의 여정 또한 별반 다르지 않을 것이다. 우리는 최상의 가치를 설정하고 그것을 끊임없이 지향할 뿐이다. 최상인 가치를 좇았지만 그것이 최상인지는 시간이 흘러봐야 알 수 있다. 그래서 거의 모든 것의 결과는 예측 불가능하다. 어쩌면 중용은 세상 속 혼돈에서 질서를 이끌어내는 과정인 셈이다.

아리스토텔레스가 살았던 시대, 철학은 유일무이한 사상으로서 절대적이다. 두 번의 천년이 흐르고 가늠하는 오늘의 중용철학은 상대적인 개념이다. 또한 아리스토텔레스가 이야기한 중용, 즉 메소테스는 최상의 가치이므로 실현에 있어서 불가능한 것으로서 이상향에 불과하다.

중용이론은 특정이론이 아니다. 특정한 부분이라기보다는 오히려 전체에 가까우며, 넓은 범위에 해당되는 그 무엇이다. 모자라거나 넘치는 것을 제외한 모든 범위가 중용이론의 대상이 될 수 있으나, 때때로 넘침과 모자람도 중용이 될 수 있다. 또한 극한의 순간에서도 균형만 잃지 않는다면 중용은 유효해진다. 이는 어떤 것에도 중용이 허용된다는 의미로서 시간의 흐름, 공간의 제약을 초월하여 인간의 모든 세상을 관통한다. 따라서 중용이론은 무한한 가능성을 열어 놓은 채 그 안에 광활한 우주를 품은 드넓은 철학이다.

여행을 왜 떠나는가. 여행은 돌아오기 위해서 떠난다. 돌아올 곳이 없다면 그건 방랑이다. 중용적 독서도 마찬가지다. 자아로 돌아오기 위해 여행을 떠난다. 우리는 흔히 독서는 '앉아서 하는 여행', 여행은 '서서 하는 독서'라고 이야기한다. 아이러니하게도 여러 나라를 돌아서 내가 있는 여기로 다시 돌아왔을 때 가장 편안함을 느낀다. 결국 나에서 출발하여 나로 돌아오는 작업이 여행과 독서의 여정인 것이다. 마음이 편안하면 음악 한 곡과 차 한 잔으로도 충분히 행복하다. 진정한 나일 때 우리는 평온한 행복감을 느낀다. 벚꽃이 만개하는 봄, 인파로 북적이는 꽃 축제를 다녀와서 지칠 때 집 앞에 핀 벚꽃나무가 더 아름다워 보이는 것은 이러한 원리이다. 내가 행복하면 굳이 먼 여행을 하지 않아도 내 안의 행복과 만난다.

오늘의 이야기는 중용적 생각 한 줄기이다. 중용은 행복을 지향한다. 경영의 대상도 이런 개인들의 총합이다. 조직 안에서 행복이 어우러지면 자연스레 경영자의 마음속에도 꽃이 핀다. 조직원의 공통행복을 경영하는 최상의 프레임, 그 아름다운 이야기는 중용에서 시작된다.

참고문헌

강신주 지음, 『장자, 차이를 횡단하는 즐거운 모험』, 그린비, 2007.

남경태 지음, 『종횡무진 서양사』, Humanist, 2015.

신정근 지음, 『중용, 극단의 시대를 넘어 균형의 시대로』, 사계절, 2010.

아리스토텔레스 지음, 이창우 옮김, 『니코마코스 윤리학』, 이제이북스, 2006.

애덤스미스 지음, 박세일 민경국 옮김, 『도덕감정론』, 비봉출판사, 2009.

버트런드 러셀 지음, 이순희 옮김, 『행복의 정복』, 사회평론, 2005.

크리스토퍼 원 지음, 김요한 옮김, 『니코마코스 윤리학 입문』, 서광사, 2011.

유원기, 「동서양의 중용(中庸) 개념」, (한국공자학회/공자학), 2001.

장미성, 「중용을 통해본 아리스토텔레스 윤리학의 특징」, (한국서양고전학회/서양고전학연구), 2011.

조대호, 아리스토텔레스 「니코마코스 윤리학」, (열린연단/문화의 안과 밖), 2015.

| 손수빈 |

경북대 경영대학원(MBA)을 졸업했다. 미래에셋 대우증권, HSBC(홍콩상하이)은행 등 금융기관에 재직하며, 금융·교육·IT 관련 자격증 20여개를 취득하였다. 현재 수(S)드림아트연구소 대표이며, (주)골든트리투자자문 FA 및 (주)교보생명 FP를 겸임하고 있다. 금융투자 컨설팅사 에듀리치와 업무 협약 및 하늘지역아동센터와 자매결연 후원 협약을 맺고 활동 중이다. 자기계발서와 관련된 도서만 읽었던 청년 시절을 지나 인문고전독서토론회 리케이온과 조우하며 심장이 뜨거워지는 인생의 지표를 발견하게 된다. 저서로 『직업상담사 2급 실기예상문제 합격비법집』을 출판하였다.

손주빈 /

존 스튜어트 밀,
스펙과 실무의 중심에서
『자유론』을 외치다

존 스튜어트 밀, 스펙과 실무의 중심에서 『자유론』을 외치다

손수빈

[시퀀스. 1] 너 자신을 알라 | 'Know yourself'

필자의 어릴 적 꿈은 교사이다. 흑색 칠판에 새하얀 분필로 또박또박 예쁘게 쓰신 글을 우리에게 전달하는 선생님의 모습이 어린 나에게는 빛나 보였다. 우리의 삶이 꿈대로 된다면 얼마나 좋을까. 필자는 선생님과는 거리가 먼 금융 회사를 첫 직장으로 다니게 되었다. 그렇다면 필자는 금융 업무와 관련된 스펙을 쌓고 그곳을 선택해서 갔을까? 아니면 실무능력에 적합한 인재로 판단되어 그곳에서 필자를 선택한 것일까? 정답은 없다. 필자는 업무를 습득하는 과정에서 혼란과 고통을 겪으며 스펙과 실무능력을 동시에 향상시켜 왔다.

전 세계인이 한 번은 들어보거나 내뱉어 본 성인의 말씀 "너 자신을 알라." 이 문구는 그리스의 지리학자 파우사니아스가 발견했으며 델포이의 아폴론 신전 입구에 새겨져 있었다고 전한다. 내가 원하는 삶은 과연 무엇이며, 나는 무엇을 위해 이곳에서 일하는가. 직장인이라면 누구나 한 번쯤은 이 문구를 반문하게 된다. 그런즉 준비된 인재도, 준비가 안 된 인재도 자신이 누구인지 알고 싶어 한다. 아이러니하게도 적응하지 못한 불안한 직장생활을 통해 한 귀로 듣고 흘렸던 성인의 가르침이 문득 생각나고, 유달리 자아를 알고 싶고, 찾고 싶은 '직장인 질풍노도의 시기'가 찾아온다.

  그에 대한 대가는 기업의 CEO가 부담하게 된다. 과거 대기업에서 스펙으로 인재를 등용한 뒤 훈련하고 관리하는 비용이 급여 등을 포함해 한 해에 1인당 평균 1억 원이라고 한다. 그렇다고 많은 비용을 투자한 그 인재들이 성실하게 회사생활을 했던 것일까? 대답은 '아니오'다. 내로라하는 기업에 입사한 사회 초년생들은 이러저러한 이유로 3개월, 6개월, 1년 안에 직장을 그만두며 진정한 '나'를 찾는 사례가 늘어나기 시작했다. 그들은 왜 그만한 스펙을 갖추고도 적응하기 힘들었을까? 거기에는 불완전한 그들만의 이유가 있을 것이다. 하지만 그 이유 중 하나를 꼽자면 업무에 대한 실무능력(적응의지)이 스펙에 비해 현저히 떨어져 자신감 상실의 문제로 이어졌기 때문이다. 그렇다면 실무능력은 과연 어디에서 나오는 것일까?

  존 스튜어드 밀은 "인간의 불완전성을 보완하는 것으로서의 자유는 모든 개개인에게 의견을 표현할 수 있는 사상의 자유와 자신의 의견을 거리낌 없이 표현하고 토론할 수 있는 표현의 자유가 반드시 필요하다."라고 주장했다.

　만약 이 두 가지를 전제로 훈련하고 자신이 누구인지 알아가면서 그 꿈에 적합한 스펙과 실무를 쌓아 직무를 선택한다면 정말 금상첨화이지 않겠는가. 또한 문제해결능력과 동시에 그 직무를 선택하기 위해 준비된 본인의 의지와 자세에서 적응의지는 판가름 되지만 그러한 인재를 찾아내고 등용하는 것은 기업의 인적관리 담당자의 몫이다.

　빌헬름 폰 훔볼트는 "각자의 개성에 맞춰서 능력을 발전시키는 것이다."라고 주장했다. 이에 먼저 '자유와 다양한 상황'이라는 조건이 결합할 때 개개인의 활력과 갖가지 다양성이 생겨나 우리가 그토록 4차 산업혁명에 대비해야 된다며 외치던 '문제해결능력'과 '독창성'을 가지게 된다. 이 두 가지는 기업의 실무능력, 즉 적응의지의 원동력이 된다.

　또한 '독창성'은 개개인의 개성을 회사가 요구하는 틀에 찍어서 깎고 다듬어 획일적으로 만드는 것이 아니라, 틀을 비집고 나와 자신의 개성으로 발전시켜 스스로의 가치를 증명하면서 사회의 여러 영역에 두각을 나타내고 풍성하게 만들고 있다. 반면, 삐뚤어진 개성으로 사회의 혼란을 가져오는 현상도 커지면서 개성의 가치와 중요성은 잊은 채 서로 비슷한 능력을 갖추고 튀지 않는 '획일성'을 요구하는 의견도 점점 거세지고 있다. 그렇다면 어느 쪽 주장이 설득력이 있는지 밀의 '자유론'과 함께 그들의 이야기를 좀 더 들어보기로 하자.

[시퀀스. 2] 삼자대면, 원하는 자

변화의 시작

2019년 4월, 고용노동부는 개인의 학벌이나 스펙 보다 그들이 가진 역량으로 인정받는 '능력중심사회'를 위해 '국가직무능력표준(NCS) 품질관리 혁신방안'을 마련한다며 도입 후 6년 만에 개편 발표를 했다. 공기업 등의 취업시장은 국가직무능력표준(NCS)을 기반으로 새롭게 문을 열게 된 것이다.

최근 블라인드 채용 트렌드가 사회 전반으로 확산되는 가운데 스펙보다 실력 중심의 인재가 곧 기업의 자산이라는 인식이 강해지고 있다. 기업의 입장에서는 누구를 채용하고 어느 곳에 배치할 것인가에 대한 고민을 더욱 신중하게 할 수밖에 없는 상황이다. 또한 채용된 그들이 맡은 직무에서 최대한 효율성을 발휘할 수 있도록 직무환경 또한 중요시되고 있다.

국가직무능력표준(NCS)이란 무엇인가?

다양한 산업현장에서 직무 수행 시 필요한 지식 및 기술, 소양 등의 내용을 산업부문별과 단계별로 요약한 것으로, 2013년 산업현장에 필요한 능력을 갖춘 인력 양성을 위해 직업교육, 훈련 및 채용, 인사관리 등의 체계적인 프로세스가 도입되었다. 6년 전 도입은 하였으나 기업들은 해당 기업 자체적으로 정한 직무의 정의와 필요 역량을 설정하고 있어서, 기업들마다 다른 채용방식과 교육과정을 운영해 왔다.

이제껏 스펙 중심을 관례로 지켜온 취업 시장에서는 NCS의 활용과 적용하는 것은 어려운 상황으로 NCS가 확산되기까지 고충이 많았을 것이다. 취업준비생은 똑같은 직무를 지원하면서도 기업마다 다른 채용방식에 맞추어 준비할 수밖에 없었고, 학교 교육에서도 일부의 전공을 제외하고는 직무 특성에 맞는 역량 강화 중심의 교육보다는 공통된 일반 지식을 넓히는 교육에 치중했다.

기업은 채용기준의 평가를 어쩔 수 없이 스펙 중심으로 할 수밖에 없었고, 채용 이후 기업이 필요로 하는 적합한 인재로 만들어 가기 위해 직무와 역량 강화 교육에 많은 비용을 투자하였지만 위에서 언급한 실무능력이 떨어지는 자는 곧 스스로의 이탈로 이어져 채용과 단기 이탈의 악순환이 반복되고 있었다. 이에 국가가 나서 NCS를 보급하는 데 중점을 두기 시작했다. 그리하여 NCS의 직업기초능력 10대 역량을 기반으로 구직자의 직무 적합성을 평가하기 시작한다. 여기서 NCS의 직업기초능력 10대 역량을 간단히 살펴보기로 하자.

첫 번째 '의사소통능력'은 문서의 이해 및 작성, 경청 및 의사 표현, 기초적인 외국어능력을 중심으로 자신의 생각이 다른 사람을 설득했던 경험을 토대로 작성하게 된다.

두 번째 '수리능력'은 기초 연산 및 통계, 도표 분석 및 작성능력을 중심으로 문제 해결을 위해 분석력을 발휘했던 경험을 토대로 작성하게 된다.

세 번째 '문제해결능력'은 사고력과 문제처리능력을 중심으로 어려운 과제를 창의적 사고를 통해 효율적으로 해결한 경험을 토대로 작성하게 된다.

네 번째 '자기개발능력'은 자아 인식, 자기 관리, 경력 개발을 중심으로 자아 발전을 위해 계획하고 노력하며 성취한 경험을 토대로 작성하게 된다.

다섯 번째 '자원관리능력'은 시간, 예산, 물적자원, 인적자원관리를 중심으로 제한된 자원을 활용하여 목표를 수립한 경험을 토대로 작성하게 된다.

여섯 번째 '대인관계능력'은 팀워크, 갈등 관리, 리더십, 협상, 고객서비스를 중심으로 공동의 목표를 달성하기 위해서 협업했던 경험 및 그 과정 속에서 부딪히는 갈등을 원만하게 해결했던 경험 그리고 리더로서 팀원들에게 비전을 제시하고 동기를 부여하여 목표를 달성했던 경험을 토대로 작성하게 된다.

일곱 번째 '정보능력'은 컴퓨터 활용 및 정보처리를 중심으로 정보를 수집하고 분석하는 과정에서 목표를 달성했던 경험을 토대로 작성하게 된다.

여덟 번째 '기술능력'은 기술의 이해 및 선택, 적용을 중심으로 지원 직무 수행 시 꼭 필요로 한 기술과 지식을 쌓기 위한 나만의 노하우는 무엇인가를 토대로 작성하게 된다.

아홉 번째 '조직이해능력'은 국제 감각, 조직 체제 이해, 경영 이해, 업무 이해를 중심으로 지원하는 기관의 비전, 핵심, 가치, 사업 방향에 대한 이해를 토대로 작성하게 된다.

마지막 열 번째 '직업윤리'는 근로윤리 및 공동체윤리를 중심으로 근면함, 성실함, 정직함을 발휘했던 경험과 봉사활동 경험을 토대로 작성하게 된다. 이렇게 직업기초능력 10대 영역을 중심으로 자신의 경험과 경력을 떠올려 기술하는 새로운 자기소개서의 가이드라인이 제시되었다.

고용노동부의 소식을 접하며 필자의 작은 에피소드 하나가 떠올랐다. 승진 대상자로 내정되었다가 경력과 실무능력보다 학력 때문에 누락된 적이 있었다. 그 사실을 알게 되었을 때의 그 씁쓸함이란. 그 뒤로 필자는 기업이 요구하는 '학력', 소위 '스펙'을 열심히 쌓기 위해 노력했다. 그 시대의 사회가 요구하는 것은 나의 '실무능력'이 아닌 바로 나의 '스펙'이었기 때문이다. 밀은 "예전 사회는 자신의 기준에 따라 어떤 사회가 훌륭하고 어떤 개인이 훌륭한지를 정해놓고서, 강제력을 동원해서 사람들을 그 방향으로 몰아가기 위해 모든 힘을 기울여 왔다."고 주장했다. 그의 주장에 빗대어 예전 사회에서 그동안 변함없는 기준으로 지켜온 취업 현장의 고정적인 틀은 현재 파격적으로 변모하며 본격적인 변화가 시작되었다. 'NCS 기반 블라인드 채용'의 전면 시행으로 '원하는 자'에 속한 공공기관 338개, 지방 공기업 149개를 포함한 기관과 기업에서는 사회에서 제시하는 그 방향을 어떻게 받아들이고 기준을 세울지 고민하고 또 고민해야 하는 과제가 남겨졌다.

인간이 자신의 능력 범위 안에서 어떤 문제의 전체를 알 수 있는 유

> 일한 방법은 온갖 다양한 의견을 지닌 사람들이 말하는 것을 들어보고, 온갖 다양한 개성을 지닌 사람들이 그 문제를 바라보는 각양각색의 방식들을 깊이 연구해 보는 것임을 알고 있다.
>
> – 존 스튜어트 밀, 『자유론』, 66쪽.

예전 인사채용의 중심은 개인의 공통적인 역량(성적우수, 자격증, 어학연수 등) 파악을 중심으로 이루어진 것이 대부분이었다. 이제는 그들의 공통적인 역량이 아닌 각 기업이 추구하고 있는 인재의 역량 및 가치를 바탕으로 회사와 궁합이 맞는 진짜 인재를 찾기 시작했다. 기존에는 화려한 스펙으로 무장한 이력서 중심의 면접에서 NCS 도입 이후 경험과 직무능력의 중심, 즉 생각하는 인재를 찾는 것으로 바뀌게 된 것이다.

원하는 자들의 움직임

고전은 역사의 한 시점에서 만들어졌다. 세대를 이어가 구전으로, 기록으로, 재해석 및 재생산으로 보전한 경우에만 고전은 고전으로서 살아남는다. 취업기준의 판도를 바꾼 현재 '모방'과 '경쟁'을 통한 취업시장. 그들만의 새로운 취업 고전이 이제 막 시작되었다.

DGB금융그룹과 한국산업인력공단은 NCS(국가직무능력표준)의 중소·중견기업 활용을 확대하고 성과 창출 확산을 위해 업무협약을 체결했다. DGB금융은 협약을 통해 DGB데이터시스템을 NCS 기반

성과관리시스템으로 개발하여 한국산업인력공단의 NCS를 활용한 컨설팅을 받은 기업에 공급하는 사회공헌 투자방식으로 추진하게 된다. 또한 계열사 금융서비스 역량을 중심으로 NCS 기업 활용 컨설팅을 이수한 기업의 지속성장을 위해 다양한 금융서비스를 지원할 예정이다. 이를 뒷받침하는 한국산업인력공단은 DGB금융 및 계열사를 대상으로 한 NCS 블라인드채용 기반 마련에 필요한 컨설팅 및 자문을 지원한다. 나아가 대구 및 경북권의 중소 및 중견기업의 NCS 사업 참여확대를 독려하여 NCS 확산과 지역인재 양성을 위해 적극 지원한다는 방침이다.

김태오 DGB금융 회장은 "이번 협약은 공공-민간 상생 협력을 통한 능력중심사회 구현 모델 구축이란 점에서 큰 의미가 있다"며 "향후 DGB금융 및 계열사의 IT 및 금융서비스 역량을 적극 활용해 한국산업인력공단과 지속적인 업무협력을 강화하겠다."고 밝혔다.

> 공동체가 개입해서 그렇게 하는 것이 그 구성원에게 더 좋다거나, 그를 더 행복하게 만든다거나, 다른 사람들이 현명하거나 심지어 올바른 조치로 본다는 이유로, 그에게 어떤 일을 행하거나 하지 말도록 강제하는 것은 정당화 될 수 없다.
>
> – 존 스튜어트 밀, 『자유론』, 47쪽.

2019년 5월 22일부터 3일간 전남 여수시에서 열린 '수도권전문대학교 취업지원협의회 2019학년도 하계 직무 연수'에서 한국직업능력

개발원의 한상근 진로교육센터장은 대학 진로취업지원현황조사에 대한 방향 및 계획, 결과에 대해 발표하며, 한국교육개발원 손지혜 연구원은 취업관리자들이 어려움을 겪고 있는 취업통계에 대해서 설명하는 시간을 가졌다. 또한, 고용노동부 백영식 서기관은 청년들에게 꼭 필요한 청년고용지원정책을 강연하며 고용노동부의 청년고용정책 홍보를 취업관계자들에게 요청했다. 최근 사회적으로 4차 산업혁명 시대에 필요한 미래 인재 양성을 위해 지속적인 혁신과 변화를 요구하고 있다. 이에 대해 수도권전문대학교 취업지원협의회 장성은 회장은 "취·창업 지원 프로그램의 파괴적인 혁신을 위해 취업지원부서의 역할과 업무가 확대되어 가고 있다."며 "따라서 각 대학 간의 취업 정보와 진로지도 운영에 대해 서로 공유함으로써 전문대학 취업률 제고를 위해 함께 노력해야 한다."고 강조했다.

독일의 지성은 불쏘시개처럼 괴테와 피히테를 중심으로 일어났다. 이 시기에서 각각의 발전된 의견들과 사상들은 서로 엄청나게 달랐다. 사회와 개개인들을 통제했던 사상적 독재 체계가 와해되었지만, 새로운 체제는 출현하지 않았다. 하지만 이 시기에 활발하게 생성되었던 사상들이 오늘날의 유럽을 탄생시켰다. 현재 볼 수 있는 인간의 지성과 제도들에서 일어난 발전들은 그때 나타나고 소진되었던 사상들의 산물이다.

인적자원관리의 새로운 활력을 모으기 위해 취업기준 변화의 불쏘시개가 필요한 시점이다. 새로운 활력을 위한 인력양성의 사상과 체제가 끊임없이 생성되고 삭제되는 과정을 거치면서 하나의 제도로 만들어질 것이다. 취업기준 변화의 불쏘시개로 인한 원하는 자들의 움직임은 이제 갈팡질팡할 틈이 없다. 판도를 바꾼 그 기준을 빠르게 선정, 도입하여 역량 있는 인재들을 놓치지 않도록 발 빠르게 움직여야 한다. 뻔한 이야기일지도 모르지만 인적자원관리의 기준을 정확히 짚어내고 보유하는 기업과 기관만이 새로운 도약을 꿈꿀 때 실패할 확률이 낮다.

[시퀀스. 3] 삼자대면, 중재하는 자

윈윈 전략(win-win 戰略)

> 사람이 세계 또는 그를 직접적으로 둘러싸고 있는 세계가 정해준 대로 자신의 일생을 살아간다면, 그에게는 원숭이같이 흉내 내는 것 이외의 다른 능력들이 있을 필요가 없다.
>
> — 존 스튜어트 밀, 『자유론』, 140쪽.

코리아리크루트(KOREA RECRUIT)는 주요 대기업 및 공공기관을 대상으로 리크루팅 업무를 진행하는 기관으로 1981년 국내 최초 인재의 발견 육성 및 배치를 목표로 설립하였다. 1990년대 후반에 국내 최초로 금융기관 대상으로 채용대행을 진행한 김덕원 인재센터장은 지난 2014년 대표이사로 취임하면서 산업현장에서 실무능력을 향상시키는 직무역량 중심의 NCS 체계로 전 교육과정을 개편하여 전국 100여개 대학교 취준생 대상으로 NCS 직업교육과정을 진행했다.

2019년 공공기관과 지자체 산하 공기업 등에 채용 비리가 발생하면서 실무능력 중심의 블라인드 채용을 진행하고 있는 가운데 코리아리크루트 김덕원 대표는 공공기관과 이해관계가 전혀 없는 영역별 박사급 시니어 전문가를 블라인드면접관 자격전문가로서 서류전형 평가위원, 출제위원, 채점위원들로 위촉하여 공정한 직무 역량평가를 하게 된다. 면접의 신뢰성을 위해 면접 전일 철저한 보안 과정에서 블라인드 면접위원을 선임하여 공정성 있는 블라인드 채용 진행에 앞장서고 있다.

이에 대해 김 대표는 "근원적으로 채용 비리가 발생하지 않기 위해서는 HR 전문가들이 중심이 되어 정부 기관의 특성에 맞게 투명하고 공정한 평가 기준 마련과 공정한 역량평가를 진행할 수 있는 면접관의 전문역량이 중요하다."고 밝히면서 "내·외부 면접위원 간 상호간에 객관적인 비교가 될 수 있도록 역량평가 체계로 인터뷰를 진행한다면 채용 비리가 근원적으로 차단될 수 있다."고 말했다.

정부에서 개혁한 취업기준의 지침들은 원하는 자를 돕는 중재하는 자를 통해 그 의미를 정확하게 오역하지 않고 구하는 자에게 잘 전달할 수 있다. 밀은 "어떤 의견을 단정적으로 말하게 되면, 비록 그것이 옳은 것이라고 할지라도, 심한 반감을 불러일으킬 수 있기 때문에, 그런 식의 의사 표현 방식을 엄격하게 규제할 필요가 있다."고 표현했다.

아무리 좋은 생산 제품도 유통과정이 투명하지 않고 매끄럽지 못하다면 최종 소비자에게 제품이 전달되었을 때 그의 강점이 전달되기 어려워 제품의 후기는 그야말로 혹평으로 이어질 수 있다. 그래서 '어떻게 잘 전달할 것인가'라는 유통의 비중이 현재는 물론이고 앞으로도 점점 높아질 것이다.

코리아리크루트는 금융기관 등에서 채용 비리 등으로 몸살을 앓는 금융 공기업 및 공공기관의 신입사원 채용을 대행하기 위해 NCS 필기시험 채용대행과 승진예정자 필기시험(객관식 주관식), 출제대행 인적성 검사 대행, NCS 전문면접관이 역량평가를 공정하게 진행하고 있다고 설명했다. 김 대표는 작년부터 20년간의 리크루팅 업무를 진행했던 경험과 노하우로 지난 상반기에만 10여개 공공기관의 블라인드 채용대행을 진행했다. 코리아리크루트의 블라인드 채용대행은 철저한 보안과 체계적인 매뉴얼에 입각해 일체의 채용 비리 없이 공정한 역량검증을 통한 채용대행을 진행했다는 평가를 받으면서 전문성을 인정받고 있다고 전한다. 코리아리크루트 HR 사업본부 최영호 인재개발팀장은 "공공기관별 신규 인력 채용에 들어가는 많은 시간과 비용 절감을 통해 공정한 역량평가로 신입사원을 채용할 수 있도록 리크루팅 플랫폼 서비스 개발에도 박차를 가해 4차 산업혁명 시대 직무역량 중심의 실력 인재를 공정한 채용기준으로 채용할 수 있도록 하고자 했다."라고 강조했다.

그리스와 트로이아 사이의 전쟁을 모티브로 한 호메로스의 일리아스. 죽음의 전쟁터에서 같은 편인 그리스군의 아킬레우스와 아가멤논의 작은(?) 의견 충돌이 결국 아킬레우스의 죽마고우인 파트로클로스의 죽음과 수많은 병사들의 불필요한 희생을 낳게 한다. 취업 시장은 마치 전쟁터와 같다. '일리아스'에 비유하자면 원하는 자(그리스)와 구하는 자(트로이아) 그 사이에서 중재하는 자(올림푸스의 신들). 중재하는 자가 어떤 역할을 하는지에 따라 그 두 관계의 행복과 불행이 결정된다. 그들은 원하는 자의 인재 적합성의 기준을 확립시키고 선별하는 혜안을 가질 수 있도록 도와주어야 한다. 또한 구하는 자에게 실무의 중요성을 인식시켜 자신이 원하는 직무를 정확히 읽어내고 그에 대한 가이드라인을 제시하여 혼란의 중심을 자신감으로 희석시킬 수 있도록 도와주어야 한다. 취업 전쟁터에서 직무와 매칭되는 구성원이 늘어갈수록 불필요한 예산 즉 입사 후 얼마 되지 않아 직무와 맞지 않는 이유로 퇴사하는 인재의 초기 투자 비용은 절감되고, 업무의 효율성은 높아져 각 산업별 지식 및 기술 생산성은 증대될 것이다.

[시퀀스. 4] 삼자대면, 구하는 자

혼란스러운 그들

개개인이 쉬지 않고 자신의 노력을 경주해야 할 목표, 특히 남들에게 영향을 미치는 사람이 되고자 하는 사람들이 한시도 잊지 않고 바라보아야 할 목표는 각자의 개성에 맞춰서 능력을 발전시키는 것이다.

— 존 스튜어트 밀, 『자유론』, 138쪽.

전북대에 재학 중인 A학생은(신문방송4) 서강대에서 열리는 '취업팀장과의 진로 토크'에 참여하기 위해 서울행 버스에 올랐다. A는 "기업들이 직무중심 채용을 하면서 지방대생은 인턴 자리 구하기가 하늘의 별 따기"라고 구직 과정의 어려움을 호소했다. 이에 박철균 중앙대 다빈치인재개발원장은 "인턴 지원 때는 공채만큼 '공'을 덜 들이는 것 같다."며 "인턴을 통해 정규직이 될 수도 있기에 공채 지원 때만큼 신경 써서 도전한다면 좋은 결과를 얻을 수 있을 것"이라고 조언했다.

고려대 재학 중인 B학생은(경영학과3) "공공기관이 블라인드 채용을 하면서 역차별을 받는 느낌"이라고 토로했다. 최성희 팀장은 "블라인드 채용은 모든 것을 안 보겠다는 것이 아니고 업무에 필요한 역량만 보겠다는 의미"라며 "지원하는 기업이 원하는 강점을 가진 학생에게는 오히려 기회가 될 수 있다."고 말했다. 송은경 팀장은 "블라인드 도입 전후 서강대 재학생의 입사율을 비교해 봤을 때 별 차이가 없었다."며 "기업들은 귀신같이 필요한 역량을 가진 인재를 잘 골라낸다. 너무 걱정하지 말라."고 했다.

어려서는 교육정책이 바뀔 때마다, 성인이 되어서는 취업기준이 바뀔 때마다 그들은 혼란스럽다. 그만큼 갑작스런 사회의 개혁은 준비된 사람과 준비되지 않은 사람의 걱정 수치에 대한 갭(gap)을 더욱 더 벌어지게 만든다. 밀은 "인간의 삶 중에서 개인과 더 특별한 관계가 있는 부분은 개인에게 속하고, 사회와 더 특별한 관계가 있는 부분은 사회에 속한다. 사회 속에서 살고 있는 한, 다른 사람들을 위해 일련의 행위 규범을 지켜야 하는 것은 필수불가결하다."라고 표현했다. 그렇다. 사회 속에서 살아가는 우리는 규칙과 규범을 지키며, 그것은 과연 지킬 만한 것인가라고 반문하며 행해야 한다.

플라톤은 이상적인 정체의 국가를 만들려고 노력했다. 그의 저서 '국가'에 그 뜻이 내포되어 있다. '국가'는 발표 이후 플라톤의 주요 저서들 중 '누가 다스려야 하는가?'와 관련된 이상 국가의 원조로 여길만한 가장 보편화 된 책이다. 특히 그는 '교육'의 중요성을 사회적 문제를 통해 개선해나가는 방식으로 해결하기보다는, 좋은 체제가 만들어지기 위해서는 올바르게 교육받은 사람들이 필요하다라는 보다 총체적인 개혁을 주도했다. 즉, 교육은 정해진 역할을 적절하게 수행하기 위해 지식을 주입시키는 것이 아니라 그것을 '이성'(logos), '기개'(thymos), '욕구'(epithymia)로 나누어 공동체에서 개개인의 '성향'(physis)을 존중하고 추구하는 바의 상대적 보편성을 아울러 조화롭게 이어가는 것을 내세웠다.

현재 NCS를 기반으로 국가에서 내세운 취업 시장의 기준들은 공정하고 비리 없는 공평한 채용을 위해 플라톤의 '국가'에서 추구하는 이상 국가를 실현하기 위한 발판이라고 생각한다. 물론 그 전제에는 개개인의 윤리적이고 도덕적인 성향과 경험을 바탕으로 본인에게 적합한 직무를 찾아내고 노력해야 된다는 의지를 포함한다. 혼란스럽다. 그러나 현재 그 혼란의 중심 속에서 공정성이라는 꽃을 피우기 위해 우리는 한 걸음씩 나아가야 한다.

길을 만들어 가다

> 자신의 일생을 스스로 선택하고 정하는 사람은 인간에게 주어진 모든 능력을 사용하게 된다. 보기 위해서 '관찰력'을 사용해야 하고, 미리 내다보기 위해서 '추리력'과 '판단력'을 사용해야 하며, 결정하기 위한 자료들을 모으기 위해서 '활동력'을 사용해야 하고, 결정하기 위해서 '분별력'을 사용해야 하며, 결정을 내린 후에는 자신이 신중하게 결정한 것을 실현해내기 위해서 확고한 '의지력'과 '자제력'을 사용해야 한다.
>
> — 존 스튜어트 밀, 『자유론』, 140쪽.

4차 산업혁명 시대를 맞아 교육계에 IB교육(International Baccalaureate)이 새롭게 떠오르고 있다. 이 교육과정의 포인트는 '세상에 단 하나뿐인 대답'을 논술과 토론을 중심으로 찾아가는 과정이다.

IBO(International Baccalaureate Organization)는 1968년 스위스에서 시작한 국제공인 교육과정이다. 기존의 주입식 교육방식을 뛰어넘어 학생이 주도하는 논술과 토론 등을 통해 그 과정 속에서 자유롭게 사고가 성장하는 것이 핵심이다. 일방적 지식의 전달이 아닌 토론과 토의를 통하여 의사소통과 협업으로 이루어지는 수업방식으로 진행된다.

즉, 스스로 지식을 습득하는 과정에서 자율생산적인 수업을 통하여 '이 세상 하나밖에 없는 수업'과 '하나밖에 없는 대답'을 서툴지만 표현하고 다듬는 과정 속 활동 자체의 채점표로 평가한다. 그 결과 자율적인 문제해결능력을 향상시키며, 세계 진출의 가능성과 타인의 생각을 유연하게 받아들이는 자세를 키워주게 된다. 이러한 과정은 학생 시절부터 훈련하며, 늘 생각한 것을 표현하고, 결론을 도출하는 과정에서 문제해결능력 및 자아를 발견하고 나아가 자신의 직무를 찾아가는 핵심적인 역할을 하게 된다.

각 기관과 기업들은 구체적인 경험을 바탕으로 한 입사지원서를 원하고 있다. 사례로 한국수력원자력 공사에서의 경력 및 경험기술서 부분에서는 지원한 직무와 관련된 금전적 보수가 없는 경험 혹은 금전적 보수를 받은 경력 사항에 대해 상세히 기술하라는 질문이 있다.

한 지원자는 한 달 동안 00원자력 제3발전소에서 정비 보조를 경험한 내용을 바탕으로 기재했다. 그는 근무하는 동안 갑자기 발생한 이슈에 대해 긴급한 상황에서 모두가 꺼려하는 야간근무조로 자원하여 보조 활동을 수행하였다. 그 과정에서 주어진 짧은 날짜 안에 문제점을 해결하기 위해 조직원들이 서로 협력하고 위험한 상황을 헤쳐 나가는 모습을 곁에서 생생하게 경험했다. 그는 이를 계기로 위기 시 조직구성원들의 협력과 대처능력이 얼마나 중요한지 깨닫게 되었다.

다른 사례로 한국지질자원연구원의 질문지에서는 어떤 업무를 수행하며 한정된 자원과 시간을 효율적으로 관리하고 활용했던 경험에 대해 구체적으로 기술하라고 했다. 지원자는 판촉상품제공으로 수월했던 설문조사에 대한 경험을 기술했다. 그는 스팟 서포터즈 활동을 위해 주어진 시간은 2시간, 경비는 3만 원의 조건으로 단시간 내 설문조사를 받을 수 있는 방법을 고민했다. 그는 신촌에 대학생들이 많고 그들이 필요한 물건 중 저렴한 비용으로 대량의 상품을 구입할 수 있는 볼펜을 선택했다. 다른 서포터즈에게도 의견을 제시하여 함께 판촉 이벤트 상품을 대량 구입하게 되었다. 주어진 두 시간 동안 준비한 100개의 볼펜의 소진과 함께 100장의 설문조사를 손쉽게 받을 수 있었다.

위 두 사례를 보았을 때 "경험만큼 중요한 것이 없다."라는 문장이 떠오른다. 물론 지원자들은 위기대처능력과 문제해결능력 등과 관련된 지식을 각종 교육을 통해 끊임없이 쌓아왔을 것이다. 결국 경험을 통해 축적된 지식들이 비로소 빛을 보게 된 것이다. 취업자의 경험을 토대로 기술한 내용들은 각 기업들의 실무에 대한 적합성을 판단하는 기초적이면서 중요한 지표로 인식하게 된다. 우리나라 취업준비생은 위기에 강하다. 취업 변화의 트렌드에 빠르게 적응하기 위해 본인이 지원하는 해당 직무에 대한 필요한 역량을 파악하고, 자격을 취득하고 있다. 스펙을 쌓지 못했지만 특성화된 직무에 천부적인 재능을 가진 사람들은 역차별로 오인을 받더라도 기존에는 가질 수 없던 기회라는 것을 잡게 되었다. 기회를 포착하는 순간 밀이 앞서 언급했

듯이 자신의 일생을 스스로 선택하고 정하는 사람은 인간에게 주어진 모든 능력을 사용해야 한다. 보기 위한 '관찰력', 미리 내다보기 위한 '추리력'과 '판단력', 결정하기 위한 자료들을 모으기 위한 '활동력', 결정하기 위한 '분별력', 결정을 내린 후에는 자신이 신중하게 결정한 것을 실현해내기 위해서 확고한 '의지력'과 '자제력'을 총 동원해서 자신이 직무에 맞는 기회를 잡아야 한다. 이제 기존 이력서의 필수요소라도 불리는 사진, 학교, 주소지, 가족사항, 그리고 신체적 조건의 기재란은 취업 역사의 흐름 속에서 추억으로 자리 잡으며 점점 희미해질 것이다. 오롯이 나만의 지식과 경험으로 무장한 직무 기술서로 평가받는 시대가 드디어 눈앞에 온 것이다.

[시퀀스. 5] 삼자대면, 그들의 자유론

원하는 자 & 수용과 적용

> 각 사람은 자신의 개성을 발전시킨 정도에 비례해서 그만큼 더 자기 자신에게 가치를 지니게 되고, 그 결과 다른 사람들에게도 더 가치 있게 된다. 개개인의 삶이 만개하여 풍성해지면, 그 개개인들로 이루어지는 사회도 풍성해지게 된다.
>
> – 존 스튜어트 밀, 『자유론』, 149쪽.

2019년 하반기 채용 시즌이 마무리됨에 따라 기업들이 합격자 발표를 시작했다. 하반기 신입사원을 채용한 기업 128개사를 대상으로 조사한 '신입사원 채용 결산 및 합격 스펙'은 그 결과 평균적으로 26대 1로 집계되었으며, 상반기 20대 1보다 다소 상향된 것으로 나타났다. 작년과 비교해보면 '비슷했다'(55%)는 의견의 비중이 높았으며, '경쟁률이 상승했다'(26%)는 의견은 '하락했다'(9%)라는 의견보다 무려 2.8배 이상 상승했다.

그렇다면 치열한 경쟁 속에서 그들이 취업에 성공하는 비결, 취업 시장의 트렌드가 바뀌고 있는 과도기인 이 시점에 채용을 결정하는 데 가장 중요한 영향력을 행사하는 스펙은 과연 무엇일까? 1위로 '전공'을 꼽았으며, 기업체 인턴 경험, 보유 자격증, 대외활동 경험, 인턴 외 아르바이트 경험, 외국어 회화 능력 등의 순으로 나타났다. 그에 비해 영향력이 감소한 스펙으로는 '학벌'을 가장 많이 선택하였으며, 토익 등 어학성적, 학력, 유학 등 해외 경험 등의 순으로 답했다. 근래 직무적합성의 비중이 높아지면서 해당 직무를 미리 경험해 본 인턴 경험이나 근무 경력이 주요 스펙, 즉 과거 학벌이나 어학연수 등을 지칭하는 스펙의 정의와 달리 실무능력이라는 스펙의 또 다른 정의가 서서히 자리 잡기 시작했다.

이에 합격한 신입사원 중 인턴 경험이 있는 이들의 평균 비율은 23%대로 집계됐다. 또한 근무 경력을 보유한 신입사원인 '올드 루키'의 비율도 28%대로 나타났다. 불과 변화의 시작이 얼마 되지 않은 시점에 이러한 통계는 현 취업시장에서 중요한 스펙은 '전공'과 '실무능력'이 상승세를 타고 있고, 그동안 1등 자리를 내놓지 않았던 '학벌'은 하락세를 보이고 있다는 점이다. 원하는 자에 속한 기업과 기관에서는 취업 시장의 트렌드와 동시에 정부에서 추진하고 있는 이 큰 변화를 수용하고 적용하기 시작했다고 볼 수 있는 긍정의 신호탄이기도 하다. 그 기초적인 변화는 앞서 언급한 자기소개서의 직업기초능력 10대 역량을 통해 평가 할 수 있는 질문으로 나타난다. 경험 즉 실무능력을 바탕으로 하는 자기만의 스토리가 그 직무의 적합성을 결정하는 중요한 키워드가 된 것이다.

어느 유명 글로벌 기업에서 엔지니어 한 사람을 채용하기 위한 공고를 내자 일류대학을 나온 사람들 10명이 지원하게 되었다. 여기에 채용이 된다면 곧바로 회사의 중간관리자 직급에 오르는 파격적인 인사로 지원자들은 누구보다 합격하기 위해 의지를 불태우게 된다. 그중 하버드 출신도 한 명 있었다. 회사의 채용기준은 회사에서 직접 실무업무를 해보고 사흘 후 합격자를 발표하는 방식이었다. 지원자들은 그 사흘 동안 실무업무에서 단기간에 가시적인 성과를 내기 위해 고군분투했다. 근무 시간 중 다른 사람들을 돌아볼 틈도 없이 오직 성과를 위해 미친 듯이 일하고 퇴근 시간이 되어서야 겨우 집으로 돌아가는 일상의 연속이었다. 다만, 한 명은 달랐다. 하버드 출신의 그는 퇴근시 다른 지원자들이 사무실의 전등이나 컴퓨터를 끄지 않는 것을 목격하고, 퇴근하자마자 돌아가기에 급급한 다른 지원들과 달리 매일 사무실 컴퓨터와 에어컨, 전등이 모두 전원이 꺼져 있는지 확인한 후에 퇴근하게 되었다. 사흘이 지나 채용을 발표하는 날 하버드 출신의 그가 호명되었다. 탈락한 나머지 아홉 명의 지원자 모두 대단한 경력을 지녔음에도 불구하고 그가 호명된 것에 놀라움을 감추지 못했다. 이에 납득하기 어려운 탈락한 지원자가 인사담당자에게 그 이유를 물었다. 인사담당자는 별거 아닌 것 같이 보이는 소소한 일들을 무시하지 않고 작은 일에도 책임을 다하는 합격자의 모습은 그 사람 절반의 태도를 보여주고 있으며, 자신들의 회사에는 그러한 인재가 필요하다는 대답을 했다.

이것은 하버드라는 명성에 의해 뽑힌 것이 아니라 오히려 하버드보다 더 우수한 학교의 인재들도 많았지만, 직업기초능력 10대 역량 중 직업윤리 및 공동체 윤리에서 요구하는 근면함과 성실함을 발휘했던 합격자 평소의 모습으로 평가받은 것이다.

밀은 인류의 경험에 의해 확인된 결과들을 알아가면서 유익을 얻도록 어릴 때부터 교육과 훈련을 받아야 한다고 주장했다. 반면 그 경험을 자기 방식으로 해석하고 사용하는 것, 즉 인간에게 주어진 능력들을 성숙하게 발전시키는 것이 인간의 특권이자 조건이라고 했다. 그것을 자신의 개성과 환경에 고려하여 어떻게 적용하는 것이 적절한지 끊임없이 탐색하는 것은 바로 개개인의 몫이다. 현재 기관 및 기업들은 채용에서뿐만 아니라 현재 근무하고 있는 내부직원들에게도 직업기초능력 10대 역량을 바탕으로 한 내부평가제도를 도입하여 그들에게 맞는 직무를 찾아줌으로써 인적자원관리의 효율성을 더욱 높여야 한다. 그들 자신도 몰랐던 자신의 역량을 새롭게 찾는 기회가 주어져야 한다. 그렇지만 처음부터 이러한 변화를 시도하는 것도 받아들이는 것도 힘들 것이다. 사회는 전과 달리 AI의 도입으로 급변하고 있다. 변화를 싫어하는 기업과 직원은 결국 도태되고 나아가 성장하지 못하게 된다. 성장하지 못한 조직은 결국 먹이사슬로 인해 먹히고 만다. 살아남기 위해 그리고 성장하기 위해 서로를 이해하고 협력하는 조직 내 인적자원관리 방안이 절실히 필요하다.

중재하는 자 & 훈련과 훈육

> 국가에 의해 기획되고 통제되는 교육이 존재한다고 할지라도, 그것을 담당하는 기관은 오직 사람들이 선택할 수 있는 서로 경쟁하는 여러 다양하고 많은 교육기관들 중 하나로만 존재하여야 하고, 그 목적도 다른 교육 기관들이 일정 수준의 양질의 교육을 제공할 수 있도록 본보기와 자극제로서의 역할을 하기 위한 것이어야 한다.
> - 존 스튜어트 밀, 『자유론』, 235쪽.

스펙에서 실무능력 위주의 채용 트렌드가 바뀐 현재, 이것을 잘 중재하고 전달하는 교육 기관들의 역할이 무엇보다 중요하다. 정확한 기준이 세워지지 않은 현 과도기 시점에서 서로 경쟁하기보다 각 직무별 하나의 통일된 가이드라인을 만드는 것이 시급하다. 시중에 나와 있는 NCS 기반의 교육과정 및 도서는 차별적인 내용으로 그 기준이 모호한 가운데 취업준비생들에게 도움도 되지만 이것저것을 한꺼

번에 해야 한다는 부담도 적지 않게 작용하고 있다. 반면 다행스럽게도 이와 관련된 유수의 공기업과 대기업 그리고 학교의 관계자들은 현재 이와 관련된 교육을 받고 모호한 기준을 좀 더 구체화 시킬 수 있도록 서로 협력하고 준비하고 있다.

지금까지 많은 공공기관 등에서 채용 비리가 발생하여 청년들의 꿈과 희망을 무기력하게 만드는 사회적 부정성이 일어나고 있다. 정부는 채용 비리와 관련된 관계자의 처벌과 부정 입사자의 입사 취소 및 형사입건 등 중징계하여, 투명한 채용 과정을 통한 공공기관의 신뢰감 회복과 동시에 더 이상의 채용 비리가 발생하지 않도록 노력해야 한다고 밝혔다. 채용 비리의 사각지대라 불리는 기존의 모호한 주관적인 평가 기준에서 벗어나 공정성 있는 평가 기준을 구체화 시켜 안정적인 제도로 안착시켜야 할 필요가 있다.

또한 직무에 적합한 인재를 매칭하는 중간 가교역할을 하는 교육기관 및 교내 취업담당자들은 그에 맞는 교육과정을 이수하고 구하자는 자에게 전문성 있게 전달하려는 노력이 지속적으로 필요하다. "한 아이를 온전히 교육하기 위해서는 온 마을의 노력이 필요하다."라는 옛말이 있듯이, 하나의 인재를 본인의 역량에 맞는 직무로 연결하기 위해서는 국가, 기관, 그리고 인재의 노력이 상호보완적으로 협력해야 한다. 가장 기본적인 것이면서도 가장 중요한 것이다.

구하는 자 & 채움과 비움

> 우리 자신에게 맞는 인생 계획을 세우고, 우리가 하고 싶은 일들을 행하며, 그 결과에 대해 스스로 책임을 지는 것이다.
>
> — 존 스튜어트 밀, 『자유론』, 52쪽.

어린 시절부터 가난으로 제대로 된 교육을 받지 못한 니콜라라는 그리스 출신의 엘리베이터 수리공이 있었다. 그는 과학에 대해 남다른 관심이 많았다. 그는 매일 퇴근 후 반드시 한 시간씩은 물리학 공부를 하며 관련된 서적을 읽고 나서야 저녁 식사를 했다. 1948년 그는 다시 가속기보다 제조가격은 낮고 효율성을 높이는 양성자가속기를 제작하기로 결심했다.

미국 원자력위원회는 그의 아이디어 기획서를 받아들이고 모의실험 및 개선과정을 거쳐 새로운 가속기를 개발했다. 그로 인해 엄청난 금액의 예산을 절감하는 양성자가속기가 탄생 되었다. 미국 정부는 그에게 1만 달러의 상금을 주었으며, 캘리포니아대학 방사능 실험실에서는 연구원으로 그를 초빙하기도 했다. 그는 결코 화려한 스펙이나 학벌을 가진 사람이 아니었다. 다만 주어진 환경 속에서 자신이 진정 원하는 것이 무엇인지 파악하고 그것을 이루기 위해 성실하게 노력하여 결국 꿈을 이루는 사람이 되었다.

우리는 유년 시절부터 사회에서 1순위로 통용되는 '학벌'을 얻기 위한 그 험난한 여정 속에서 우수한 성적을 받아야만 하는 공통된 과제를 향해 끊임없이 달려왔다. 그런데 뜬금없이 '학벌'이 지는 해가 되어 버렸다. 물론 100%는 그렇지 않겠지만 앞으로의 세상은 그렇게 올 것이라고 예고한다. 누구를 위한 개혁인가. 급하게 시행되는 이 계획에 제일 힘든 이는 당연히 취업 준비생이다. 준비되지 않은 그들에게 혼란은 야기되지만 궁극적으로 앞으로 자신이 잘 할 수 있는 일과 하고 싶은 일을 선택할 때 예전처럼 만능 엔터테이너가 되지 않아도 된다는 희망적인 메시지를 포함하고 있다. 비단 이것은 취업 준비생뿐만 아니라 이직을 고려하고 있는 직장인들도 포함한다. 현재 회사에 근무하면서도 자신이 원하는 직무가 아니라는 생각을 하며 늘 사표를 던지고 싶은 충동을 아마 직장인이라면 누구나 한 번쯤은 생각해 보았을 것이다. 물론 즉시 행동으로 이어져 현재 근무하는 회사가 두 번째, 세 번째 일터인 직장인도 있을 것이다. 그들은 이직을 하면 더 나아질 것이라는 희망으로 운 좋게 자신에게 적합한 곳으로 이직하여 성공하는 사람이 있는가 반면 "구관이 명관이다."라는 교훈을 얻는 사람으로 구분된다. 과연 이들의 차이점은 무엇인가? 이직하는 회사에 대한 확신은 있지만 자신이 그 직무에 적합하리라는 생각은 가지지 못 한 채 섣불리 이직하고 나서야 후회가 쓰나미처럼 몰려오는 경우도 종종 생겨나기 때문이다. 사전에 이러한 것을 방지하기 위해 기업은 우수한 인재가 이탈되는 것을 막고, 우수한 인재는 현재의 직장에서 자신에게 맞는 직무를 다시 찾는 방안이 필요하다. 하루에도 수십 명의 직장인이 이직을 한다. 기업은 이직 후 대신할 인재를 채용하여 초기 인재 관리 비용을 또다시 투여하고, 실무능력이 안정

될 때까지의 업무 효율성을 향상시키는 비용 또한 추가로 지불한다. 즉 인재 관리 비용을 절감하기 위해서라도 내부 직원의 인적자원관리 평가제도가 더욱더 시급하다고 볼 수 있다.

마르쿠스 아우렐리우스의 명상록에서 그는 "하나의 동일한 삶의 목표를 가지고 살아가지 않는 사람은 일생 동안 하나의 동일한 정체성을 지닌 변함없는 삶을 살아갈 수 없다."는 금언을 제시했다. 또한 "목표를 위해 자신의 모든 역량을 집중하는 사람은 모든 행동에서 일관되고 한결같을 것이기 때문에, 하나의 동일한 정체성을 지니고서 일생을 살아갈 수 있게 될 것이다."라고 표현했다. 그의 표현대로 일생 동안 자신에게 적합한 직무를 찾아내어 그 목표를 위해 자신의 모든 역량을 집중할 수 있는 동일한 정체성을 지닌 인생을 살아낼 수 있다면, 선택한 직무의 중심에서 흔들리지 않고 나만의 길을 걸어갈 것이라고 확신한다. 어렵겠지만 기업의 간판을 보고 선택하는 직업이 아니라 자신이 무엇을 하고 싶은지, 무엇을 잘 하는지 즉 자신의 스펙에서 무엇을 채우고 비워야 할지 끊임없이 사색하고, 선택하며 과감히 실천해야 할 것이다.

반평생 뉴욕 항만공사에 근무한 암만(O.H. Ammann)이라는 건축가는 건축가이기 전 직장생활에서 성실하게 근무하는 가운데 적절한 시기에 항만공사를 은퇴하게 되었다. 그는 직장에 다니면서도 역사에 남을 건축 작품을 만들어내고 싶은 꿈을 늘 가지고 있었다. 은퇴

후 혼자 힘으로 건축회사를 세우고 세계 각지의 멋진 건축물들을 하나둘씩 만들기 시작했다. 늦은 나이에 이러한 시도를 한다는 자체가 힘든 프로젝트였지만, 그는 마치 스무 살의 청년처럼 혈기왕성하게 뛰어다니며 업무를 처리했다. 30년이 넘는 예전 직장에서는 감히 하지 못했던 대담하고 창의적인 시도를 이제는 생각하는 즉시 행동에 옮기며 과감한 도전을 하기 시작했다. 그 결과 워싱턴의 델리스 공항과 에디오피아 수도 아디스아베바 공항, 피츠버그 중심가의 건축물과 이란의 고속도로 등 건축사에 기적으로 불리는 작품들을 하나하나 완성해갔다. 이 건축물들은 현재에도 여러 대학의 건축학과에서 참고 교안으로 사용하고 있다. 암만은 86세 되는 해 뉴욕 베라자노내로스교를 성공리에 준공하였고, 오늘날 가장 긴 유료 현수교로 알려지게 된다. 이것은 그의 생애 마지막 작품이다. 암만은 반평생 동안 뉴욕 항만공사에서 훌륭하게 직무를 수행하였고, 그가 정말로 원했던 직무는 은퇴 후에도 포기하지 않고 다시 찾게 된 것이다. 현재 은퇴를 준비하고 있는가? 그렇다면 지금부터 자신이 원하는 또 다른 직무를 찾아내어 암만처럼 제2의 도약을 꿈꾸며 다시 가슴 뛰던 청년 시절로 돌아갈 준비를 하자.

[시퀀스. 6] 경영과 참여의 중간 어디쯤 | '나의 자유론'

> 인간은 개개인들에게 있는 온갖 개성들을 깎고 다듬어서 획일적인 것으로 만들어버리는 것이 아니라, 다른 사람들의 권리와 이익을 해치지 않는 범위 내에서 모두 다 불러내어 계발하고 육성할 때에 누가 보아도 고귀하고 아름다운 존재가 된다.
>
> — 존 스튜어트 밀, 『자유론』, 149쪽.

필자의 인생 드라마 '대장금(大長今)'. 주인공 장금이가 궁궐에 들어가 우여곡절 속에서 최초의 어의녀가 되기까지의 성장 과정을 그리는, 그의 성공과 사랑을 담은 드라마다. 국내뿐만 아니라 중국, 홍콩, 대만, 일본, 미국 등 해외에서도 많이 수출되어 큰 인기를 얻게 되었다. 배우 이영애는 이 작품을 통해 한류스타로 발돋움하며 성장하는 계기가 되었다. 또한 베트남과 이란 등 중동에서도 방송되면서 50%가 넘는 사상 초유의 시청률을 기록해 자연스럽게 한국을 알리는 중추적인 역할을 하게 된다. 갑자기 뜬금없이 드라마를 언급하는 이유는 필자의 첫 직장인 증권회사에서 5년째 근무할 즈음 승진과 연봉 상승을 앞두고 돌연 이 드라마를 보고 사표를 낸 것이다. 주인공처럼 어려움이 닥치더라도 원하는 것을 위해 도전하고 나아가고 싶다는 갈망을 느꼈던 것이다.

증권회사는 필자가 선택해서 지원했지만 솔직히 회사에서 어떤 업무를 하는지는 전혀 모른 채 회사의 간판만 보고 지원했고, 운 좋게 엄청난 경쟁률을 뚫고 입사하게 되었다. 지금 생각해 보면 무모하고 부끄러운 일이다. 사표를 낸 것이 부끄러운 것이 아니라 지원하는 회사에 대해 전혀 모르는 것에 대한 부끄러움이다. 직장생활에 충분히 적응하였지만 맨 처음 필자가 언급한 자아를 알고 싶은 '직장인 질풍노도의 시기'가 필자에게도 찾아온 것이다. 당시 사표를 냈다는 소식을 듣고 친했던 직장 동료가 전화를 걸어와 "너 로또 되었니"라고 말할 정도로 아무도 생각하지 못한 뜬금없는 파장이었다. 왜냐하면 그 좋은 직장을 힘들다는 내색 없이 평생 다닐 것처럼 행동한 사람이 돌연 사표를 냈으니 말이다.

> 모든 인간이 어느 한 가지 방식, 또는 소수의 방식을 따라 자신의 삶을 살아가야 할 이유는 없다. 상식적인 수준에서의 이성과 경험을 갖춘 사람이라면, 자신의 삶을 자기 방식대로 살아가는 것이 최선이다. 그런 삶이 그 자체로 최선이기 때문이 아니라, 그 사람 자신의 고유한 방식대로 살아가는 것이기 때문이다.
>
> — 존 스튜어트 밀, 『자유론』, 157쪽.

그렇게 사표를 내고 간절하게 바랬던 '직무 버킷 리스트'를 만들어 10가지의 직무를 경험하고, 20개 이상의 자격증을 취득하며 나를 알아가는 중요한 시기를 가지게 되었다. 사이사이 필자가 상상한 직무와 현실 속 직무의 괴리감도 느끼며 그 과정에서 얻은 경험과 교훈이 필자의 소중한 자산이 되었다. 그 여정을 거쳐 다시 금융권(외국계 은

행)으로 입사하여 경력을 쌓았고 현재도 금융권에 속해 있다. 참 아이러니한 일이다. 비슷한 직무를 벗어나고파 떠난 그 여정 속에서 찾은 길은 처음 그 길이었던 것이다. 하지만 다른 점이 있다면 같은 길이라도 알지 못하고 걸어갔던 길과 알고 선택해서 간 길의 차이를 분명히 깨닫게 되었다. 이제는 자신이 무엇을 원하는지 똑바로 인지한다는 뜻이다. 그리고 동시에 또 하나의 길을 개척하며 경영과 참여의 중심에서 천천히 나아가고 있다. 비록 대단하고 존경받는 사람이 되지 않을지라도 나만의 길을 찾았다는 것에 큰 감사와 기쁨을 가지고 있다.

[시퀀스. 7] 나 자신을 알다 ǀ 'Know oneself'

> 사람이 어떤 일을 하는지도 중요하지만, 사실은 그 일을 하는 사람이 어떤 사람인지가 더 중요하다. 사람이 자신의 일생을 바쳐서 완성해 나가고 찬란하게 꽃피워 나가는 일들 중에서 가장 중요한 일은 자기 자신을 완성해 나가는 것이다.
>
> — 존 스튜어트 밀, 『자유론』, 141쪽.

스펙과 직무 그 모든 것의 시작점은 자신을 바라보는 것에서 비롯된다. 자신의 장점과 단점을 알고 경험하고 깨닫고 이러한 과정을 통해 자신의 필연적 직무를 선택하고 나아가는 길. 그 직무를 성실히 수행하는 인재를 찾아 등용하는 길. 인재를 보는 안목을 키우고 도와주는 길. 취업 시장은 원하고 중재하고 구하는 자들의 조화로운 협연으로 이루어졌을 때 하나의 아름다운 합주곡으로 탄생한다. 이것은 평생이 걸릴지 또는 단기간에 이루어질지 그 성과는 서로의 이해와 노력에 의해 결정될 것이다.

존경하는 분이 있다. '안상규벌꿀'의 안상규 대표이다. 그는 고등학교 시절부터 오직 '벌'에 대한 연구를 하며 20세에 양봉을 처음 시작했고, 현재 대형 전문 양봉 농가로 발전하였다. '벌 수염 사나이', '벌꿀 아저씨'라고 불리는 안상규 대표가 생산하는 벌꿀은 칠곡군의 유명한 지역 특산물로 자리 잡았다. 안상규 대표는 자신의 이름으로 벌꿀 브랜드를 가진 벌 수염 부문 한국 기네스북 보유자이며, 1999년 당시 1단짜리였던 벌통을 2단화로 연구하며 '다수확 벌통'의 핵심개발에 성공하였다. 또한 국내 최초로 제2건국위원회로부터 양봉 분야의 '신지식인'으로 선정되었다. 이후 방송 출연을 계기로 국내 및 해외 등에서 한국을 대표하는 양봉인으로 알려지며, '안상규벌꿀'은 신뢰감 있는 브랜드로 꾸준히 시장성을 확보하며 소비자들에게 각광 받고 있다.

안상규 대표에게 현재 자신의 위치로 있기까지 '학벌'이라는 스펙이 작용했을까? 고등학교 1학년 시절부터 본인이 무엇을 원하고 좋아하는지를 일찍 발견했고, 그 직무를 위해 하루아침의 성공이 아닌 수많은 어려움과 때로는 사회의 편견속에서 스스로를 단련하여 지금의 '안상규벌꿀'을 만든 것이다. 또한 나눔의 실천으로 어려움 속에서 꿈을 위해 노력하는 이들을 도와주고, 본인 스스로 나태하지 않기 위해 늘 노력하는 성실한 자세를 지켜 왔다. 본인의 직무를 정확히 아는 직원에서 스스로 CEO가 된 것이다. 그 경험을 바탕으로 기업 '안상규벌꿀'만의 인재 선정 가이드라인을 만들어 적합한 인재를 채용하고 함께 가는 길을 걷고 있다.

> 모든 진정으로 지혜롭거나 고귀한 일들은 개인에게서 시작되고, 또한 그래야 한다. 일반적으로 그런 일들을 시작하는 것은 어떤 개인이다.
>
> – 존 스튜어트 밀, 『자유론』, 156쪽.

힘든 여정이다. 하루아침에 무언가를 깨닫고 실천하는 것은 어렵다. 다만 용기를 드리고 싶다. 이 글을 읽는 독자가 기업의 CEO, 직장인, 취업준비생, 학생, 주부 등 다양한 분들일 것이다. 자신의 자리에서 자신이 누구인지 한 번 더 생각하고 인생을 다시 바라본다면 그것이 취업과 연결된 고리가 아니더라도 자신만의 길을 만들어 갈 수 있는 변화의 시작에 빛을 더할 수 있으리라 확신한다. 그리고 그 곁에는 늘 독서가 함께했으면 한다. 문학의 종류는 다양하다. 먼저 자신이 좋아하는 분야부터 차근히 시작했으면 한다. 필자는 나를 알아가는 기본 바탕은 독서라 생각하고 실천해왔다. 그렇다고 수많은 책을 종류별로 읽은 것은 아니다. 다만 좋아하는 분야로 시작해서 도전해보고 싶은 분야로 점차 확대해 가고 있다. 독서와 사색 그리고 깨달음은 곧 나 자신을 알 수 있는 지름길을 제시해준다. 스펙과 실무의 중심에서 더 나아가 필자의 인생에서, 나만의 '자유론'은 영원한 현재진행형이다.

참고문헌

김헌, 『인문학의 뿌리를 읽다』, 이와우, 2016.
마르쿠스 아우렐리우스, 박문재 옮김, 『명상록』, 현대지성, 2018.
방영황, 『2019 에듀윌 NCS자소서&면접 블라인드 채용대비』, 에듀윌, 2019.
신현우, 『헨리샘의 NCS 자소서 사례분석 440』, 박문각, 2020.
NCS인재연구소, 『NCS 직업기초능력 10대 역량 핵심요약 및 문제집』, 다솔커뮤티케이션, 2016.
웨이슈잉, 이정은 옮김, 『하버드 새벽 4시반』, 라이스메이커, 2015.
존 스튜어트 밀, 박문재 옮김, 『자유론』, 현대지성, 2018.
플라톤, 천병희 옮김, 『국가』, 숲, 2013.
호메로스, 천병희 옮김, 『일리아스』, 숲, 2015.
머니투데이, DGB금융-한국산업인력광리공단, NCS 활용 확대 업무협약, 2019. 7. 16.
민주신문, 4차 산업혁명시대 토론과 협업의 'IB교육' 주목, NCS직업교육시스템 연계 상승효과, 2018. 1. 5.
NCS NEWS, 2019 하반기 채용 결산, 가장 중요한 스펙 '공' vs 지는 스펙 '학벌', 2019. 12. 23.

| 도은한 |

경북대학교 경영대학원(MBA) 졸업하였으며, (주)한아IT 대표이다. 인문고전 독서토론회 리케이온 회원이며, 동양고전으로 읽는 경영이야기 『인문의 어깨에 올라 경영을 바라보다』(공저)와 코로나19 대구 시민의 기록 『그때에도 희망을 가졌네』(공저)를 출판하였다. 책을 읽지 않던 이가 책을 읽는다. 그리고 토론을 했다. 글을 쓰지 않던 이가 글을 쓴다. 그리고 나의 이야기를 쓰기 시작했다. 어제를 돌아보고 오늘을 이해하며 내일의 답을 찾기 위한 여정은 지금도 계속되고 있다.

도은한 /

조지 오웰의
눈에 비친
나의 경영을 보다 :
『동물농장』

조지 오웰의 눈에 비친
나의 경영을 보다 : 『동물농장』

도은한

1. 얕은 인문(人文, Humanities)

인문, 인간과 관련된 근원적인 문제나 사상, 문화 등을 중점적으로 연구.

세상을 반쯤 감은 눈으로 지긋하게 바라보는 '구영탄'을 아는가? 밥 먹는 게 귀찮다고 일주일 먹을 양의 음식을 한 번에 먹고는 아무렇지 않은 듯 잠을 잔다. 억울한 일을 당하고도 굳이 변명하지 않고 멍한 표정을 짓고 있는 게 오히려 더 오해를 불러일으킨다. 모든 분야에서 뛰어난 천재성을 가지고 있지만 아무도 인정할 수 없게 만들어 버린다. 옆에서 지켜보는 이들은 답답해서 죽을 것 같은데도 계속 지켜보게 만든다. 마지막 책장을 덮기 전, 모든 사실을 세상 사람들은 다 알게 된다. 어린 시절 이렇게 '불청객 시리즈'를 보면서, 정의(正義)는 승리라는 방정식의 결과물이라 생각했다.

모든 문제의 시작은 생각대로 되지 않을 때 발생한다. 공동의 문제를 해결하기 위해서 심사숙고(深思熟考)한 후 조심스럽게 이야기를 꺼낸다. 듣는 이의 반응이 고민을 1도 하지 않고 반(反)하는 의견을 쉽게 말한다면, 시간과 공간을 굳이 같이 공유할 이유는 없다. 그런 상황이 계속된다면 혼자만의 시간은 외로움으로 변하고, 외로움이 쌓여서 분노로 커지는 순간 서로의 관계는 조금씩 금이 가기 시작한다. 그 순간 잠시 고개를 돌려 원인에 대해 한번 생각해 본다. '사소한 일로 시작된 일이 왜 이렇게 커졌지?'라는 의구심을 갖게 한다.

오랜 세월 인간과 관련된 근원적인 문제에 대해서 고민한 이들은 과연 어떤 해답을 찾고자 한 것일까. 집을 지을 때를 한번 상상해 보자. 치밀한 주변 환경 분석을 통해 문제가 생기지 않도록 기초 설계를 하는 것이 무엇보다 중요하다. 막상 첫 삽을 들고 집을 짓기 시작할 때가 되면 필요한 자재들이 먼저 준비가 되어 있어야 한다.

"비싸고 좋은 재료가 다 좋은 것이 아니야. 지금 이 집을 짓는 데 정말 적합한 것인지가 더 중요하다는 건 알고 있지?"

"내가 그린 기린 그림은 잘 그린 기린 그림이냐? 못 그린 기린 그림이냐?"

멋있게 그린 기린 그림이었으면 한다. 지금의 나, 꼭 그리고 싶은 그림을 그리기 위한 조각들을 하나둘씩 모으고 있다. 인문도서도 읽고, 토론도 하면서.

정의가 승리하는 세상에서 살고 싶다. 아니, 어떤 상황에서도 옳고 그름이 무엇인지 누구나 알 수 있었으면 한다. 인문고전은 너무나 다양하고 많은 이야기를 전해 준다. 심지어 상반된 내용으로 시작되어 마지막에 가서 결론이 같아지는 경우도 많다. 시작의 근거가 다르다고 해도 결국 최종 목표는 행복해지는 것이 아닐까 싶다. 미소 지을 수 있는 삶을 위해서 오늘 무언가를 하고 있고, 내일도 무엇인가를 하고 있다. 나의 행복의 크기와 종류를 다른 이가 대신해서 그 기준을 정해줄 수는 없다. 몸에 맞는 옷이 다 다르듯이 스스로 잘 맞는 기준을 정해야 한다. 나에게 잘 맞는 맞춤복을 만들어 주는 데 인문의 이해는 그 수치를 잘 재는 기술을 제공할 것이다. 그렇게 만들어진 편안한 옷을 입고 인생이란 길 위를 태연하게 걸어가면 된다.

인문, 행복의 기준을 낮고 작게 만들어 미소 지을 수 있는 삶의 방향을 제시해 주는 것.

2. 얕은 경영(經營, Management)

경영, 기초를 닦고 계획을 세워 어떤 일을 해나가는 것.

2019년 7월 아침, 요즘 어깨 통증이 심해서 2주에 한 번씩 재통병원을 간다. 도수 치료도 받고, 주사도 맞는다. 아주 조금씩 좋아짐을 느끼면서 2주를 버틴다. 어느 날 돌아오는 길에 라디오에서 '끼인 세대'의 이런저런 사례에 대해 자세한 이야기가 나온다. 위로는 부모님을 공경하고, 아래로는 자식들의 눈치를 보는 요즘 40대, 50대를 두고 하는 말이다. 젊은 시절 집안 경영을 잘못한 40대 후반인 나. 곰곰이 생각해 보니 방송에서 이야기한 것보다 더 심각한 끼임을 당하고 있지는 않은지. 두 뺨을 타고 떨어지는 땀방울과 함께 여러 가지 생각이 뇌리를 스쳐 지나간다.

무슨 일을 도모할 때는 사전에 목표 달성을 위한 계획을 세운다. 막상 실행에 옮기다 보면 예측하지 못한 변수가 발생하곤 한다. 그 상황을 잘 대처하지 못한다면 계획은 물거품이 되기도 한다. 어려운 일이 닥쳤을 때 그 상황을 잘 해결해 나갈 수 있는 역량이 목표 달성을 가능하게 해 준다. 답을 찾기 힘든 상황이 빈번하게 발생하거나 경험하지 못한 상황에 맞닥뜨리는 경우가 있더라도, 그때마다 조금 더 적극적으로 계획을 수정하고 다시 적절하게 상황에 맞게 적용함으로써 발생한 문제에 대해 해결의 실마리를 찾는다.

회사라는 조직에서는 공동의 구체적인 목표 달성을 위한 업무 지시를 계속해서 제시한다. 분업화된 업무를 집중해서 처리할 수 있는 시스템을 만들기 위해서다. 잘 따라간다면 어느 정도 좋은 성과 또한 보장해 줄지도 모른다. 단, 조직 내 과도한 경쟁으로 인해서 업무의 낭비를 초래하지 않는다면 말이다. 과거 대부분 상명하달의 수직적인 구조의 조직에서는 경영은 목표 달성에 모든 초점이 맞추어져 있었다. 조직 구성원에 대한 배려보다 모든 우선순위가 조직의 목표 달성에 있었다.

요즈음 수평적인 관계로 연결된 구조를 가진 상당수 회사는 조직의 목표가 조직 구성원의 이해와 어느 정도 부합이 되어야 한다는 것을 알고 있다. 하지만 모든 이해관계에 있는 이들을 다 만족시키지 못하기 때문에 조직 부서 간, 조직 구성원 간 갈등은 더 복잡해지고 관리하기도 힘들어진다. 점점 더 복잡해지는 조직을 잘 관리하기 위해서 관리자는 조직 구성원 간 업무 범위와 이해관계를 정확하게 설명할 수 있어야 한다. 관리자 역시 변화하는 환경에서 조직 안에서 역량 발휘에 대해 늘 고민해야 한다.

최근 4차 산업혁명이란 용어를 듣는 순간 정확하게 설명이 되진 않더라도 누구나 고개를 끄덕이게 한다. 한 번쯤 상상했던 일들이 직접 눈으로 볼 수 있는 시대에 우리는 이미 들어와 있다. 변화에 적응하기 위해 기업들은 미래에 무엇을 준비해야 할지 많은 시간과 자본을 투자한다. 정부도 이런 기업들을 위해 적절한 지원책이 무엇인지 고민한 것들을 여러 방법으로 제시한다.

이러한 시기에 기업은 가장 먼저 준비해야 할 것이 무엇일까? 초

(秒) 단위로 변화는 시대, 어떤 산업은 사라지고, 어떤 산업이 생겨날지 확실하지 않은 미래가 이미 현재가 되었는지도 모른다. 어떤 상황이 발생하든 옳은 선택을 할 수 있도록 스스로 생각해서 행동할 수 있는 자율적인 조직을 갖추는 것이 우선되어야 한다. 이런 조직을 완성하기 위해서 경영인은 끊임없이 확인해야 한다. 조직 구성원들의 역량이 초변화하는 환경에서도 잘 적응하고 있는지. 그렇지 못하다면 어떤 변화가 그들에게 도움이 될 수 있는지 고민해야 하지 않을까.

> 경영, 초 단위 변화에도 역량을 잘 발휘할 수 있고, 적응할 수 있는 환경을 만드는 것.

3. 인문 즉 경영(人文 卽 經營, Humanities is Management)

대학 졸업이 얼마 남지 않았을 때 처음 들어보는 'IMF'란 말이 유행했다. 취업이란 단어는 이전 선배들과는 다른 의미가 되어 버렸다. 소나기가 오면 잠시 피했다가 멈추었을 때 다시 가야 한다고 생각했다. 4년 동안 배운 전공으로만 직장을 구할 수는 없었다. 누군가 나의 기억을 과거 복사를 해서 현재 붙여넣기를 한 것 같다. 다시 고등학교를 졸업하고 대학 학력고사를 준비하는 그런 기분이었다.

간절하다고 다 되는 것은 아니지만 운이 좋았다. 4년간 배운 전공이 아닌 4개월 동안 새로운 일을 준비하게 되었고, 그해 겨울에 간절히 원했던 회사에 출근하게 되었다. '회사를 위해 꼭 필요한 존재가 되어야지. 만약에 조직에 도움이 되지 않는다면 스스로 알아서 나갈 거야!'라는 마음가짐으로 사회의 첫발을 딛게 되었다. 그해 아주 무더운 여름날에 회사 연수원에서 워크숍을 갔을 때였다. 강당에서 전무님이 갑자기 질문을 던지셨다.

"조직에는 4가지 부류의 사람들이 있습니다. 부지런하고 멍청한 사람, 부지런하고 똑똑한 사람, 게으르고 멍청한 사람, 게으르고 똑똑한 사람, 이렇게 말이죠. 조직에서 필요한 사람은 누구이며 필요하지 않은 사람은 누구라고 생각하나요?"

사실 질문만 듣고 답을 듣지는 못했다. 옆에 있던 선배가 나에게 다른 말을 하는 동안 전무님은 강단에서 내려오셨고, 내 옆자리에서 맥주를 마시면서 웃고 계셨다.

한참을 흘러 막다른 길에 맞닥뜨렸을 때 독립을 선택했다. 그렇게 만든 조직을 위해서 어떻게 해야 할지 한참을 고민하다 보면 가끔 당시 전무님의 질문이 다시 생각난다. 과연 조직에는 어떤 사람이 필요할까? 짧은 기간이었지만 직장 생활에서 경험, 회사 설립 과정과 직접 경영을 하면서 조직에 대해서 누구보다 많은 고민을 했다고 생각한다. 누군가 다시 이런 질문을 나에게 한다면 정답은 아닐지 몰라도 이렇게 이야기하지 않을까.

"예전에도 이런 질문을 받았었는데 그때는 아무 생각이 없었지. 내가 하고 싶은 이야기는 조직에 필요하지 않은 사람은 결코 없다고 생각해. 즉, 4가지 부류 사람들이 다 필요하다는 것이지. 조직이란 것이 서로 부족한 걸 채우면서 목표를 향해 가야 의미도 있고 발전할 수 있어. 사실 완벽한 인간도 없잖아. 모든 사람이 다 같은 일을 할 수 있는 것도 아니고 말이야. 각 부서의 성향에 맞는 인물을 경영자가 업무에 맞게 적절히 잘 배치하기 위해서는 다양한 사람들이 조직 안에 있어야 가능하다고 생각해. 그리고 서로의 부족함을 보고 비난하는 게 아닌 채워주는 조직 문화 또한 무엇보다 중요하다고 생각해."

조직의 사전적 의미는 '어떤 기능을 수행하도록 협동해 나가는 체계'를 일컫는다. 조직에서 필요한 기능을 원활하게 돌아가게 하는 것, 결국 사람에 의해서 정상적으로 작동된다. 서로의 다른 기능을 조직의 목표에 맞게 잘 연결하는 것 또한 사람에 의해 완성된다. 경영자로서 꼭 갖추어야 할 역량 중 하나가 조직 구성원들의 내면에 있는 진실의 형상을 잘 보는 것이고, 그들 사이에서 발생하는 여러 이해관계를 현명하게 대처할 수 있는 능력이다.

사람의 내면을 진심으로 이해하지 못한 채 기초공사를 하고 지은 경영의 집은 심각한 하자를 안고 있는 부실공사의 산물이다. 이렇게 지은 집은 작은 환경의 변화해도 쉽게 금이 가고 무너지고 말 것이다. 진정 튼튼한 경영의 집을 짓기 위해서 인문의 이해로 기초공사를 잘 다져야 한다. 그렇게 완성된 경영의 집은 오랜 기간 원형 그대로를 잘 유지할 수 있고, 그 안에서 온 힘을 다해 일정한 속도로 앞으로 달려갈 수 있을 것이다.

경영의 시작은 사람에 대한 앎과 인정으로부터 시작됨.

4. 조지 오웰과 『동물농장』

　난세(亂世)에 영웅이 나온다고 한다. 인간을 도구화하여 세상을 바꾸려고 하는 시대, 어쩌면 한 발짝만 먼저 앞으로 내미는 이가 영웅이 될지도 모른다. 동서양을 막론하고 현인들은 후대의 재평가가 항상 뒤따른다. 이는 역사적 배경에 따라 그 가치의 크기가 시대별로 다른 이유가 되기도 한다. 인문고전을 읽고 토론을 할 때 참석한 이들은 각자의 경험을 토대로 다양한 시선에서 그 상황을 이해한다. 토론 중 누군가 이런 이야기도 했었다.
　"우리가 이 내용을 보고 대단한 무엇이 있다고 생각하고 토론하고 있지만 정말 그럴까? 작가의 의도와 관계없는 해석을 통해 너와 내가 위대한 작품을 만들어 주는 건 아닐까?"
　조지 오웰, 그의 글을 읽다 보면 『1984』의 윈스턴 스미스란 흑백사진 속의 창백한 얼굴의 주인공이 떠오른다. 그의 에세이(Essay) 『나는 왜 쓰는가』에서 "지난 10년간 통틀어 내가 가장 간절하게 하고 싶었던 것은 정치적인 글쓰기를 예술로 만드는 일이었다."라고 이야기를 할 정도로 그의 글은 어두운 현실만을 이야기하고 있었다. 반백년을 채우지 못한 그의 인생에서 회색으로 변해버린 미래를 예언한 디스토피아의 대표작인 『1984』, 동물을 위한 농장이길 바라면서 일으킨 혁명이 과연 누구를 위한 정치인가를 다시 생각하게 하는 작품 『동물농장』은 그가 그렇게 바랐던 예술로서 독자들에게 감동을 주는 작품이지 않을까. 『동물농장』이란 문학 작품을 읽으면서 그 안에 숨어 있는 진실의 쪽지에 어떤 메시지가 적혀 있는지 한번 상상으로 접근해 보고자 한다.

『동물농장』의 시작은 늙은 수퇘지 '메이저(윌링턴 뷰티)'의 열정적인 연설로 시작된다. '메이너농장'에 있는 길든 집 까마귀인 '모지즈'를 뺀 나머지 동물 모두에게 전날 꾼 꿈의 의미가 무엇인지, 앞으로 어떻게 행동해야 하는지 그 방향을 알려준다. 늙은 영도자(領導者)는 앞으로 일어날 동물들의 반란을 예상이나 하듯이 '잉글랜드의 짐승들'을 노래한다. 노랫소리와 함께 그 현장은 이미 '메이너농장'이 아니라 '동물농장'이 되어 있었다. 메시아인 메이저가 사라진 농장. 모든 동물에게 평등한 농장이어야 한다는 〈동물주의〉는 '스노볼', '나폴레옹', '스퀄러'라는 돼지들에 의해서 사상(思想)으로 발전하게 된다.

각본 없이 시작된 동물들의 혁명으로 결국 '메이너농장'은 '동물농장'이 되었다. 새롭게 태어난 농장은 이전의 부조리를 알기에 헛간 벽 높은 곳에 일곱 계명[1]을 적어서 미래를 다짐한다. 이후 아주 짧은 시간이었지만 농장은 밝은 희망의 빛으로 가득 찬 공간이었다. '나폴레옹'은 농장의 주인이 되기 위해 한때는 동반자였던 '스노볼'이 농

---

1) 1. 무엇이건 두 발로 걷는 것은 적이다. 2. 무엇이건 네발로 걷거나 날개를 가진 것은 친구이다. 3. 어떤 동물도 옷을 입어서는 안 된다. 4. 어떤 동물도 침대에서 자서는 안 된다. 5. 어떤 동물도 술을 마시면 안 된다. 6. 어떤 동물도 다른 동물을 죽여선 안 된다. 7. 모든 동물은 평등하다.

장으로 다시 돌아오지 못하는 길을 가게 한다. 결국 '스노볼'을 쫓아낸 '나폴레옹'의 반대편에 서 있는 이를 농장에선 찾아볼 수 없게 된다. 천천히 변해가는 '동물농장'이 '나폴레옹'과 돼지들만의 유토피아가 되어가는 것을 나머지 동물들은 알 수가 없었다.

모든 동물이 희망을 담겨 있던 '동물농장'은 다시 누군가의 보살핌을 받아야 하는 '메이너농장'이 된다. 스스로 동물농장의 지도자가 된 버크셔 수돼지 '나폴레옹'과 상위 계층인 식용 돼지들은 어느 순간 두 발로 걷는 인간의 모습이 된다. 농장 주인인 존즈 일행을 쫓아내고 일곱 계명을 헛간 벽에 써놓았을 때의 정의로운 순수함은 처음부터 없었던 것인가. 필요에 따라 고쳐지는 일곱 계명은 결국 "모든 동물은 평등하다. 그러나 어떤 동물은 다른 동물들보다 더 평등하다."라는 한 줄만 남게 된다. 도대체 농장에서 무슨 일들이 일어났고, 왜 다시 처음보다 더 깊고 어두운 터널로 들어가 버린 것일까.

조지 오웰은 1943년 11월에서 1944년 2월까지 3개월간 『동물농장』을 완성했다. 당시 그의 에세이를 보면 『동물농장』은 스탈린 시대의 소비에트에 관한 비평을 동물의 시선으로 그려진 작품이라는 것을 알 수 있다. 1917년 볼셰비키 혁명 이후 스탈린 시대를 '동물농장'의 돼지 나폴레옹의 시대로 변화하는 과정으로 표현한 것이다. 혁명은 대다수 민중이 원하는 이상향(Utopia)이 있기에 가능하다. 『동물농장』의 세상을 보면서 이상이 막상 현실이 되었을 때 이전보다 못한 지금이 되지 않아야 한다. 상황을 정확하게 볼 수 있는 혜안(慧

眼)만이 그들의 유토피아를 지켜줄 수 있지 않을까.

『동물농장』에는 많은 유형의 동물들이 각자의 방식대로 생활한다. 몇몇 동물들의 성격과 행동을 조직 구성원의 유형으로 분석해 보고자 한다. 조직의 본질을 이해하는 데 다양한 구성원의 성향 또한 중요하다고 본다. 조직은 사람의, 사람에 의한, 사람을 위해 존재해야 한다. 이렇게 완성된 조직에서 구성원 각자 일을 즐길 수 있는 환경까지 만들어진다면, 의도하지 않더라도 자연스럽게 각자의 역량은 최대한 발휘될 것이다. 우리가 사는 세상에는 여러 유형의 조직들이 존재한다. 이상에 가까운 조직을 완성하고자 한다면 그 첫 번째로 구성원에 대한 진정한 이해로부터 첫 단추를 끼워야 한다.

5. 『동물농장』으로 본 인간형

100% 완벽한 사람이 있을까. 스스로 그렇게 믿고 있다면 조직 안으로 들어갈 이유가 없다. 조직의 완성은 조직 구성원의 부족함을 채워나가는 과정이 축적되어 만들어진다. 그 안을 들여다보면 경영자, 중간관리자, 실무자 등 수직적인 계층이 있고, 영업부서, 관리부서, 기술부서 등 수평적 소조직도 존재한다. 수많은 유전자의 조합으로 다양한 인류가 만들어졌듯이 어떠한 조직도 똑같은 형태일 수는 없다. 하지만 그 조직 구성원들은 역량의 이해가 공통점을 찾아

줄지도 모른다.

　경영자는 '동물농장'의 '스노볼', '나폴레옹', '복서', '스퀼러', '벤자민'과 같이 각자의 역량이 다름을 잘 볼 수 있어야 한다. 다음에 제시되는 5유형의 구성원들은 조직에서 어떤 위치에서 직무를 하는 것이 좋을까? 조직의 목표에 따라 언제든지 그 구성원의 위치는 바뀔 수 있다. 창업 초기 조직을 구성하기 위해 많은 시간을 투자한다는 것은 결코 쉬운 일이 아니다. 적당한 행운도 따르면서 죽음의 계곡(Death-Valley)[2]를 무사히 지나, 조금씩 성장을 거듭하다 보면 우리 조직에 대해 조금씩 조금씩 이해를 하게 된다. 아주 오래 지속 가능한 조직을 어떻게 하면 만들 수 있는지.

　조직 구성원이 그 조직도를 완성해 간다는 의미, 이것은 모든 이들이 그 직무 이해도가 높고 상호 협조가 잘 되는 조직에 가까워진다는 것이다. 이런 조직의 변하지 않는 뼈대(backbone) 제시는 결국 경영자의 몫이긴 하다. 중간관리자는 그 뼈대 밖으로 근육과 살을 뼈에 잘 위치시켜야 한다. 그렇게 다져진 근육과 살의 세포들이 모여 다리가 되고, 팔이 되고, 심장이 된다. 각자의 위치에서 균형적으로 잘 동작을 해야지 원하는 속도로 걸음걸이를 조절할 수 있다. 완성된 조직이 모든 근육을 사용해서 달리는 '우사인 볼트'라고 상상해 보자. 혼자만의 힘이 아니기에 더 빨리 달려갈 수 있지 않을까?

---

[2] 초기 창업 벤처기업이 기술개발에 성공하였다 하더라도 사업화 단계에 이르기 전까지 넘어야 할 어려움.

100% 완벽한 사람은 결코 있을 수 없다. 서로 부족한 부분을 채워 줄 수 있는 조직을 만들어야 한다. 그런 그림을 그리기 위해 구성원의 인간적인 이해가 무엇보다 중요하다. '동물농장'의 5유형의 동물 분석은 조직 구성원을 이해하기 위해서다. 이를 통해 서로 어떤 부분을 보완해야 조직에 긍정적인 영향을 줄 수 있을지 한번 고민해 보자.

'스노볼'형 인간

지금까지 공부한 것들을 가지고 막상 사회에 나갔을 때, 그동안 배운 것들을 어떻게 적용해야 하는지 의구심이 들 때가 너무나 많다. 요즘과 같이 취업이 힘든 시기에 전공을 살린다는 것은 결코 쉬운 일이 아니다. 어렵게 직장을 구한 다음 새로운 일에 적응해 가면서 조금씩 성장함을 느끼게 된다. 하고 싶지 않은 일을 하면서도 미래에는 조금은 나아질 거라는 희망으로 하루하루를 살아간다. 시간이 한참 지난 후에 알게 된다. 사회는 능력만을 가지고 평가하는 것이 아니었다.

『동물농장』에서 새로운 세계로의 문을 열어 준 늙은 수퇘지 '메이저'의 감동적인 연설에 가장 큰 울림을 느꼈던 동물은 젊은 돼지 '스노볼'이었다. 인간으로부터 '동물농장'을 지키기 위해서 가장 용감하게 앞장서서 싸웠다. 항상 자신보다는 다른 동물들의 미래를 위해서 많은 고민을 한다. 옳다고 생각하는 것들에 대해서 굳이 말로 표현하지 않아도 당연히 알 거라고 생각했다. 안정적인 전기 공급은 노동 시간의 단축이 가능하리라고 믿었다. '풍차 건설 프로젝트'는 '동물농장'의 이상을 현실로 만들어 준다고 자신했다. 어느 날 반대 세력의 힘에 눌려서 이상을 꿈꾸며 달려왔던 장소에서 어쩔 수 없이 스스로 포기를 선택하게 된다. 한때는 '동물농장'의 비전을 제시하며 앞장서서 달렸던 그, 이후에 일어난 모든 나쁜 일들의 원인에 '스노볼'이란 이름이 항상 맨 앞에 있다.

조직에서 새로운 프로젝트를 진행하게 되었다. 혼자서 많은 고민도 하고 계획을 세워 목표를 정했다. '다들 내가 계획한 대로 잘 따라오겠지!' 이런! 다들 고민하고 고민한 나의 계획을 이해하지 못하고 있다. 갑자기 머리 정수리에서부터 뜨거운 열기가 아래로 내려온다. 이런 경우 하나는 확실하다. 화가 나고 목소리가 높아진다는 것은 상대방을 이해시키는 능력 부족 때문이란 것을 알고 있다. 이런 경우 내가 옳다고 생각한 것들은 잠시 뒤로 미루고 다시 동료들의 의견을 들어보아야 한다. 설령 반대편에 서서 나를 노려볼지라도.

'스노볼'의 주장이 항상 동물들의 평등한 삶을 목표로 하고 있다는 것을 아는 동물이 얼마나 될까. 만약 주변에 그의 이야기를 제대로 설명하고 전달해줄 참모가 있었다면 '동물농장'에서 그는 위대한 지도자로서 역사의 한 페이지를 작성했을 것이다. 시간이 흘러 '스노볼'은 그들의 기억 속에서 점점 사라져간다. 지워진 기억은 아무도 그가 어떤 일을 했는지, 왜 사라졌는지 관심도 없게 만들어 버렸다.

조직에서 혼자만의 능력이 뛰어나다고 훌륭한 경영자가 되는 것은 아니다. 갑자기 닥친 위기를 혼자의 힘으로 해결해야 하는 경우도 많다. 조직원들이 지금 하는 일이 무엇 때문에, 무엇을 위해서 하고 있는지 알기 위한 소통을 해야 한다. 조직도는 미래 목표 달성을 위한 밑그림과 같다. 만드는 과정에서 경영자는 기본 목표를 제시는 하되, 조직원들의 모든 의견을 최대한 경청하고 반영해야 한다. 물론 모든 주장을 다 반영할 수는 없다. 경영자는 조직원이 이해할 수 있는 수준에서 조직의 목표 달성을 위한 기초 설계를 해야 한다. 조직 입장에서 이해하려고 노력하는 이들과 함께 같은 눈높이로 걸어갈 수 있어야 한다.

- '스노볼'형 인간 : 역량은 그 누구보다 뛰어나다. 동료들과의 눈높이 대화가 우선되었더라면.

'나폴레옹'형 인간

수업 시간에 교수님 말씀이 이해가 되지 않는다.

"아! 다른 건 모르겠고 이것은 꼭 해야겠다."

머리가 복잡한 게 싫다. 강의하면서 이건 꼭 알아야 한다고 생각한 것들은 밑줄을 그었다. 수업을 듣지 않은 친구들에게 보여 준다. 동기들 또한 좋은 강의 정보들을 공유한다. 몰랐던 지식이 차곡차곡 쌓이면서 연결이 되어 간다. 이전에 이해되지 않았던 내용이 어느 순간 온전한 지식이 되었다. 그렇게 같이 만들어진 우등생이란 자리는 늘 불안하다.

몸집이 크고 다소 사납게 생긴 농장의 유일한 버크셔 젊은 수퇘지가 '나폴레옹'이다. 지도자로서 원칙과 규정을 주장하는 '스노볼'과는 다르다. '메이저'의 가르침을 〈동물주의〉사상으로 발전시킨 것은 세 마리 돼지였다. 지도자로서 나폴레옹은 초기에는 자상한 배려심이란 가면으로 얼굴을 가려 그의 야망을 속일 수 있었다. 그는 자신만의 목표를 위해 반대를 위한 반대를 하는 정치를 농장에서 시작하게 된다. 농장의 미래가 아닌 본인의 정치적 완성을 위해 조직을 만들기 시작한다. 그는 '동물농장'의 유일한 지도자가 된다. 아니 인간의 얼굴을 한 독재자로 농장의 가장 높은 곳에 서 있다.

최근 '직장 내 괴롭힘 금지법'이 시행되고 있다. 불과 얼마 전까지 상급자의 폭언까지도 일을 배우는 과정이라 믿었다. 역지사지(易地思之)란 말을 잘못 해석하는 상급자들은 "나 같으면 절대 그렇게 하지 않았을 거야."라는 말을 쉽게 한다. 조직도 세상도 그 환경이 조금씩 좋아지는 방향으로 발전해야 한다. 정치(政治)가 특정 계층을 위한 도구가 되지 말아야 한다. 이등병이 병장이 되었을 때 보상심리가 아닌 부조리를 조금씩 고쳐 나간다면.

'나폴레옹'은 '동물농장'의 유일한 지도자로서 처음의 규칙을 하나씩 지워 나간다. 평등에서 시작된 농장은 계층이 만들어진다. 상위 계층을 위해 일곱 계명은 차례로 지워지고 하나의 계명만 남는다.

"모든 동물은 평등하다. 그러나 어떤 동물은 다른 동물보다 더 평등하다." 지도자 '나폴레옹'의 철저한 계획하에 '동물농장'은 지배된다. 배려를 통해서 지지를 얻고, 자신을 지지하는 조직을 만들고, 지켜지지 못할 미래를 담보로 동물들이 스스로 희생하게 만들어 버린다.

조직의 미래를 위해서 가끔은 목표를 수정해야 할 때도 있다. 수정된 미래가 조직원들의 행복과 점점 멀어진다고 느낄 때 말이다. 니코마코스 윤리학에서 최상의 좋음이 행복이라고 했다. 모든 사람은 행복하기 위해 일을 한다. 조직 내 최상의 좋음의 정의가 무엇인지 설명하기란 쉽지 않다. 업무에 대한 만족감은 평등한 조건에서 성취될 수 있어야 한다. 직급이 아닌 직무에 대한 만족감이 조직에서의 행복이지 않을까.

- '나폴레옹'형 인간 : 리더십은 분명 뛰어나다. 특정 계층이 아닌 전체의 행복을 봤더라면.

'복서' 형 인간

1988년 여름 방학이 얼마 남지 않은 고등학교 시절이었다. 새벽같이 일어나 '성문 기본 영어', '수학 정석'을 손에 들고 시내에 있는 중앙도서관에 입장하기 위해 줄을 선다. 좁은 도서관 자리에 앉아서 책을 편다. 정해진 양을 채우기 위해 한 장 한 장 읽어 내려간다. 한 손에 볼펜을 들고 알지 못하는 낙서를 하면서. 왜? 다들 그러고 있으니까 나도 그렇게 한다. 내용도 알지 못하면서 누구보다 열심히 '빡빡이'를 하고 있다. 지금 생각해 보니 웃음이 난다.

'동물농장'에 엄청난 힘을 가진 말[馬] '복서'가 있다. 언제나 지도자의 말[言]은 옳다고 믿는다. 아무리 힘이 들더라도 묵묵히 자기 일을 열심히 한다. 지금 하는 일이 밝은 미래를 위한 것이라고 믿는다. 농장의 울타리 안 동물들은 자기 능력치에 맞게 일을 한다. '복서'는 조금의 요령도 피울 줄 모른다. 글도 그림의 한 형태로만 본다. 농장에서 일어나는 모든 일이 그저 동물들을 위한 일들이라고만 생각한다. 잠시도 쉬지 않고 일을 한다.

주 5일 근무가 이제는 익숙하다. 공공기관과 학교가 토요일 쉬면서 주말에 가족들과 할 수 있는 것들도 많아졌다. 처음 취업을 하고 나서 하루 근무가 몇 시간을 하는 것이 정상적인지 알 수 없었다. 새벽 찬바람을 맞으며 퇴근해도 그날 아침 9시까지 출근을 해야 했다. 개인적인 일보다 항상 업무가 우선인 것은 당연하다 생각했다. 요즘 대학생들에게 좋은 직장의 기준 중 무엇보다 중요한 고려사항이 있다. 회사를 선택할 때 야근 없고 주말 보장이 되는지 확인 후 이력서를 넣는다.

'복서'는 언덕 위로 풍차를 만들기 위한 돌들을 쉬지 않고 나른다. 인간으로부터 '동물농장'을 지키기 위해 누구보다 열심히 몸을 던진다. 은퇴 후 안정적으로 쉴 수 있다는 것에 대한 희망이 있다. 은퇴하게 되었을 때 쉬는 것에 대한 미안함일까. 쓰러져서 일어날 수 없을 때까지 농장의 희망인 풍차를 만들기 위해 돌을 날랐다. 일어나지 못하는 성실한 일꾼 '복서'는 농장에 도움이 되지 않는다. 그동안 성과에 대해 농장의 지도자는 중요하게 생각하지 않는다. 다른 동물들의 여론만 생각할 뿐 '복서'란 이름은 점점 기억에서 사라지게 만들어 버린다.

조직에서 한 사람이 할 수 있는 건 분명 한계가 있다. 능력치를 벗어나 일을 할 때 조직에서 당장은 인정받을 수도 있다. 그런 상황이 지속 불가능하다면 가까운 미래에 분명히 스스로 지치게 된다. 회사를 맨 위에 두고 충성하지 마라. 가정이 평온하고 몸과 마음의 안정이 그 무엇보다 중요하다. 집중을 통한 일의 효율은 자기 관리에서 시작된다. 하루 동안 사용할 수 있는 시간은 모두가 같다. 어릴 적 방학이 시작될 때 생활 계획표를 만들면서 즐거워했던 기억이 난다. 명절 연휴가 시작되면 TV 편성표를 보면서 계획을 세운다. 그렇게 시간을 나누는 것은 너무 즐거웠다.

- '복서'형 인간 : 누구보다 성실하게 일을 한다. 요령도 효율을 위한 것임을 알았다면.

'스퀼러'형 인간

조직에서 상급자의 의견에 쉽게 반대하는 이가 있을까. 오래전에 모 증권사 광고에 모두가 'YES'라고 할 때 'NO', 'NO'라고 할 때 'YES'라고 하면서 소신 있게 자기 의견을 주장하는 장면이 기억난다. 확률적으로 비밀 투표를 한다면 다수의 의견이 가운데에 위치할 것이다. 경직된 조직에서는 다수가 아닌 상급자의 주장에 그냥 따라야 하는 경우가 많다. 그런 경우 결과의 책임 또한 당연히 상급자의 몫이어야 한다.

'동물농장'에서 '스노볼'과 '나폴레옹'을 제외하고는 대부분 식용 돼지로 키워졌다. 그 가운데 언변으로 거짓도 참으로 만들 수 있는 돼지가 '스퀼러'였다. 지도자가 그릇된 행동을 하더라도 그는 고민하지 않는다. 정의(正義)가 없는 충성심은 농장의 모든 동물이 지도

자의 행동에 잠시라도 의구심을 가지지 못하게 만들어 버린다. 지도자는 그에게 조금씩 당근만 준다면 주인을 절대 배신하지 않는다는 것을 알고 있다.

　무어의 법칙[3]도 초월하는 시대를 살고 있다. 조직에서 직무를 만들어 주기를 기다려선 안 된다. 단순 반복되는 일들은 지능을 가진 컴퓨터가 대처할 수 있다. 조직에서 업무 또한 고민하지 않고 주어진 일만 한다는 것은 스스로 도태를 선택한 것이다. 직무를 새로 만들라는 것이 아니다. 아무나가 할 수 없는 영역을 만들어나가야 한다. 이제는 'YES OR NO'의 소신 있는 답변이 아닌 반대로 조직을 향해 질문을 던져야 하지 않을까.

　'스퀼러'는 동물들이 무슨 이야기를 하고 있는지 귀를 쫑긋 세우고 어슬렁어슬렁 걸어 다닌다. 지도자의 옆에서 태연하게 거짓 웃음을 짓는다. 농장의 규칙이 바뀌는 이유에 대한 타당성을 거짓으로 만들어 설명하기에도 시간이 부족하다. 농장은 점점 특정 계층을 위한 장소가 되어 간다. 어느 화창한 날 '스퀼러'는 가장 앞장서서 두 발로 걷는다. 마지막으로 지도자가 안전하게 그 길을 우아하게 걸어갈 수 있도록.

　현명한 조직의 리더는 충복이 필요한 것이 아니다. 리더이기 때문에 문제가 발생할 때 항상 완벽한 해결 방법을 제시할 수 있는가? 그

---

[3] 인터넷 경제의 3원칙 가운데 하나로, 마이크로칩의 밀도가 24개월마다 2배로 늘어난다는 법칙.

렇게 믿는 순간 리더는 혼자가 되고, 사고(思考)하지 않는 충복만 주위에 남아 있게 된다. 조직의 모든 책임은 리더의 몫이다. 전체를 볼 줄 모르는 충복은 바로 앞의 문제에만 집중하면 된다. 그냥 리더가 바라는 대로 움직이는 척하면 된다. 조직의 미래는 리더 혼자 판단으로 만들 수 없다. 무거운 짐을 나누어 들어줄 동반자가 필요하다.

- '스퀄러'형 인간 : 누구보다 설득력 있게 말을 한다. 정의를 이해하고 올바른 행동으로 이어졌다면.

'벤자민'형 인간

갑자기 고객으로부터 급한 전화가 왔다. 장비 장애로 인해 빠른 조치가 필요한 상황이다. 담당자는 어찌할 바를 모르고 식은땀을 흘린다. 바로 옆 타 부서 이사는 열심히 컴퓨터를 파고 있다. 지나가는 타 부서 선임이 걱정스럽게 무슨 일인지 알려달라고 한다.

"아! 그 문제 전에 들어봤는데, 이사님! 얼마 전 일어났던 문제인 것 같은데요?"

그제야 컴퓨터 모니터에서 눈을 돌린 후, 멀뚱멀뚱 바로 옆 신입 사원을 한참 쳐다본다.

'동물농장'에서 가장 나이가 많은 당나귀가 '벤자민'이다. 농장에서 일어난 일들과 앞으로 일어날 일들을 모두 알고 있는 것처럼 얼굴은 평온하다. 사건이 일어나면 모든 것을 알고 있다는 듯 고개를 끄덕인다. 사심 없이 열심히 일하는 동물에 대해서만 존경스러운 눈빛으로 바라본다. 억울한 일을 더 당하지 않기 위해서 모든 것을 내려놓고 사는 것 같다. 적당한 걸음걸이로 너무 처지지 않는 속도로만 걸어간다.

경영자는 회사가 가장 효율적으로 돌아갈 수 있는 조직 구성을 완성해야 한다. 창업 기업이 어느 정도 규모가 되었을 때 조직을 재편해야 하는 시기가 도래한다. 변화에 적응하지 못하는 구성원들도 역량을 발휘할 수 있는 조직을 만들어야 한다. 그 과정에서 가장 힘든 것이 자기 일만 하고, 변화를 두려워하는 사람을 설득해 나가는 과정이다. 경영자는 도전을 두려워하는 이들에게 변화하는 조직에서 적응할 수 있게 충분한 시간을 주어야 한다. 하지만 점점 더 심해지는 경쟁 속에서 발생하는 결과에 대한 책임에 대해서도 명확하게 제시해야 한다.

'벤자민'의 연륜과 깊이를 제대로 아는 동물들이 과연 있을까. 메이저의 연설을 듣고 이미 앞으로 '동물농장'의 미래를 보았을까. 리더가 던진 말은 스스로 책임져야 한다는 부담감이 동반한다. '벤자민'은 알고 있는 것을 말할 수가 없었다. 이성적으로 생각하고 또 생각해도 가시밭길이라는 것을 안 것이다. 마지막으로 그는 누군가를 위해서 온 힘을 다해 뛰어갔다. 해도 해도 너무한 거잖아! 다들 왜 가만히 보고만 있냐고! 그렇게 '복서'를 보냈다.

초변화의 시기에 조직에서 자기에게 주어진 일만 한다는 것은 중첩되는 일들이 발생할 가능성이 더 커진다. 생산시스템에서 낭비 요소를 줄이기 위해 적용되는[4] '린 방식(lean system)'을 한번 생각해 보자. 조직 내에서도 부서 간 업무 이해도를 높이면 상호 중첩되는 일들을 줄여나갈 수 있다. 모든 공통분모를 한꺼번에 제거하라는 것이 아니다. 사람은 태어나서 서서히 어른이 되어 간다. 몸의 완성은 오랜 시간 성장의 과정에서 여러 환경을 겪으면서 이루어진다. 그때가 오면 하드웨어를 잘 유지하고 소프트웨어를 잘 개발해야 한다. 조직도 이렇게 인간이 변화하는 환경에 적응해 나가듯이 성장해 나가야 한다.

- '벤자민'형 인간 : 누구보다 많은 경험을 했다. 그 정보를 모두와 공유했더라면.

6. 조직 즉 경영(組織 卽 經營, Organization is Management)

지금까지 '동물농장'의 다양한 유형의 동물들의 역량 분석을 해 보았다. 경영자는 조직을 구성할 때 어떤 직무에 누구를 투입하는 것이 효율적인지는 관리자 관점에서 많은 고민을 하게 된다. 구성원들의 역량을 제대로 파악하지 않고 조직을 구성했다고 상상해 보자. 업무 숙련도가 낮은 구성원들로만 이루어진 조직과 다를 것이 없다. 사회 초년생들만 있다 하더라도 역량을 잘 발휘할 수 있는 조직이라면 빠른 속도로 조직은 성장하게 된다.

---

4) 생산시스템에서 필요 없는 모든 낭비 요소를 없애기 위해 실천하는 시스템. bottom-up으로 실천하면서 JIT, kanban, 소량생산 등의 기법을 사용하는 것.

첫 단추를 잘 끼웠다고 조직이 저절로 성장하지는 않는다. 경영자는 조직 안에서 일어나는 여러 양상의 갈등과 문제에 대해서 정확한 인식이 필요하다. 빠른 내부 문제 해결을 통해 외부 경쟁에 더 집중할 수 있게 해야 한다. 조직 안에 있는 사람들이 하는 행동의 원인에 대해서 늘 고민하고, 분석해서 대안을 제시해야 한다. 고여 있는 물은 언젠가는 썩고 만다. 조직 또한 성장하지 못한다면 경쟁에서 도태(淘汰)되어 언젠가는 사라진다.

'나폴레옹'은 경쟁자 '스노볼'과의 경쟁에서 이겼다. '나폴레옹'은 '동물농장'이란 회사의 대표이사가 되었다. 조직 구성은 능력 위주가 아닌 최측근 위주로 요직에 발령을 낸다. 회사는 노동집약적 산업으로 수익을 낸다. 풍차 건설이라는 신사업을 위해 근로자들의 업무는 점점 가중된다. 회사의 재무와 회계는 투명하지가 않다. 신사업은 실패하고 경쟁 회사보다 시장 점유율도 떨어지게 된다. 주식 가치가 반 토막이 되었는데도 경영진 그 누구도 책임을 지지 않는다. 사업을 주도했던 임원들의 도덕적 해이(Moral Hazard)[5]가 어려운 환경에서 더 심각해지고 있다. 사업 실패의 모든 책임은 근로자의 몫으로 돌려버린다. '나폴레옹' 대표이사는 권한만 있고 책임에 대해서는 아무 생각이 없다. 이런 '동물농장'이라는 주식회사의 미래는 어떻게 될까?

---

[5] 감추어진 행동이 문제가 되는 상황에서 정보를 가진 측이 정보를 가지지 못한 측의 이익에 반하는 행동을 취하는 경향.

회사의 주인이 있다면 과연 누구인지 생각해 본 적이 있는가?

"No Free Lunch"(공짜 점심은 없다.)

'경영학 원론' 첫 시간에 교수님이 칠판에 크게 적었다. 여러 의미가 있겠지만 경영자도 이 말의 의미를 잊지 말아야 한다. 처음 설립할 때 모든 위험을 안고 사업을 시작한 건 인정해야 한다. 회사의 성장에 대한 적절한 보상에 대해 누구도 이견은 없을 것이다. 단, 시간이 흘러 역할이 점점 줄어든다면, 그 크기만큼 분배에 대한 현실적인 고민을 해야 한다. 조직의 성장을 위한 경영자의 결단이 필요한 시기를 절대 놓치지 말아야 한다.

사업 확장 또한 경영자 독단적으로 결정하는 것이 아니다. 설령 미래를 위해 신사업을 준비하는 자세는 스타트업(Start-up)[6]의 정신으로 계획 수립과 실행을 해야 한다. 투자가 기존 사업에 끼치는 영향을 최소화할 수 있도록 추진해야 한다. 특히 산업군이 다른 사업에 대한 투자는 추후 스핀오프(Spinoff)[7]를 염두에 두고 조직을 구성해야 한다. 회사의 성장 또한 영원히 우상향으로 갈 수는 없다. 이때 경영자가 선택할 수 있는 최선은 신사업의 성공적인 시장 진입을 통한 새로운 분야의 경영자를 내부에서 배출해 내는 것이다.

안정권에 진입한 회사의 경영자가 또 다른 경영인을 배출할 수

---

6) 설립한 지 오래되지 않은 신생 벤처기업을 뜻하며 미국 실리콘밸리에서 생겨난 용어.
7) 기업의 경쟁력을 강화하기 위해 다각화된 기업이 한 사업을 독립적인 주체로 만드는, 회사분할을 뜻하는 용어.

있는 환경을 만드는 데 가장 많은 시간과 자본을 투자한다면, 모든 조직 내 사람들이 오늘보다 내일 조금은 나은 미래를 볼 수 있을 것이다.

7. 나는 왜 경영하는가? (Why I Manage?)

2013년 어느 가을날, 회사를 설립한 지 10년이 다 되어가고 있다. 두 명이 시작한 회사는 인원도 많이 늘었고, 매출도 첫해보다 10배 이상 늘어났다. 출장지에서 돌아오는 열차 안에서 아무 이유 없이 '경영대학원'을 검색했다. 경북대학교 경영대학원 원서 접수가 내일까지이다. 늦은 저녁 복귀한 사무실에서 조용히 입학 원서를 작성한다. 왜? 한동안 내가 사는 세상에는 일밖에 없었다. 뭐라도 나를 위한 세상을 가지고 싶었다. 그냥 지금과 다른 세상이 절실한 하루였다.

요즘 대학원 원서 접수는 온라인에서만 가능하다. 서류는 준비를 다 했으나 제출조차 하지 못했다. 열차 안에서 본 모집 요강은 전년도 것이었고, 어제 접수 마감을 했다고 한다. 내년에도 이 상황이 다시 연출될까. 2015년 3월, 사회에 첫발을 딛고 처음으로 다시 학교생활을 하게 되었다. 지금까지 눈 떠 있는 시간에는 일, 제품, 자금, 채널, 인원 등 업무와 관계된 고민으로 에너지를 소모했다. 즐거운 고민을 하게 되었다. '일주일에 최소 이틀은 저녁 7시에 여기 와야 하는데.'

저녁에 학교에 있다는 것 자체가 너무 좋았다. 경영대학원에서 배우는 모든 것들이 지금 회사를 경영하는 데 많은 도움이 된다. 회계, 세무, 인사, 정보, 전략, 마케팅, 재무 등 다양한 분야를 들을 수 있었고, 각 분야에서 회사에 적용할 무언가를 찾는 과정이 너무나 즐거웠다. 전공 필수 과목 중에서 경영전략 수업을 가장 마지막에 듣게 되었다. 수업 첫 시간에 받은 과제를 읽고, 그날 저녁 왜 나의 경영이 필요한지에 대해 고민하게 되었던 것 같다.

10년 뒤 미래에 희망하는 삶을 살기 위해서 전략도 세워야 했고, 아직 오지 않은 현실을 상상하면서 전술도 한 자 한 자 적어야 했다. 회사의 성장을 위해서 목숨 걸고 일하는 것이 맞는가. 모든 우선순위를 가정의 평화를 위해서 생활하는 것이 옳은가. 세상의 중심은 나니까 어떤 일이든 이기적인 결정을 내려야 하나. 모두 맞을 수도 있고, 모두가 아닐 수도 있다. 어린아이는 어린아이다워야 한다. 학생은 학생다워야 한다. 어른은 어른다워야 한다. 그럼 지금의 나는?

시간이 흘러가면서 모든 사람은 필연적으로 그 위치가 변한다. 누군가의 아들로 태어나서, 누군가를 동반자로 맞이하고, 누군가의 아버지가 된다. 직장 생활을 시작하면서 누군가에게 배우기만 하다가 어느 순간 누군가를 관리하고 가르쳐야 한다. '나는 왜 경영하는가.' 아들로서, 남편으로서, 아버지로서, 직장 초년병으로서, 직장 상사로서 그 위치에 맞는 역할 수행을 잘해야 한다. 누군가 다가와서 "너의 미래 목표가 뭐지?"라고 물어본다면, "무엇을 해야 할지 구체적으로 설명할 자신은 없다. 하지만, 미래의 그 시간마다 그 나이에 맞는 일을 하고 있다면 정말 행복할 것 같긴 해."라고 답할 것이다. 다가올 미래 한 지점에 멈추고 생각해 봤을 때, '아! 내 나이에 이런 일을 하고 있다니. 너무 행복해!'라고 미소 지을 수 있기 위해 '나의 경영'에 대해서 고민해야 한다.

'너는 왜 경영하는가?'
'나의 경영을 잘하기 위해서이다.'
'나의 경영을 잘하는 사람은 나의 역량을 잘 아는 사람이다.'
'나의 역량을 잘 아는 사람은 사용 가능 능력치를 잘 나누어서 사용할 줄 알 것이다.'

나의 역량을 잘 나누어 사용하기 위해 어제도 오늘도 내일도 고민한다. 어떻게?
'나는 왜 경영하는가?'

#1. 에필로그 (Epilogue) : 스노볼의 농장

　아침 햇살에 무겁게 눈을 뜬다. 한쪽 다리의 근육이 많이 뭉쳐서 일어나기가 힘이 든다. '정말 황당하네. 미쳐 날뛰는 개들은 나를 죽일 듯이 달려들고, 미끄러지듯 겨우 울타리를 벗어나는 꿈이라니.' '그런데 주위가 왜 이렇게 낯설지? 여기는 우리 농장이 아닌 것 같은데. 도대체 어디지? 어제 일이 악몽이 아니란 말이야! 정말. 나에게 왜? 무엇 때문에? 내가 뭘 잘못했지?
　꿈이라고 믿었던 일이 현실이었다는 것을 자각했을 때, 내 몸을 감싼 모든 햇살은 검은색으로 변해 버렸다. 누구보다 동물농장을 위해서 최선을 다해서 노력했다. '풍차 건설 프로젝트'는 모든 동물의 미래를 위해 꼭 성공시켜야 했고, 준비도 완벽했다. '나폴레옹, 내가 미래에 대해서 고민하는 동안 너는 다른 준비를 하고 있었구나! 내가 어리석었어. 시간을 다시 돌릴 수만 있다면.' 한동안 멍하니 아무것도 할 수가 없었다. 지붕이 없는 무너져가는 헛간 한가운데 서 있는 나에게 하늘은 존재하지 않았다.
　얼마나 시간이 흘렀는지 알 수가 없었다. 영혼은 내 몸 밖 주위를 맴돌고 있고, 껍데기만 남은 돼지는 꼬르륵꼬르륵 소리만 내고 있다. 검게 변한 햇살 사이로 붉은 눈동자가 희미하게 보인다. 순간 머리 저 깊은 곳에서 100만 볼트 전기가 빛으로 눈 뒤쪽을 때린다.
　'지금 내가 뭐 하고 있는 거야?' '얼마 전까지 나는 그냥 돼지였다. 새로운 꿈을 꾸기 시작하면서 세상이 아름답게 보였다. 지금 비록

혼자 남겨졌지만, 다시 이전으로 돌아가긴 싫어! 꿈을 꿀 수 있는 나를 포기하진 말자!'

　인간이 주인이었던 농장이 모든 동물이 함께 운영하게 된 지 얼마 되지 않았다. 농장의 미래를 열심히 준비한 스노볼은 나폴레옹 세력들로 인해 모든 것을 잃게 되었다. 지금 가장 힘든 것은 꿈꿔온 미래가 눈앞에서 사라질지도 모른다는 두려움이다. 스노볼은 그 어떤 것도 포기할 수가 없었다. 〈동물주의〉의 이상을 이루기 위해 할 수 있는 일이 무엇인지 고민을 했다. 그것은 새로운 동물들의 농장을 만드는 것이었다.

　동물농장에서 멀지 않은 곳에 몇 년 전에 전염병으로 오염된 황폐한 땅이 있었다. 그곳은 두려움의 장소였고 그 누구도 가려고 하지 않은 땅이었다. 스노볼은 어차피 더 잃을 것도 없다고 생각했다. 어쩌면 다시 돌아오지 못할지도 모른다는 것도 잘 알고 있었다. 그는 지옥의 불길로 들어가는 심정으로 그곳으로 발길을 돌렸다. 스노볼은 숨만 쉴 수만 있다면 그곳에 다시 동물들을 위한 농장을 만들고 싶었다.

　외롭고 힘든 시간을 보내긴 했지만, 오염되었다고 생각했던 그곳은 지옥도 천국도 아니었다. 오랜 시간 동안 아무도 오지 않았기 때문일까? 그냥 나무만 빼곡하게 있는 산의 모습을 한 평평하고 광활한 대지였다. 바닥에 있는 나무와 건초를 모아서 우선 따뜻하게 쉴 수 있는 공간을 만들었다. 울타리를 만드는 것은 생각보다 쉬웠다.

주인이 없는 황무지에 나무가 빼곡하게 꽉 차 있었고, 가장자리부터 나무를 베기만 하면 자연 울타리는 만들어졌다. 공간이 부족하면 나무를 더 베기만 하면 되었다.

가장 걱정했던 식량 문제도 너무 쉽게 해결이 되었다. 운이 좋게도 나무뿌리 부근 습한 곳은 풍족한 식량 창고였다. 식용 버섯들이 종류별로 바닥을 가득 덮고 있었다. 가끔 보이는 딸기와 앵두, 그리고 이름 모를 열매들은 혼자 먹기에 부족함이 없었다. 시간이 지날수록 울타리 안 농장은 자연이 만들어 준 보물들로 점점 가득 찼다.

도대체 낮과 밤이 얼마나 바뀌었을까? 시간 가는 줄 모르고 앞만 보고 달려왔다. 어느 순간 입구에 '스노볼의 농장'이라고 깃발을 걸 수 있을 정도의 농장이 되었다. 누가 뭐래도 정말 열심히 살았다. 그가 만든 생활 터전은 비록 작은 공간이지만, 전혀 부족함이 없는 유토피아였다. 깃발이 펄럭이고 난 후, 언제부턴가 스노볼의 농장에 동물들이 하나둘씩 모이기 시작했다. 오리, 닭, 당나귀, 양, 염소……이런! 공간이 점점 좁아지기 시작했다. 나무는 점점 베어져 나가고 정말 한 겹의 울타리만 남은 큰 농장이 되는데 그리 오랜 시간이 걸리진 않았다.

동물들이 모이기 전 농장에 옛 친구(?) 까마귀 모지즈가 자주 와서 쉬곤 했다. 그리고 인사도 없이 다시 동물농장으로 돌아갔다. 가끔 농장에 올 때면, 말이 많은 집 까마귀는 동물농장 돌아가는 상황을 자세히 이야기해 주었다. 그의 소식을 듣고 있으면 마치 아직도 그

농장 안에 있는 듯 착각을 불러 일으켰다. 동물농장은 결국 독재자 나폴레옹의 농장이 되었다고 한다. 그리고 돼지들은 언제부턴가 두 발로 걷기 시작했고, 네발로 걷는 동물들의 주인이 되었다고 한다. 풍차 프로젝트의 실패와 복서의 죽음, 노동 착취 등의 이야기를 듣고 있자니 피가 거꾸로 솟구쳐 올라가는 것 같았다.

"모지즈, 이 농장에서 '잉글랜드의 짐승들'을 같이 노래하고 싶은 동물들은 언제든 환영이라고 말해줘. 또 다른 인간, 독재자 나폴레옹과 두 발로 걷는 돼지들로부터 해방을 위해."

동물농장의 동물들은 처음 돼지들이 두 발로 걷고, 인간들과 친구가 되어 가는 동안에도 그 울타리를 벗어나려 하지 않았다. 농장 밖 세상이 더 무서운 곳이라고 믿고 있었기 때문이다. 어릴 때부터 그렇게 교육을 받고 자란 동물들에게 울타리 밖은 무섭고 두려운 그런 대상이었다. 다들 내 가족만 고통스럽지 않으면 된다는 생각으로 하루하루를 살아가고 있었다. 모지즈는 스노볼의 농장 이야기를 동물들에게 조심스럽게 이야기해 보지만 모두 아무런 반응이 없었다.

동물농장의 가장 어른인 늙은 당나귀 벤자민, 농장에서 그를 아무도 존경하지 않았다. 그는 늘 말이 없었고, 옆에서 어떤 일이 일어나든 무심하게 하늘만 보고 있었다. 그랬던 그가 언제부턴가 아주 오래전 이야기를 들려주었다. 그렇게 시작된 이야기들이 어쩌면 우리 농장의 이야기일지도 모른다고 생각하는 동물들이 점점 많아지게 되었다. 감추어진 어둠의 진실이 하나둘씩 밝혀지기 시작했다. 더 이상 손으로 하늘을 가릴 수 없게 되었을 때, 마지막 눈을 감기 전 벤자민은 마지막 남은 힘을 다해서 노래를 들려주었다.

잉글랜드의 짐승들이여, 아일랜드의 짐승들이여,
온 세계 방방곡곡의 짐승들이여,
내 기쁜 소식에 귀 기울이라
황금빛 미래를 알리는 이 기쁜 소식에,
곧 그날이 오리,
독재자 나폴레옹과 두 발로 걷는 돼지들은 쫓겨나고
잉글랜드의 기름진 들판이
짐승들의 것으로 돌아오는 그날이,

우리들의 코에서 코뚜레가 사라지고
우리들의 등짝에서 멍에가 사라지고
재갈과 박차는 영원히 녹슬고
잔혹한 회초리도 없어지리라.

상상조차 못 할 부유함
밀과 보리, 귀리와 건초,
클로버와 콩과 사탕무가
모두 우리 것이네, 그날이 오면.

영국의 들판들과 밝게 빛나고

강과 시내는 더 맑아지고

바람은 달콤하게 불어오리라

우리가 해방되는 바로 그날에.

그날을 위해 우리 일하세,

그날이 오기 전에 우리 죽을지라도

암소와 말, 거위와 칠면조,

모두 자유를 위해 일해야 하네.

잉글랜드의 짐승들이여, 아일랜드의 짐승들이여,

세계 방방곡곡의 짐승들이여,

내 말을 들으라, 그리고 전파하라,

미래에 올 그 황금의 날 소식을.

'잉글랜드의 짐승들'이란 노래는 인간이 아닌 두 발로 걷는 돼지로부터 해방을 갈구하는 노래가 되었다. 이제 동물들은 울타리 밖 세상이 어쩌면 여기보다 조금은 더 나은 곳일지도 모른다는 생각을 하게 되었다. 풍차 프로젝트 실패도, 농장에서 일어난 모든 잘못도 과거에 스노볼이란 돼지가 한 행동이라 믿었다. 그런데 그 누구도 직접 확인한 이는 없었다. 어느 날 동물들은 모지즈가 있는 곳으로 달려가서 물었다.

"이제 네 말을 한 번 믿어보려 한다. 스노볼의 농장의 진실을 알고 싶어졌어. 그곳이 벤자민이 말했던 처음 꿈꿔왔던 우리들의 농장일까?"

집 까마귀 모지즈, 사실 얼마 전부터 날개를 움직일 수가 없었다. 앙상해진 몰골로 겨우 헛간 창틀에 기대어 앉아만 있었다. 늙은 까마귀는 말할 힘도 없는지 고개만 아래위로 끄덕였다. 그리고 나지막한 목소리로 이야기를 했다.

"스노볼의 농장으로 가! 그리고 그와 같이 동물들을 위한 농장을 만들어. 그곳에서 오래전 꿈꾸었던 그날을 다시 찾아야 해."

앙상해진 집 까마귀는 '잉글랜드의 짐승들'을 읊조리면서 슬픈 눈으로 노을 진 하늘을 바라보았다.

하늘이 검은 구름으로 가득 차 온종일 밤이 되어 버린 날, 독재자 나폴레옹의 농장에서 이상한 일이 발생했다. 농장 여기저기에 쟁기들이 버려지기 시작했다. 두 발로 걷는 돼지들은 어두운 집 밖에 잘 나오지 않았다. 말이 많은 스퀄러가 밖으로 걸어 나왔을 땐 이미 동물농장에는 동물들의 그림자도 볼 수 없었다. 아니, 눈을 다시 뜰 수 없는 벤자민과 창틀에 겨우 기대어 앉아 있는 모지즈만 있을 뿐이었다. 놀란 스퀄러는 집 안으로 들어가서 나폴레옹에게 농장 상황을 보고했다.

너무 뚱뚱해서 걷기도 힘든 몸을 이끌고 밖으로 나온 나폴레옹, 태양 빛을 오랜만에 보는 것일까? 눈조차 제대로 뜨지 못하는 독재자의 모습이 서글프기만 하다. 그는 농장을 지키는 미친개들은 지금 어디에 있는지 찾아보라고 소리쳤다. 도대체 농장의 일꾼들은 다 어디로 사라진 걸까? 두 발로 걷는 돼지들이 삼삼오오 모여서 웅성웅성했다. 헛간 옆 어디선가 나지막하게 낑낑거리는 소리가 들렸다. 급하게 판 흔적이 있는 엉성한 구덩이 같은 것이 보였다. 눈을 뜨고 볼 수가 없었다. 죽창에 찔려 죽은 수십 마리의 감시견들이 그 속에 쌓여 있었다. 몇몇 개들의 영혼 없는 움직임만 있을 뿐.

창틀 사이로 갑자기 시커먼 무언가가 바닥에 떨어졌다. 앙상하게 뼈만 남아 있는 모지즈였다. 마지막 힘겹게 쥐어짜 낸 목소리로 나폴레옹이라고 크게 불렀다. 인간의 모습을 한 돼지들 사이를 헤치고 나폴레옹이 바닥 아래로 유심히 내려다보았다.

"나폴레옹! 스노볼은 살아있다. 그리고 정말 동물들을 위한 농장을 위한 준비가 다 되어 가고 있다. 여기는 처음의 동물농장이 아니야! 다시 인간들의 농장이 되어 버렸지. 너희 모두는 다시 인간의 지배를 받는 동물로 돌아가겠지! 모습의 변화에서 진정한 자유를 찾는 것이 아닌데 말이야. 나폴레옹, 불쌍한 기름진 돼지."

모지즈는 점점 작아지는 목소리로 '잉글랜드의 짐승들'을 노래했다. 노래가 끝나기 전에 까마귀의 부리는 흙 속에 박히고 말았다.

동물농장에서 절대 권력자인 나폴레옹의 마지막은 너무나 처참한 최후를 맞이하게 되었다. 동물들이 사라진 동물농장에 이전 주인인 존즈 씨와 그의 일행들이 들이닥쳤다. 이전에 인간들의 공격에서는 몸을 사리지 않는 용감한 돼지 스노볼, 그 존재만으로도 위압감을 준 힘이 장사인 말 복스 그리고 모든 동물이 일심동체가 되어 농장을 지켰었다. 두 발로 걷기는 하지만, 제대로 돼지가 되어버린 나폴레옹과 그 무리는 아무것도 할 수가 없었다. 그냥 들이닥치는 인간들을 멀뚱멀뚱 바라보는 게 그들이 할 수 있는 전부였다.

동물농장이었던 입구에는 다시 메이너 농장이라고 큰 깃발이 올라갔고, 새로운 동물들로 하나둘 채워지기 시작했다. 그리고 여기저기 끙끙 앓는 소리와 동물들의 울음소리만 가득할 뿐. 나폴레옹과 인간이 되려 했던 돼지들은 다시 네발로 걷기 시작했다. 원래 식용 돼지로 키워진 돼지들이 하나둘씩 마차에 올라타고 어디론가 사라졌다. 그 옛날 아픈 말 복서를 데려갔던 도축업이라 적혀 있던 마차를 타고. 나폴레옹의 오른팔이었던 스퀼러가 마차에 타기까지 그리 오랜 시간이 걸리지 않았다. 버커서 수퇘지 나폴레옹은 마차를 탈 수가 없었다. 존즈 일행은 도끼로 나폴레옹의 머리를 쳐서 피를 뽑고, 펄펄 끓는 뜨거운 물속으로 던져 버렸다. 그리고 몇 날 동안 새로운 농장주들의 밥상에 돼지고기가 반찬으로 늘 올랐다. 한때는 독재자였던, 인간의 되고 싶었던 돼지 나폴레옹, 결국 인간의 일부가 되고 만 것이었다.

스노볼의 농장은 결국 진정한 동물농장이 되었다. 이전 동물농장보다 훨씬 규모가 큰 농장이었다. 입구의 오른쪽에는 거대한 깃발이 올라갔다. 100미터 밖에서도 보일 정도로 큰 글씨로 동물농장이라고 적혀 있었다. 그리고 얼마 뒤 왼쪽에도 큰 깃발이 올라갔다. 그곳에는 예전 동물농장 헛간 벽에 적혀 있던 일곱 계명이 적혀 있었다.

1. 무엇이든 두 발로 걷는 것은 적이다.
2. 무엇이건 네발로 걷거나 날개를 가진 것은 친구이다.
3. 어떤 동물도 옷을 입어서는 안 된다.
4. 어떤 동물도 침대에서 자서는 안 된다.
5. 어떤 동물도 술을 마시면 안 된다.
6. 어떤 동물도 다른 동물을 죽여선 안 된다.
7. 모든 동물은 평등하다.

두 깃발이 펄럭이던 그날, 모든 동물은 목이 터질 정도로 '잉글랜드의 짐승들'을 노래 불렀다. 무슨 이유에서인지 이렇게 기쁜 날 모두 하늘을 보고 눈물을 훔치고 있었다.

스노볼의 농장은 어느새 기름진 땅이 되었고, 모두가 행복하게 살아갈 수 있는 공간이 되었다. 동물농장에서는 모두가 정해진 시간 동안 일을 했다. 같은 시간 일을 한다고 같은 성과를 내는 것은 아니다. 동물농장 안에서 빈(貧)이 아닌 부(富)의 격차는 있을 수 있다. 하지만 서로의 일에 대한 존중이 늘 함께했다. 가끔은 서로 하는 일을 도와주면서 다른 동물이 하는 일들도 자연스럽게 이해하게 된다. 스노볼은 경험하고 습득된 지식을 잘 정리해서 동물농장의 규칙을 하나하나 기록하여 완성해 나갔다. 단, 발표하기 전 오랜 시간 동안 다른 동물들과 많은 대화를 하곤 했다. 그때마다 하는 이야기가 있었다.

"내 생각이 다 맞는 것이 아니라는 것을 알고 들었으면 좋겠어. 많은 고민도 하고 공부도 하고 제안하지만 완벽하지도 않고, 오류도 많으니 좋은 의견 있으면 스스럼없이 이야기해 줬으면 해."

이전 동물농장에서 약속했던 것들이 여기 새로운 보금자리에서 하나하나 이루어졌다. 풍차는 너무 쉽게 만들어졌다. 이제 농장은 노동량으로 생산량이 결정되는 것이 아니다. 자동화를 통해서 생긴 잉여노동은 동물들에게 여가로 공평하게 돌아갔다. 점점 산업이 기술적으로 발전하면서 은퇴 시기도 점점 빨라졌다. 하지만 이 시기가 오면 다들 행복해한다. 새로운 공간에서 공동을 위한 일이 아닌 각자가 정말 하고 싶었던 일을 할 수 있는 기회가 제공되었다. 어떤 이는 어린 동물들을 대가 없이 가르치기도 하고, 어떤 동물은 자청해서 청소도 했다. 정말 행복한 미소를 지을 수 있는 그런 일들 말이다.

모든 규칙은 주기적인 모임을 통해 만들어진다. 각각 동물의 대표들은 매주 모여 현재 돌아가는 상황에 대해 회의를 한다. 그리고 대표자 회의를 통해서 1년에 한 번은 동물마다 나이의 기준을 정해서 각 건강 상태에 맞는 일들을 추천하기도 한다. 그런데 재미있는 사실은 동물 대표들은 1년이 지나면 제발 다른 동물이 해 달라고 통사정을 한다. 봉사하는 자리인 만큼 단지 존경만 있을 뿐 다른 특혜는 아무것도 없기 때문이다. 심지어 농장의 주인일지도 모르는 스노볼 또한 제발 다른 분이 이제 자기의 모든 일을 가져가 주었으면 한다는 말을 달고 다닌다. 그러나 그 누구도 그 자리에 쉽게 손을 들지 않는다. 너무나 힘든 자리인 것을 알기 때문에. 그래서 농장의 모든 동물은 그를 보면 이렇게 인사한다.

"안녕! 나의 천사 스노볼. 당신을 사랑하고 존경합니다. 동물들의 유토피아 속에 나를 인도해줘서."

주위에 다른 농장 소식도 가끔 들리곤 한다. 어떤 농장은 얼마 전까지 너무 풍족한 환경이었다. 하지만 필요한 것만 취하는 것이 아니라 남보다 더 있어야 한다는 경쟁이 목표가 되었다고 한다. 그 농장에서는 아무도 일을 하지 않게 되었고, 모두가 하향 평준화된 가난한 삶을 살고 있다는 이야기를 들었다. 또 다른 농장은 나폴레옹과 같은 독재자가 경영하고 있다고 한다. 누구도 그 안에서 일어나는 일을 아무도 모른다는 것이다. 최근에 그 농장 안에서 연기만 자욱했다고 한다. 소문에는 또 다른 독재자가 농장의 주인이 되었다는 후문은 있었다.

농장과 농장 사이에 싸움도 자주 있다고 한다. 이런 농장들은 생산성 있는 일보다 싸움에서 이기기 위해서 세금을 많이 걷는다고 한다. 내부에서 생각이 다른 이들 사이에서 싸움이 발생한 농장은 세금이 투명하지 않게 사용되어 진다고 한다. 이런 농장들의 특징은 일을 아무리 열심히 해도 행복감을 느끼는 이들이 없다는 것이다. 누구를 위해 종을 울릴까? 그냥 의미 없는 시끄러운 소리만 농장 안에 가득하다고 한다.

스노볼의 농장 아니 이제 진정한 〈동물주의〉를 완성해 나가는 동물농장이 되었다. 모든 동물은 평등한 삶을 살 수 있게 되었고, 그 누구도 다른 동물이 하는 일을 하찮게 보는 이는 없으며, 혹시 부족하거나 모자라는 동물이 있다 하더라도 서로 채워주지 못한 것에 미안해하곤 했다. 풍차는 해마다 추가로 만들어졌다. 기술이 발달하면서 효율도 점점 좋아졌다. 은퇴한 동물 중 일부는 다른 농장에서 동물농장 시스템을 적용하는 데 도움을 주기도 한다. 다시 돌아올 때는 우리가 가지지 못한 그 농장의 우수한 기술들을 가지고 돌아왔다. 그리고 아무 대가 없이 농장 모든 동물에게 교육해 주었다.

이제 주변 모든 농장은 서로 자유롭게 왕래하게 되었다. 서로 넘치는 것들은 아주 저렴하게 서로 교환을 했다. 경쟁이 아닌 상호 보완하는 관계로 자연스럽게 형성되고 있었다. 기술의 발전은 점점 노동의 효율을 높였다. 노동 시간은 점점 줄고 생활은 풍족해졌다. 최근에는 일주일에 3일 정도 일을 한다. 나머지 시간은 책을 읽고 토론도 하고, 운동도 하고, 다른 농장도 보러 가고, 요리도 배우기도 한다. 어떤 이는 요즘 나빠지는 환경을 걱정해서 거의 모든 시간을 농장을 다니면서 환경 보호 운동을 하기도 한다.

동물농장의 주인이 모든 동물이 되었을 때, 아니 모두에게 공정하고 평등한 농장이 되었을 때, 스노볼은 편지 한 통을 남긴 채 어디론가 사라졌다.

"매일 아침에 눈을 떠 농장을 거닐다 보면, 동물농장이 하루가 다르게 발전하는 모습에 놀라곤 합니다. 모두가 서로의 다름을 이해하면서 존중하는 마음이 변하지 않기를 바랍니다. 과거 인간의 농장에서 동물농장으로 처음 독립했을 때의 실패를 잊지 마시기 바랍니다. 오래전부터 동물농장을 위해서 해야 할 일이 무엇인지 고민해 왔습니다.

분명 앞으로 새로운 문제에 직면하리라 생각합니다. 그럴 때마다 〈동물주의〉의 의미를 절대 잊지 마시길 바랍니다. 문제의 해결 방향은 처음도 동물이며 마지막도 동물이 되어야 합니다. 농장을 위해 동물의 희생이 정당화되어서도 안 되며, 특정 무리를 위한 규칙 또한 만들지 말아야 합니다.

지금 동물농장을 떠나 다른 세상의 문제점을 한 번 직접 부딪혀 보려 합니다. 〈동물주의〉가 없었다면, 이미 오래전 저는 모든 것을 포기하고 어두운 세상의 돼지로 살았을 겁니다. 아니, 그냥 영혼 없는 고깃덩어리였을 겁니다. 시간이 얼마나 걸릴지는 알 수 없지만, 다가올 문제에 대해 지금부터 고민하면서 정리해 보고자 합니다.

동물 각자가 행복해야지 농장도 건강할 수 있습니다.

나의 행복을 찾아 기약 없는 여행을 떠나가며, 촉촉한 아침 이슬을 맞으며, 여러분의 친구 스노볼이."

그리 긴 편지는 아니지만, 동물들은 알았다. 스노볼이 무슨 말을 하려고 하는 것인지. 농장의 동물들은 서로 눈을 보면서 누가 먼저

라고 할 것 없이 노래를 부른다. 잉글랜드의 짐승들을.

 여전히 평화롭던 어느 날 농장으로 짧은 편지와 한 권의 책이 도착한다. 책의 제목은 『기상(起床)_진실을 찾아 떠난 여행』이라 적혀 있었다. '나의 눈이 거짓으로 만들어진 세상에 속지 않기를 바라면서'라고 책 오른쪽 아래에 적혀 있었다. 스노볼의 편지에는 이렇게 적혀 있었다.

 "존경하는 동물 여러분, 지금 나는 태양이 가장 빨리 뜨는 곳에 있습니다. 진실을 바라보는 눈만이 세상을 밝게 만들어 줄 것입니다. 나만의 미래를 위해 스스로 눈을 가리려 하지 말고, 우리의 내일이 미소(微笑)가 될 수 있는 맑은 눈동자를 가지기를 바랍니다.
 내일이 오늘보다 조금은 낫기를 바라며, 진실을 조금 더 담아서 언젠가는 다시 만나길 고대하며. 스노볼이."

#2. 기상(起床)_진실을 찾아 떠난 여행

무거운 눈꺼풀을 힘겹게 들어 올린다.
어둡다.
작은 구멍 사이로 잊었던 추억들이 내 눈 속으로 들어온다.

대청마루에 누워서 하늘을 본다.
하양 빛 너머 짙은 파랑이 보인다.
구름은 하늘 도화지에 그림을 그리고 있다.

눈이 부셔 하늘 전체가 두 개가 되었다.
어두워지게 했다.
머리로 하늘을 보려 한다.

내가 만든 장애물을 개미들은 그냥 지나간다.
저 세계에서 나는 하늘이 되었다.
바람이 분다.
비가 내린다.
나의 시간은 너무나 평화롭다.

눈을 감는다.
저 우주 너머 아주 작은 원들이 보인다.

나타났다.

사라졌다.

자세히 볼 수가 없다.

눈을 조용히 뜬다. 아! 저기구나.

이제 일어나야겠다.

참고문헌

조지 오웰, 도정일 옮김, 『동물농장』, 민음사, 1998.
조지 오웰, 이한중 옮김, 『나는 왜 쓰는가』, 한겨레출판사, 2010.
조지 오웰, 정회성 옮김, 『1984』, 민음사, 2003.

| 김도균 |

영어영문학을 전공했으며 대학 내 독서토론 동아리 회장을 맡아 활동했다. UN, NGO, 인권 등에 관심이 많았으며 국가인권위원회 전문상담위원, 국제앰네스티 한국지부 집행위원으로 활동했다. 경북대학교에서 국제정치 전공 정치학 박사와 경영학 석사를 취득하였다. 기술사업화 기획 전문 경영컨설팅 법인과 인터넷신문사 비즈미디어(www.bizmedia.kr)를 경영하고 있으며, 대구테크노파크 스마트팩토리 자문위원, 기업부설연구소 자문위원, 대구창조경제혁신센터 전문멘토로 활동하고 있다.

김도균 /

막스 베버,
기업의 사회적 책임을 묻다 :
『프로테스탄트 윤리와
자본주의 정신』

막스 베버, 기업의 사회적 책임을 묻다:
『프로테스탄트 윤리와 자본주의 정신』

김도균

들어가며

막스 베버(Max Weber)는 가장 영향력이 높은 사회과학자로 평가받고 있다. 그는 『프로테스탄트 윤리와 자본주의 정신』에서 서구 근대 자본주의의 발생과 그 근본정신을 프로테스탄티즘의 윤리에서 찾고자 했다. 그리고 베버가 주장하는 진정한 자본주의 정신은 금욕주의적 직업윤리를 핵심으로 한다. 이에 반하는 천민자본주의는 정상적인 생산 활동을 후퇴시키는 반역사적인 현상으로 보았다.

이 글의 목적은 막스 베버의 저작 『프로테스탄트 윤리와 자본주의 정신』[1]을 통해 기업의 사회적 책임에 대한 철학적인 사유를 시도하는 것이다. 또한 기업이 지속가능한 경영을 추구하기 위해 사회적 책임이라는 시대적 요구를 얼마나 중요시해야 하는가에 대한 논의와 몇 가지 생각해 볼 거리를 제공하는 데 있다.

영국 런던으로 날아가다

영국 런던으로 향하는 비행기 안은 비좁고 답답했다. 몇 달 전에 받은 경제적 인권 관련 서류 뭉치를 꺼내 읽어보려 했지만 집중하기가 힘들었다. 좌석 위에 설치된 몇몇 조명만이 드문드문 짙은 어둠을 몰아내고 있었다. 회의 자료 첫 장에 국제앰네스티(Amnesty International)의 상징인 촛불 로고가 눈에 띄었다. 철조망에 휘감긴 노란색 바탕의 촛불 로고. 국제앰네스티 창립자인 피터 베넨슨(Peter Benenson)은 종종 중국 속담을 언급하곤 했다. "어둠을 탓하기 보다는 한 자루 촛불을 켜는 것이 낫다(It is better to light a candle than curse the darkness)." 과연 한 자루 촛불은 어둠을 몰아낼 수 있을까.

국제앰네스티에서 활동을 시작한 것은 2002년 초였다. 국제정치학 석사를 막 시작하며 국제기구인 UN이나 비정부기구인 NGO(Non-governmental Organization) 등에 관심이 컸다. 어느 날

---

1) 막스 베버 저, 박문재 역, 『프로테스탄트 윤리와 자본주의 정신』, 현대지성, 2018, 노명우 저, 『프로테스탄트 윤리와 자본주의 정신:노동의 이유를 묻다』, 사계절, 2008, 막스 베버 저, 김상희 역, 『프로테스탄트 윤리와 자본주의 정신:금욕과 탐욕 속에 숨겨진 역사적 진실』, 풀빛, 2006.

대학원생 공동 연구실에서 국제기구를 검색하다 국제앰네스티를 알게 되었다. 국제기구 사무실이 대부분 서울에 소재한 것과는 다르게 당시 한국지부 사무실은 대구 시내 공평동에 있었다.

국제앰네스티 인권교육 프로그램에 참석한 인연으로 본격적인 인권운동에 참여했다. 탄원편지쓰기, 긴급구명활동, 인권그룹 활동, 인권 캠페인, 인권교육 등 국제앰네스티와 함께한 다채로운 인권 활동이 즐겁기만 했다. 실질적인 인권활동과 함께 학문적인 노력도 병행했다. 그 결과물이 2004년 석사학위 논문인 『탈냉전시대 유엔의 강제적 인권레짐』과 2011년 박사학위 논문인 『클린턴 행정부의 유엔 인권외교정책』이다. 개인적으로 인권은 항상 삶의 영역 안에 존재했다.

국제앰네스티는 국제사면위원회라고도 부르는데, 1961년 영국의 변호사 피터 베넨슨에 의해 설립되었다. 설립될 당시 독재정부가 통치하던 포르투갈에서 자유를 위해 건배한 두 대학생이 징역 7년형을 선고받는 사건이 발생했다. 베넨슨은 두 대학생을 변호할 목적으로 '잊혀진 수인들'이라는 제목의 칼럼을 『옵저버』에 투고한 것을 계기로 국제앰네스티의 전신인 '사면을 위한 탄원 1961(Appeal for Amnesty 1961)' 활동을 시작했다. 국제앰네스티는 현재 150여 개국에서 300만 명의 회원을 가진 국제 인권단체로 부당한 공권력에 의해 구금된 양심수를 구제하는 것을 주요 활동 목적으로 한다.

국제앰네스티 활동 중 가장 단순하면서도 강력한 운동이 '탄원 편지쓰기'이다. 각 회원국의 지부는 긴급구명활동팀을 운영하고 있다.

영국 본부에서 긴급구명 대상자가 정해지면 회원국의 긴급구명활동팀은 탄원 편지쓰기 운동을 본격적으로 전개한다.

통상 긴급구명 대상자는 민주주의가 정착되지 못한 독재국가의 정치범이거나 시민권활동가로 불법 구금과 극심한 고문에 무방비로 노출된 인물들이다. 그야말로 목숨이 경각에 달린 사람들. 만약 아프리카에 한 독재자가 자신의 정치적 경쟁자를 정상적인 재판 없이 구금하고 고문을 가해 죽이려 한다고 가정해 보자. 탄원 편지쓰기 운동이 시작되면 초기에는 수십 통의 국제우편이 그 나라의 대통령이나 총리 등 정치적인 책임자의 이름 앞으로 송달된다. 시간이 경과할수록 하루에 천 통, 만 통 심지어는 수십만 통의 국제우편이 유럽, 아시아, 북미, 남미 등에서 도착하여 불법 구금된 정치인의 석방을 요구한다면 어떨까. 최고 책임자의 입장에서는 상당히 곤혹스러운 일이 아닐 수 없다. 전 세계 수십만 명이 이 상황을 지켜보고 있다고 상상한다면 밤잠을 설칠 수도 있을 것이다.

일반 시민으로 구성된 긴급구명활동팀의 활동 내용은 단순하다. 항의 서한을 영어 자필로 작성하고 국제우편으로 보내는 것이 전부이다. 그러나 그 결과는 놀랍다. 국제앰네스티의 탄원 편지쓰기 운동의 영향으로 목숨을 건진 아시아의 대표적인 인물이 한국의 김대중 대통령과 미얀마의 아웅산 수지 국가고문이다. 1980년 사형선고를 받았다는 소식이 전해지자 '김대중을 구하라. 사형 반대(Save Kim Dae-Jung. No Death Penalty)'라고 쓴 피켓을 들고 런던 한국대사관 앞에서 구명운동을 하고 있는 한 영국인의 사진은 국제앰네스티 한국지부가 발간한 인권백서에 그대로 실려 있다. 단순한 것이 때론 강력하다.

BERN 국제회의에 참석하다

　2005년 국제앰네스티 한국지부는 새로운 사업을 추진했다. 비즈니스 경제관계 네트워크(Business and Economic Relations Network, 이하 BERN) 국제회의에 한국 대표를 파견하여 다국적기업에 의한 인권침해에 대해 국제적인 공동 대응을 추진하는 것이 핵심이었다. 다국적기업에 의한 인권침해에 대해 관심이 많은 터라 지원을 하게 되었고 한국지부 대표로 선발되어 영국 런던 국제앰네스티 본부에서 개최되는 BERN 국제회의에 참석하게 되었다.
　2년을 주기로 열리는 BERN 회의는 신자유주의와 세계화에 따라 점점 늘어나는 경제적·사회적·문화적 권리(이하 경제적 권리)에 대한 인권을 보호하고 증진할 목적으로 2001년부터 시작된 국제앰네스티의 경제적 인권 관련 전략회의이다. BERN은 다국적기업들을 상대로 유엔 비즈니스 인권규범을 준수할 것을 촉구하고 더불어 세계인권선언에 명시된 인권보호와 증진에 대한 국제정신을 고무하는 활동을 하고 있다. 이를 위해 지난 2003년 국제앰네스티는 『유엔 비즈니스 인권규범 : 그 법적 책임성에 대해(UN human rights norms for business : towards legal accountability)』라는 소책자를 발행하기도 했다.

  2005 BERN 회의는 2005년 6월 2일에서 4일까지 3일에 걸쳐 영국 런던에 위치한 앰네스티 휴먼라이츠 액션센터(Amnesty Human Rights Action Centre)에서 개최되었다. BERN과 관련된 국제사무국 코디네이터들과 영국, 프랑스, 이탈리아, 독일, 미국, 캐나다, 브라질, 일본, 한국 등 약 23개국에서 참석한 비즈니스 그룹 활동가 약 40여 명이 참가하였다. 오전 9시부터 오후 6시까지 장시간 진행된 회의는 경제적 권리에 대한 지난 2년 동안의 BERN 활동을 평가하고 새로운 전략을 수립하는 내용으로 진행되었다.

  경제적 권리에 대한 당시 국제앰네스티의 전략적 목표는 다음과 같이 크게 4가지로 나눌 수 있다.

  첫째, 경제적 권리를 강제할 수 있는 인권(enforceable human rights)으로 상정하고 적극적인 증진에 노력하는 것이다. 1966년 12월 16일 제21차 유엔총회에서 채택된 경제적·사회적·문화적 권리에 관한 국제규약(International Covenant on Economic, Social and Cultural Rights)에 의하면 규약 당사국은 경제적 권리의 실현을 위하여 취한 조치와 상황을 유엔 사무총장에게 보고하고 총장은 그 보고를 경제사회이사회에 송부하며, 경제사회이사회는 규약 당사국이나 전문기관으로부터 받은 정보의 개요를 첨부하여 총회에 보고하도록 명시하고 있다. 또한 적절한 국제적 조치를 취하기 위하여 유용한 문제에 관해서는 유엔의 다른 기관이나 관련 전문기관에 대해서 주의를 환기하도록 하고 있다. 이러한 경제적 권리에 관한 국제규약을 근거로 국제앰네스티는 경제적 권리를 강제할 수 있는 인권으로 인식하고 국제 차원의 캠페인을 벌여나가고 있다.

둘째, 경제적 권리는 인간이 사회생활을 영위함에 있어 절대불가결한 권리임을 알리는 것이다. 시민적·정치적 권리와 더불어 경제적 권리는 출생과 동시에 지니게 되는 인간 고유의 권리, 즉 천부적 인권으로서 기본권에 속하는 것으로 1948년 12월 10일 유엔총회에서 채택된 세계인권선언에서도 이러한 부분을 명시하고 있다.

셋째, 경제적 권리를 보호하고 증진할 목적으로 경제적 인권과 관련된 활동을 하는 다른 단체들과 적극적으로 연대하는 방안을 모색하자는 것이다. 특히 2005 BERN 회의에서는 유엔 인권고등판무관을 지낸 메리 로빈슨(Mary Robinson)이 대표로 활동하는 윤리적 세계화안(Ethical Globalization Initiative)의 온라인 커뮤니티인 '기업과 인권센터(Business & Human Rights Resource Centre)'에 대한 소개가 있었다. 본 사이트는 전 세계 2000여 개의 기업과 160개 국가를 대상으로 150개의 주제로 운영되며 가장 광범위한 경제적 인권에 대한 전문 인터넷 사이트이다.

넷째, 사회에서 소외된 계층이나 비주류층에 대한 인권을 적극적으로 보호하자는 것이다. 특히 국제앰네스티는 앙골라와 스와질란드의 강제퇴거와 주거권의 문제, 짐바브웨의 식량문제, 인도 보팔 참사사건과 같은 환경파괴 문제, 그리고 사회적 소수자들에 대한 교육문제 등에 주목하고 있다.

다국적기업의 인권침해

　기업과 인권에 관한 유엔사무총장 특별대표 존 러기(John Ruggie)는 "기업 활동과 관련된 인권문제의 근본적인 원인은 세계화로 인한 지배구조 격차에 있다. 그 격차를 어떻게 좁히고 극복하는가가 우리가 풀어야 할 가장 중요한 과제이다.[2]"라고 말했다. 세계화로 인해 수많은 다국적기업이 전 세계 곳곳에서 다양한 형태의 기업 활동을 통해 수익을 창출하고 있으며 자신들의 이익을 위해 번번이 인권을 침해하고 있다.

　1984년 인도 보팔시(市) 유니언 카바이드사의 비료공장에서 다량의 메틸 이소시아네이트(M.I.C, Methyliso-cyanate)가 누출되는 사고가 발생하였다. 메틸 이소시아네이트는 호흡기 장애, 중추신경 장애, 면역체계 이상, 실명 등을 유발하는 무색무취의 맹독성 화학물질이다. 약 40여 톤에 달하는 메틸 이소시아네이트가 순식간에 보팔시 전체로 퍼져 나갔다. 하룻밤 사이에 약 2천 명의 주민들이 사망하고 60만 명의 부상자가 발생하였으며, 그중 5만 명은 영구적인 장애자가 되었다.

　1993년 코카콜라는 인도에 재진출하여 북부 라나시시(市)에 대형 공장을 설립했다. 콜라와 생수 제조를 위해 과도하게 지하수를 사용하였고 주민들은 식수와 생활용수 부족에 시달렸다. 결국 주민들은

---

2) 국제앰네스티 홈페이지 www.amnesty.or.kr

수십 킬로나 떨어진 다른 마을로 물을 길러 마시는 극한 상황에 이르렀다. 코카콜라는 심지어 물 부족에 신음하는 주민들에게 생수를 비싼 값에 판매하기도 했다. 또한 공장 주변 토지와 지하수를 심각하게 오염시켰다. 그러나 인도 정부는 세계적인 다국적기업의 횡포에 무기력했다. 마침내 2014년 인도 정부는 북부 라나시(市)에 있는 코카콜라 공장이 지하수를 고갈시키는 등 면허 조건을 위반했다는 이유로 폐쇄를 명령했다. 주민들의 물 부족을 해결하는데 20년이 걸렸다.

2002년 아디다스는 한일월드컵 공식 축구공인 피버노바(Fevernova)를 공급했다. 당시 피버노바의 주요 생산국은 파키스탄이었으며, 다국적기업의 발주를 받아 세계 축구공 생산의 70%를 담당하고 있었다. 문제는 축구공 제작에 투입되는 노동인구 중 약 10만여 명은 5세에서 10대 중반의 아동들이었다. 축구공 내부를 제작하는 과정은 성인들보다 손이 작은 아이들이 유리했다. 아이들은 열악한 환경 속에서 축구공 하나당 한화 150원 정도의 임금을 받으며 노동착취를 당하고 있었다. 당시 아디다스는 피버노바를 17만 원에 판매하고 있었으며, 이러한 아동의 인권유린에 대한 사실을 알고도 전혀 신경 쓰지 않았다. 이러한 아동들에 대한 인권침해는 현재도 전 세계 곳곳에서 빈번하게 발생하고 있다.

2003년 다국적 제약회사인 노바티스는 만성 골수성 백혈병 환자들의 치료제인 글리벡의 가격을 터무니없이 높게 책정했다. 노바티스의 글리벡은 만성 골수성 백혈병 치료제로 시장에서 이미 독점적인 위치에 있었다. 노바티스는 20년 동안 글리벡에 대한 특허를 앞

세워 한국 정부로부터 그 어떤 제재도 받지 않은 채 환자들을 대상으로 돈벌이에만 급급했다.

2008년 세계적인 석유 기업인 쉘(Shell)은 나이지리아 보도마을에서 기름을 유출하는 사고를 저질렀다. 이 유출사고로 어업과 농업에 종사하던 마을 사람들은 생계를 이을 터전을 잃었지만 쉘은 아무런 조치도 취하지 않았다.

이 이외에도 다국적기업에 의한 인권 침해 사례는 전 세계 곳곳에서 수도 없이 발생하고 있다. 다국적기업은 과연 이윤만을 추구하고 인권을 유린하는 악의 축인가. 다국적기업이 기초하고 있는 경영철학의 본질은 무엇인가. 다국적기업을 통제하고 관리할 수 있는 방법은 없는가.

기업은 신화적 존재이다

기업은 인간이 창조한 상상의 산물이며, 살아서 움직이는 생명체와 같다. 또한 자연발생적으로 생겨난 조직이 아니라 인위적으로 형성된 조직이다. 기업은 원칙적으로 자연인처럼 소비하고 소유하지 못하지만 자본주의를 근간으로 이윤 극대화를 추구하는 조직체로 발전했다.

인류가 경제적 효율을 추구하면서 분업과 교환이 성립되었고 생산과 소비는 분리되었다. 기업은 생산의 주체로 소비자의 욕구를 충족시키기 위해 끊임없이 변화한다. 소비자의 욕구를 충족시키지 못하는 기업은 시장에서 도태되거나 퇴출된다. 마치 성장기와 쇠퇴기를 겪는 생명체와 같다.

한 국가 내에서 경쟁력이 강화된 기업은 전국을 무대로 사업을 확장하고 더 많은 이윤을 추구하기 위해 해외로 진출한다. 이것이 초국적 기업 혹은 다국적기업이 탄생하게 된 이유이다.

다국적기업의 모태는 17세기 초 인도에 설립된 동인도회사이다. 영국, 프랑스, 네덜란드 상인들은 동양 무역을 독점할 목적으로 합자회사를 설립하였다. 다국적기업은 개발도상국에서 고용을 창출하고 자본 혹은 기술을 제공한다는 긍정적인 평가도 있다. 그러나 국내 산업을 위축시키고 환경오염을 유발하며 자본을 유출하여 경기 침체를 촉발하는 부정적 영향도 크다.

1990년대 후반 선진국의 다국적기업들이 개발도상국에서 아동의 노동력을 착취하고 환경파괴를 일삼으면서 기업의 사회적 책임에 대한 국제적인 공감대가 형성되었다. 사회에 미치는 기업의 영향력은 날로 증가하고 있으며, 이에 따른 기업의 사회적 책임에 대한 요구는 시민사회를 기반으로 증폭되는 추세이다.

기업의 사회적 책임에 대한 국제적인 공감대는 기업이 사회적 책임을 도외시하고 이윤 극대화만을 추구하려는 비효율성에 근거한다. 또한 기업이 사회에 미치는 영향력이 과거에 비해 증대했음을 나타내는 반증이기도 하다. 그러나 기업의 사회적 책임을 제대로 이해하기 위해서는 단순히 기업을 이해하는 것에서 그치지 않고 자본주의에 대한 근본적인 인식에서 시작해야 한다고 본다. 기업은 자본주의의 총아이며 기업의 탄생은 자본주의를 근간으로 하기 때문이다.

사회주의자가 유행시킨 자본주의

자본주의(capitalism)의 역사는 우리가 생각하는 것만큼 길지 않다. 봉건주의에 맞서 움트기 시작한 개념이 산업혁명을 기반으로 확립되어 서구사회로 널리 퍼진 경제체제의 한 개념이다. 자본주의는 아이러니하게도 사회주의자들이 처음으로 고안하여 유행시킨 용어이다. 또한 자본(capital)은 전통적인 농경사회에 재산의 개념을 가진 가축(cattle)에서 나왔는데, 자본주의라는 용어를 처음 사용한 사람은 『자본론』의 저자 칼 마르크스(Karl Marx)가 아니라 프랑스 무정부주의자 피에르 조제프 프루동(Pierre-Joseph Proudhon)이다.

자본주의는 사회주의와 공산주의의 끊임없는 공격을 받으며 성장 발전한 개념으로 한 마디로 정의하기가 어렵다. 단지 '자본을 기반으로 이윤을 추구하는 경제체제'라고 하는 것이 가장 이해하기 쉬운 정의이다. 어쨌든 자본주의를 형성하는 여러 가지 개념 중에 가장 중요한 키워드는 이윤추구, 화폐경제, 사유재산, 시장질서 등으로 요약할 수 있다. 특히 마르크스는 유물론적 역사관을 바탕으로 자본주의 사회를 분석했는데, 『자본론』 서론에서 자신이 언급했듯이 '자본주의적 생산 방식 및 그것에 대응하는 생산 관계와 교환 관계'로 자본주의를 맹점을 파고들었다.

  자본주의는 역사발전 순서에 따라 크게 상업자본주의, 산업자본주의, 수정자본주의, 신자유주의 등으로 나뉜다. 역사적인 흐름에도 불구하고 자본주의를 관통하는 큰 맥락은 개인이 생산수단을 소유할 수 있다는 사유재산의 인정이다. 또한 사유재산의 인정으로 인해 필연적으로 독점과 빈부 격차가 발생하게 되는데, 이때 이러한 독점과 빈부격차를 최소화하기 위해 국가가 어느 정도 개입하느냐에 따라 자본주의 역사는 엎치락뒤치락하며 발전했다.

  16세기부터 18세기에 걸쳐 발전한 상업자본주의(merchant capitalism)는 중상주의(mercantilism)와 맥을 같이한다. 당시 유럽은 봉건주의 체제 하에서 영주가 농노로부터 농업 생산물을 지나치게 착취하는 현상이 벌어지게 되고 농노들은 이에 저항하면서 계급 간의 갈등은 증폭되었다. 특히 전통적인 봉건체계 하에서 농업생산성은 극감하게 되었고 기존의 봉건주의 경제체계를 대신할 목적으로 중상주의가 급부상하게 되었다.

  프랑스, 스페인, 포르투갈, 영국 등 서유럽의 국가들은 부를 축적하기 위해 국외 식민지 건설에 경쟁적으로 뛰어들었다. 보호무역주의를 앞세우며 강력한 국가 개입을 통해 무역과 상업은 자본축적과 이윤창출의 거대한 통로였다. 여기서 흥미로운 것은 중상주의라는 용어는 스코틀랜드의 경제학자 애덤 스미스(Adam Smith)가 자신의 저서 『국부론(Wealth of Nations)』에서 최초로 언급했다는 사실이다. 애덤 스미스는 국부론에서 중상주의 경제정책의 모든 혜택은 부자와 권력자에게 집중되어 하층 계급은 그 어떤 이익이나 수혜도 없다며 중상주의를 신랄하게 비판한다. 그리고 국가의 지나친 개입을 지적하며 모든 개인의 경쟁을 중시하는데, '보이지 않는 손(invisible hand)'으로 대표되는 시장경제체제를 옹호한다. 애덤 스미스의 이러한 주장은 훗날 칼 마르크스에게 큰 영향을 미친다.

18세기부터 19세기 말까지 주류를 이룬 산업자본주의(Industrial Capitalism)는 국가의 개입을 최소화한 경제적 자유주의 혹은 자유방임주의를 표방했다. 특히 애덤 스미스의 국부론이 지대한 영향을 행사한 결과였는데, 사유재산과 경쟁, 그리고 생산수단 모두 자유라는 프레임 안에 특정화되었다. 이러한 자유주의 분위기 속에 인류 역사상 최초로 가장 혁신적인 사건이 발생하는데 그것은 18세기 중반에 일어난 산업혁명이다.

18세기 중반 영국에서 일어난 산업혁명(Industrial Revolution)은 전통적인 농업 중심 사회가 기술혁신을 기반으로 공업 중심 사회로 변화하는데 큰 영향을 미친 일련의 대혁명이다. 초기의 산업혁명은 경공업 중심의 혁명이었다. 시간이 흐름에 따라 화석연료, 증기, 전기 등의 에너지원을 바탕으로 기계화되면서 생산수단이 변화했으며, 분업화를 통해 대량생산이 가능한 산업구조가 형성되었다.

19세기 말에서 1980년대까지 주류를 이룬 수정자본주의(Modified Capitalism)의 이론적 근거는 케인스학파의 경제이론이다. 케인스학파는 자유방임주의를 포기하고 국가가 시장질서에 적극적으로 개입하기를 주장했다. 이것이 자본주의 경제체계가 가진 다양한 모순,

즉 독과점, 빈부격차, 불황, 그리고 빈곤 등을 해결하고 자본주의 사회의 영속을 도모하는 길이라고 봤다. 수정자본주의의 출현을 야기한 것은 1873년부터 약 20년간 지속된 전 세계적인 대불황이다. 그리고 1927년 10월, 미국 월가를 초토화시킨 대공황이 결정타였다. 시장자율적인 자본주의는 한계를 드러냈고 결국 1929년 미국의 루스벨트는 뉴딜정책을 통해 케인스학파가 주장한 수정자본주의를 실현했다. 그러나 루스벨트가 야심차게 추진한 정부 주도의 재정지출 확대에도 불황은 쉽게 해결되지 못했다.

1980년대부터 현재까지 자유시장을 표방한 신자유주의(Neoliberalism)가 주류를 이룬다. 신자유주의는 케인스 이론에 기초한 수정자본주의를 실패로 간주하고 경제적 자유주의를 주장한다. 또한 국가의 시장 개입을 비판하고 민간의 자유로운 활동과 시장의 기능을 중시한다. 신자유주의의 핵심 키워드는 규제완화, 자유시장 그리고 무한경쟁 등이다. 세계화 혹은 자유화를 표방하며 자유무역과 국제적 분업을 모토로 신자유주의 경제체제는 전 세계 곳곳에서 혼란과 논쟁을 야기하고 있다.

막스 베버, 그는 누구인가

막스 베버의 묘비에 '우리는 그에 필적할 만한 사람을 다시 만날 수 없을 것이다'라는 묘비명이 적혀 있다고 한다. 천재들의 삶에서 공통점은 어찌 보면 단명이다. 막스 베버 역시 56세로 세상을 떠났으며 그의 천재성은 수많은 명저로 증명되었다. 그는 사회과학이라는 학문적인 위상을 다양한 저서를 통해 확립했던 것이다. 그가 가장 영향력이 높은 사회과학자로 평가받는 것에 이견이 없다는 것만으로도 사회과학 분야에 있어 영향력은 충분하다.

막스 베버는 1864년 4월 21일 독일 에르푸르트에서 태어났다. 당시 시청 공무원이었던 아버지 막스 베버는 베버가(家)의 계승자인 장남에게 그의 이름을 그대로 물려주었다. 왕립 김나지움에 진학한 막스 베버는 그리스 로마 고전과 스피노자, 쇼펜하우어, 칸트, 그리고 괴테 등의 저서를 탐독하는 독서광이었다고 한다. 어린 시절 인문고전 독서가 얼마나 중요한가에 대해 스스로 증명한 셈이다.

그의 생애에 있어 가장 특이한 것은 양친의 성향이다. 그의 아버지는 변호사와 판사를 거쳐 정치인으로 성공한 권위적이고 물질적이며 쾌락을 추구하는 전형적인 속물이었다. 이에 비해 어머니는 프로테스탄트 윤리를 신봉하는 감성적이고 내성적인 여성이었다. 막스 베버는 1882년 하이델베르크 대학에 입학하여 법학을 전공하고 아버지의 삶을 모델로 인생을 살아가려는 목표를 세운다. 즉 또 다른 속물이 되려고 했던 것이다. 그러나 1883년 프랑스 스트라스부르에 사는 이모부 내외의 집에서 거주하며 이모부의 자상한 모습에 매료되어 아버지의 가부장적인 모습에 거부감을 느끼게 된다. 이때부터 어머니가 신봉했던 프로테스탄트 윤리를 존경하게 되었으며 인생에서 큰 전환점을 맞이하게 되었다.

막스 베버의 아내는 그의 지적 동반자였다. 그는 1892년 가을 고종사촌인 마리안네와 결혼하게 되는데 그녀는 학자로서 이후 27년간 막스 베버의 곁을 지킨다. 특히 마리안네는 막스 베버가 사망한 이후 베버의 제자들과 함께 유고 저작을 편찬하고 1926년 『막스 베버의 인생』이라는 전기를 출간하는 등 생애 끝까지 막스 베버를 지지하는 삶을 살아간다.

막스 베버는 1920년 『프로테스탄트 윤리와 자본주의 정신』을 출간했다. 그는 이 책에서 서구 근대 자본주의의 발생과 그 근본정신을 프로테스탄티즘의 윤리에서 찾고 있다. 즉 프로테스탄티즘의 윤리는 자본주의를 이끈 원동력이며 직업소명설을 주장한 칼뱅주의가 가장 큰 영향을 미쳤다는 주장이다. 물론 그의 주장은 자본주의의 기원을 논증하려는 일종의 도전이며 이에 대한 비판의 목소리도 적지 않다. 그러나 기업의 사회적 책임은 이해관계자들과 공존할 수 있는 의사결정을 추구해야 한다는 윤리적 책임의식에 기초하고 있으므로 기업을 윤리적이고 도덕적인 측면에서 논증하려는 것은 유의미하다.

흑사병, 종교개혁에 나서다

약 500년 전 로마가톨릭은 부패 막장 드라마를 연출하고 있었다. 권력의 정점에 있었던 교황은 부정과 부패에 찌들어 있었고 사제들은 교황과 공생하는 공동정범이었다. 당시 유럽은 흑사병이 들불처럼 번졌다. 유럽 전체 인구의 30%가 흑사병으로 쓰러졌다. 사제들도 예외는 아니었다. 민중들의 두려움은 증폭되었고 가톨릭교회에 해결책을 요구했다. 흑사병이 야기한 죽음 앞에서 인간은 나약한 생명체일 뿐이었고, 가톨릭교회는 이러한 민중의 공포를 교묘히 이용했다.

당시 교회는 성 베드로 성당을 짓기 위해 막대한 자금이 필요했다. 부패한 독일의 대주교들은 아부를 목적으로 재벌 은행가인 푸거가(家)의 자금을 유치하여 교황에게 바치기도 했지만 역부족이었다. 부족한 자금을 확보하기 위한 방법은 의외로 간단했다. 신성로마제국의 카를 5세는 십자군 원정 때 교황 우르바노 2세가 써 먹었던 고전적인 방식을 채택했다. 면죄부를 팔았던 것이다. 그런데 이러한 구식 모금 방법이 민중들에게 먹혀들었다. 흑사병의 영향이 가장 컸다. 로마가톨릭이 고용한 요한 테첼은 현란한 미사여구로 면죄부 판매 위원장의 역할을 충실히 수행했다. 민중들은 테첼의 연설에 현혹되었고 앞 다투어 면죄부를 구입했다. 하나님의 이름으로 천국과 지옥을 제품화한 공포 마케팅이 성공한 셈이었다. 마침내 교회는 흑사병을 이용해 이전보다 더 많은 권력과 돈을 획득할 수 있었다.

권력과 돈에 탐닉한 교회와 교황을 처음으로 강하게 비판한 사람이 혜성처럼 나타났다. 비텐베르크대학의 젊은 교수 마틴 루터였다. 루터는 1517년 10월 31일 비텐베르크대학 성안교회 문 앞에 면죄부 판매에 반대하는 95개조 반박문을 붙였을 때만 해도 이후 일어날 역사적 파장을 전혀 예상하지 못했을 것이다. 이렇게 종교개혁은 사람에 의해서가 아니라 흑사병에 의해 시작되어 약 34년간 지속된 종교전쟁의 단초가 되었다.

마틴 루터가 꺼져가던 종교개혁의 불씨를 다시 지핀 때를 전후로 유럽 전역에는 수많은 종교개혁자들이 난세의 영웅처럼 등장했다. 영국의 존 위클리프(John Wycliffe)를 비롯해 보헤미아의 얀 후스(Jan Hus), 스위스 취리히의 울리히 츠빙글리(Huldrych Zwingli), 독일의 필립 멜란히톤(Philipp Melanchton) 그리고 프랑스의 장 칼뱅(John Calvin)이 바로 그들이다.

존 위클리프는 라틴어로만 출판되던 성경을 영어로 번역한 최초의 인물이다. 수많은 저술을 통해 부패한 가톨릭을 정면으로 비판했다. 그는 오직 성경에 권위를 둔 종교개혁을 주장했다. 로마교회의 콘스탄츠 공의회는 그를 이단으로 규정하고 사후 무덤을 파헤쳐 화형에 처했다.

얀 후스는 지금의 체코 공화국인 보헤미아의 기독교 신학자였다. 존 위클리프의 저서에 큰 영향을 받아 로마 교회 지도자들을 비판하는 등 종교개혁에 동참했으며 성경을 체코어로 번역했다. 결국 이단으로 몰려 사제직을 박탈당했으며 화형에 처해졌다. 그는 화형 당시 "너희가 지금 거위를 불태워 죽이지만 100년 뒤 나타난 백조는 어쩌지 못할 것이다"라는 말을 남겼다. 그의 이름인 후스(Hus)는 체코어로 거위라는 뜻이다. 훗날 마틴 루터가 종교개혁을 외친 때는 얀 후스의 화형이 있은 날로부터 정확하게 102년 후였다.

울리히 츠빙글리는 스위스의 종교개혁자로 1523년 취리히 시의회에서 열린 공개토론을 통해 교황의 권위에 대한 가톨릭교회 측의 주장을 정면으로 반박했다. 이를 바탕으로 종교개혁에 대한 67개 항을 공표했다. 그는 네덜란드 출신의 인문주의자이자 『우신예찬』의 저자인 데시데리우스 에라스무스(Desiderius Erasmus)와 깊은 우정을 나눈 것으로도 유명하다.

필립 멜란히톤은 독일 태생으로 마틴 루터를 도와 종교개혁의 근간을 마련했다. 그가 저술한 『신학총론』은 종교개혁의 정당성을 확보한 훌륭한 교의학 서적으로 루터는 이 책이 성경 다음으로 좋은 책이며, 신학의 전체를 잘 정리한 저술이라고 칭찬했다고 한다.

장 칼뱅은 기독교 사상 중에 하나인 칼뱅주의를 만든 인물로 존 위클리프, 얀 후스, 울리히 츠빙글리 그리고 마틴 루터로 이어지는 종교개혁을 완성하였다는 평가를 받고 있다. 그의 저서인 『기독교 강요』는 프랑스뿐만 아니라 유럽 전역의 역사와 문화에 큰 영향을 미쳤다.

부유한 프로테스탄트에 주목하다

베버는 당시 유럽 사회에서 부유한 사람들 중에 프로테스탄트 신자가 많다는 사실에 주목한다. 특히 이 책에서 언급한 프로테스탄트는 영국의 청교도와 프랑스의 칼뱅주의자인데, 다종교로 이루어진 한 국가에서 직업에 대한 통계를 살펴보면 프로테스탄트 신자들이 많은 부를 축적하고 있음을 알게 되었다.

　베버는 종교적인 신념에 따라 부에 대한 관심의 정도가 다르다고 보았다. 가톨릭은 내세를 중요시한 반면 프로테스탄트는 금욕과 현세를 중요시했다. 삶에 대한 가치관의 차이가 경제적인 태도에 영향이 미친 것이다. 즉 전통적인 가톨릭 신자들은 노동과 부의 축적에 무관심했던 반면 프로테스탄트는 돈을 벌기 위해 노동을 하고 재산을 늘리는 것에 적극적이었다.

　베버는 자본가, 기업가 그리고 숙련 노동자들이 여러 종교 교파 중에서도 유독 프로테스탄트에서 다수를 점하고 있는 직업 통계에 주목했다. 또한 16~17세기 제네바, 스코틀랜드, 네덜란드, 뉴잉글랜드, 영국 등 경제적으로 발전한 국가에서 부르주아 중산층이 칼뱅주의를 특별한 저항 없이 받아들이고 심지어 영웅주의로 인식했다는 사실은 특이한 사회 현상이라고 생각했다.

　프로테스탄트는 규칙적인 직업노동을 통해 부를 축적하는 것이 신의 축복이라고 여겼다. 또한 탐욕이나 사치를 배제하고 자신의 직업에 몰두함으로써 금욕적인 생활이 가능하며 이것이 가장 명확한 신앙과 구원의 척도라고 생각했다. 중세의 봉건귀족들이 부를 축적한 후 사치와 낭비를 일삼았던 것과는 반대로 프로테스탄트는 과시적 소비를 지양하고 합리적 경제생활의 기반을 확립했다. 칼뱅이즘이 지배적이었던 미국의 뉴잉글랜드와 네덜란드가 자본축적을 기반으로 타 지역에 비해 경제적 성장이 빨랐던 이유도 이러한 프로테스탄트의 자본주의 정신에 원인이 있었다.

직업소명에 대한 이해와 오해

전통적인 가톨릭교회에서는 개인이 이익을 추구하는 것에 동의하지 않았다. 심지어는 단순히 먹고살기 위한 노동 이외에 이익을 추구하거나 재물을 축적하는 행위 일체를 금기시했다. 당연히 수입을 목적으로 특정한 일에 종사하는 직업이라는 개념이 뿌리내릴 수 없는 구조였다.

직업을 신의 부르심인 소명이라고 최초로 인식한 사람은 종교개혁자 마틴 루터였다. 그는 성경을 독일어로 번역하는 과정에서 직업을 소명으로 받아들였다. 이러한 아이디어는 후대 프로테스탄트에게 폭넓게 수용되었으며 직업노동을 중시하는 자본주의 정신에 밑거름이 되었다. 더욱이 직업소명설은 프로테스탄트에게는 중요한 교리의 하나로 자리를 잡았다.

마틴 루터도 처음부터 직업을 소명으로 수용하지는 않았다. 전통적인 가톨릭교회의 입장을 대변하듯 노동을 무가치한 것으로 여겼다. 루터가 종교개혁의 타당성을 인식하는 근간에는 앞서 언급한 것처럼 가톨릭교회의 부정과 부패 그리고 세속화였는데, 루터는 이러한 총체적인 문제점의 근원에 수도원이 자리 잡고 있음을 깨달았다.

당시 가톨릭교회는 수도원을 중심으로 발전했는데, 수도원은 신도들이 기증한 거대한 토지를 이용해 재산을 증식시키는 수단으로 삼았다. 또한 성직자들은 가톨릭의 종교적인 전통인 독신의 임무를 저버리고 혼인을 하여 자식을 양육하기도 했다. 심지어는 성직 매매를 통해 부정축재를 일삼기도 했다. 특히 타민족의 침입으로부터 안전을 보장받기 위해 봉건 영주에 의탁한 수도원은 영주에 귀속되어 부패해 갔다. 영주는 수도원의 공금을 사사로이 착복했고 성직자 임명에도 깊숙이 개입했다. 세속화된 성직자들은 수도원에서 풍족한 생활을 누렸으며, 노동에 대한 가톨릭교회의 교리를 악의적으로 이용하여 노동을 철저히 기피했다. 타락한 그들에게 종교적 소명감은 이미 사치에 불과했다.

직업소명설에 대한 루터와 칼뱅의 입장은 달랐다. 루터가 소극적인 직업소명설을 주장했다면, 칼뱅은 적극적인 직업소명설을 주장했다. 루터는 특정한 직업을 선택하여 평생 동안 종사해야 한다고 보았다. 그러나 칼뱅은 자신의 능력과 환경에 맞게 직업을 선택함으로써 능동적인 자세를 요구했다.

칼뱅이즘, 현세적 금욕주의를 확립하다

프랑스에서 발원한 칼뱅이즘은 종교개혁가 장 칼뱅에 의해 주창된 개신교 사상으로 프로테스탄트의 주요한 종교적 교리를 형성했다. 종교개혁 당시 개혁을 추구하는 수많은 교회들은 칼뱅이즘을 수용함으로써 종교개혁에 대한 거대한 요구를 해결하는 사상적 원천으로 인식했다. 앞에서도 언급된 것처럼 칼뱅이즘은 존 위클리프, 얀 후스, 울리히 츠빙글리 그리고 마틴 루터로 이어지는 종교개혁의 역사를 완성하는 시대정신으로 급부상했으며 개혁의 이명으로 불렸다.

막스 베버는 자본주정신의 근간을 칼뱅이즘에서 찾았다. 즉 서구에서 자본주의를 이끌었던 프로테스탄트의 자본주의 정신의 동력을 칼뱅주의에 있음을 주장한 것이다. 베버는 자본주의 정신의 토대를 이루는 것은 직업에 대한 소명의식과 이익 추구에 대한 열망으로 보았다. 앞에서 언급한 것처럼 루터는 소극적인 직업소명설을 주장한 반면 칼뱅은 적극적인 직업소명설을 주장했는데, 능력과 환경에 맞게 직업을 선택할 수 있다고 본 칼뱅이즘이 자본주의 정신에 더 부합하는 태도라고 생각했다.

칼뱅이즘은 신의 영광을 증대시키는 방법을 직업소명에 기초한 노동으로 파악했다. 또한 노동을 부정하는 것은 신에 대한 믿음이 부족한 증거로 판단했다. 자신에게 주어진 일에 집중하여 열심히 일하는 사람은 신에 대한 신앙이 깊을 뿐만 아니라 신앙을 방해하는 일체의 유혹에서 벗어날 수 있는 기제로 보았다. 결국 직업노동은 칼뱅이즘에 의해 전통적인 가톨릭교회의 속박에서 벗어나 자유를 찾았다.

칼뱅이즘이 되찾아준 자유는 작업 노동에 그치지 않고 이익 추구를 죄악시하는 편견의 전통을 허무는 역할도 했다. 전통적인 가톨릭교회에서는 단순히 먹고살기 위해 행해지는 노동의 결과물 이외에 모든 개인의 이익을 부정했다. 이러한 가톨릭교회 전통은 심지어 예수도 예외가 아니었는데, 예수는 일체의 사적 재물을 옳지 못한 것으로 여겼다. 그러나 칼뱅이즘은 부의 축적이 신에 대한 믿음의 근간이라 생각했고 전통적인 가톨릭교회의 교리를 부정했다. 결국 프로테스탄트에게 부의 축적은 더 이상 신의 축복을 위협하는 존재가 아니었다.

여기에서 한 가지 흥미로운 것은 자본주의 정신과 개신교의 예정론의 상관관계이다. 예정론은 칼뱅이 발전시킨 사상이나 본래는 신의 선택에 대한 사도 바울로(The Apostle Paul)의 말에서 유래한다. 예정론은 신이 구원받을 자와 그렇지 못한 자를 이미 구분해 놓았다는 일종의 운명론이다. 죄를 짓는다하더라도 회개를 통해 구원받을 수 있을 것이라 믿는 인간의 입장에서는 억울할 것처럼 보인다. 태생 전에 운명처럼 구원이 정해진 상태라면 회개 자체가 무의미하기 때문이다. 하지만 칼뱅이 확립한 예정론은 칼뱅이즘이 추구하는 '하나님 중심의 사상'에서 본다면 자연스러운 것이었다. 결국 선택권은 인간에게 있지 않고 신에게 있을 뿐이었다.

칼뱅이즘의 예정론은 교리 자체의 문제라기보다는 수용의 방법에 대한 문제로 전환된다. 칼뱅이즘에서 예정론은 구원의 대상이 아니라 오히려 구원의 대상을 구분하는 방법이 무엇인가에 있었다. 즉 무엇을 근거로 구원받을 자와 구원받지 못할 자를 구분할 것인가. 칼뱅이즘은 신의 은총을 부의 축적 정도로 보았다. 자신이 주어진 일에 최선을 다하는 직업적인 소명 의식을 바탕으로 열심히 부를 축적하는 사람은 신에 의해 구원받을 존재로 생각했다. 결국 예정론은 칼뱅이즘이 자본주의 정신의 근간을 이루는 데 결정적인 역할을 했다.

또한 이러한 칼뱅이즘의 현세적 금욕주의는 자본주의 발전의 밑거름이 되었다.

천민자본주의에 맞서다

막스 베버는 자본주의의 원동력은 자본주의 정신에서 비롯된다고 보았다. 그리고 자본주의 정신을 방해하는 전근대적이고 비합리적이며 폐쇄적인 형태의 자본주의 체계를 '천민자본주의(pariah capitalism)'라는 용어를 사용하여 비판한다. 베버가 주장하는 진정한 자본주의 정신은 금욕주의적 직업윤리를 핵심으로 하는 프로테스탄티즘의 정신인데, 천민자본주의는 정상적인 생산 활동을 통한 영리 추구보다 불합리한 고리대금업이나 비정상적인 자본운영을 통해 이윤을 추구하기 때문이었다.

천민자본주의는 부를 축적하기 위해 수단과 방법을 가리지 않는 태도인데, 이러한 개념은 유대인계 천민 출신자들이 부를 축적하는 행위를 사회적으로 막아온 역사에 기인한다. 중상주의를 경제철학의 기반으로 삼았던 중세 국가들은 원천적으로 유대계 천민 출신자들이 부를 축적하지 못하도록 제한했다. 그러나 근대사회가 도래하면서 이러한 제한은 허물어졌고 유대계 천민 출신자들은 금융업과 상업 등을 통해 거대한 자본을 축적했다.

천민자본주의의 또 다른 역사적 전통은 유럽 사회에서 빈번히 발생된 약탈과 수탈이다. 잦은 침략 전쟁을 통해 타국의 부를 축적하는 현상은 당연한 전쟁의 성과물로 치부되었는데, 군대의 보급선을 유지하는 수단으로 다른 민족에 대한 약탈과 수탈은 폭넓게 허용되었으며 심지어는 동족에 대한 약탈도 종종 발생했다. 그야말로 인간의 윤리적인 규범이 철저히 유린당한 탐욕의 시대는 자연스럽게 천민자본주의를 잉태했다.

막스 베버는 거대한 자본의 축적에 비례하여 자본주의 문화가 정착되지 못한 기형적인 자본주의를 비판하고 이러한 천민자본주의가 진정한 의미의 자본주의 문화와 정신을 후퇴시키는 반역사적인 현상이라 보았다. 오늘날에도 천민자본주의는 배금주의 혹은 물질만능주의를 사회 전반에 확대 재생산함으로써 정치, 사회, 문화 심지어 인간성까지 후퇴시키는 악영향을 미친다.

마르크스 경제결정론을 비판하다

자본주의의 가장 큰 문제점은 빈부격차로 야기되는 경제적인 불평등의 문제와 계층 간의 양극화로 인한 사회적 갈등이다. 16세기 영국에서 탄생한 자본주의는 노동자를 착취함으로써 존립할 수 있었다. 노동자의 삶이 비참할수록 자본가는 부유해졌다. 칼 마르크스가 집필한 『자본론』은 자본주의의 문제점을 찾아내고 바로잡으려는 현실적인 투쟁의 산물이다. 자본주의가 자본을 기반으로 이윤 획득을 가장 큰 목적으로 하는 경제체제인 것은 보편적인 지식이다. 그러나 자본주의의 정신이 무엇인지 주저하지 않고 답할 수 있을까.

미국의 저명한 사회학자 대니얼 벨은 1976년 출판한 『자본주의의 문화적 모순』에서 자본주의가 성공할수록 자본주의 정신은 쇠퇴할 것이라고 주장했다. 또한 자본주의가 발전하면 기계처럼 일하는 전문가가 세상을 지배하고 이에 부적응한 일부 사람들이 자본주의 질서를 파괴하고 통제되지 않는 쾌락에 빠져 보헤미안 기질의 낭만주의 문화가 급속도로 확산될 것이라고 봤다. 결국 벨이 주장하는 자본주의 정신은 정직하고 근면하게 직업노동에 종사하고, 이를 위해 금욕적인 생활을 추구하는 것으로 요약될 수 있다.

막스 베버의 주장도 벨의 주장과 일맥상통한다. 그러나 마르크스가 주장한 경제결정론에 대해서는 신랄한 비판을 가했다. 마르크스는 사유재산을 기초로 성립된 자본주의는 부르주아 계급인 자본가와 프롤레타리아 계급인 노동자 사이에 전개되는 투쟁의 결과물로 보았다. 부르주아 계급은 사유재산을 늘리기 위해 프롤레타리아 계급의 노동력을 끝없이 착취하게 되고, 사유재산이 존재하는 한 이러한 착취는 불가피한 것이라 주장했다. 막스 베버는 마르크스가 꿈꾸었던 공산주의 혁명, 즉 사유재산이 사라지고 모든 계급이 평등하며 자본주의가 소멸하는 세상에 대해 부정적이었다. 그는 공산주의 혁명이 일어난다 하더라도 억압과 착취는 지속될 것이라고 생각했다. 또한 역사의 발전이 자본가와 노동자 간의 투쟁의 산물이라는 극단적인 경제결정론에 반대하고 종교, 문화, 정치 등 다양한 요소를 이용해 서구의 합리적 자본주의를 설명하려고 시도했다.

1917년 러시아에서 발생한 프롤레타리아 혁명은 마르크스의 주장이 실현되는 신호탄으로 보였다. 그러나 계급혁명의 불꽃이 상업자본주의가 고도로 발전한 영국이나 프랑스에서 타올랐던 것이 아니라 농업 후진국이었던 러시아에서 발생된 것을 알았더라면 마르크스는 무덤에서 나와 통곡했을지도 모른다. 결국 1992년 최초의 사회주의 연방 국가였던 소련이 붕괴되면서 그의 실험은 1세기를 넘기지 못하고 역사의 뒤안길로 퇴장했다. 역사는 때때로 난센스이며 아이러니이다.

베버가 주목한 이 남자

막스 베버가 자본주의 정신의 표상으로 주목한 인물은 미국 건국의 아버지 중에 한 명인 벤저민 플랭클린(Benjamin Franklin)이다. 1706년 보스턴에서 가난한 집안의 열일곱 남매 중 막내아들로 태어나 신학, 문학, 경제학, 자연과학 등 다방면에 걸친 학문을 독학으로 마친 인물이다. 그가 폭풍우가 부는 날 연을 날려 전기를 발견하고 피뢰침을 발명한 것은 유명한 일화다. 경험주의 철학자 데이비드 흄(David Hume)은 그를 '신대륙에서 가장 위대한 철학자이자 문필가'라 칭할 만큼 미국을 건설하는 데 큰 영향을 미쳤다.

벤저민 플랭클린이 1758년에 쓴 『부에 이르는 길(the way to

wealth)』은 『가난한 리처드의 달력(Poor Richard's Almanac)』의 서문이다. 『가난한 리처드의 달력』은 교훈적인 글이나 삶의 지혜 혹은 금언을 적은 달력으로 1732년부터 약 25년간 발행되었다. 벤저민 플랭클린은 『부에 이르는 길』을 1757년 6월, 영국 항해 중 구상하였는데, 이 글에는 정직, 근면, 성실, 신용, 그리고 신의 은총 등이 부자가 되는 길의 핵심이라고 소개하고 있다.

벤저민 플랭클린의 자서전, 『덕에 이르는 길』은 자신의 유년 시절부터 인쇄업으로 성공하여 거대한 부를 축적하고 사상가, 정치가, 심지어는 과학자로서 끊임없이 자신의 인생을 수많은 도전과 진취적인 기상으로 채워간 일대기가 잘 그려져 있다. 특히 이 저서에는 프랭클린이 일생 동안 인생지침으로 지켜왔던 13가지 덕목이 언급되어 있는데, 그것은 절제, 침묵, 질서, 결단, 절약, 근면, 진실, 정의, 중용, 청결, 침착, 순결, 겸손 등이다. 그는 수첩에 이러한 일련의 덕목을 표시하고 매일 밤 하루의 생활을 돌아본 일화로 유명하다.

벤저민 플랭클린은 기독교인이 아니었다. 신에 대한 믿음보다는 오히려 돈과 부에 대한 확고한 신념이 있었다. 자본가에 대한 경멸의 시선이 현존하는 것으로 미루어 당시만 하더라도 부자에 대한 일종의 사회적인 멸시가 존재했다. 벤저민 플랭클린은 미국 사회에서 가난을 스스로 극복한 자수성가의 대명사로 여겨지는데, 베버는 이러한 벤저민 플랭클린 삶에는 철저한 직업소명 의식이 있었다고 보았다. 자신의 주어진 일에 최선을 다하며 어떠한 유혹에도 부에 대한 신념을 놓지 않고 사회와 국가의 발전을 위해 헌신하고 봉사하는 자세. 베버는 벤저민 플랭클린의 부에 대한 이러한 일련의 태도가 자본주의 정신 그 자체라고 보았다.

비국가적인 행위자, 탈냉전 이후 급부상하다

국제사회에서 전통적으로 인정된 유일한 행위자는 주권국가(nation state)이다. 주권국가란 타국의 간섭이나 지배를 받지 않고 온전히 자신만의 주권을 행사할 수 있는 독립된 국가를 의미하는데, 지금 생각해보면 당연한 것이 적어도 380년 전에는 당연한 것으로 받아들여지지 않았다.

1618년 신도교들의 저항으로 시작된 30년 전쟁은 전 유럽을 초토화시켰다. 에스파냐, 프랑스, 잉글랜드, 스웨덴, 네덜란드 등 당시 유럽의 강국들은 독일을 전쟁터로 삼아 끊임없이 종교전쟁을 벌였다. 주요 전쟁터가 독일이라는 것을 빼고는 세계대전의 양상을 띠며 전 유럽으로 번져나갔다. 기나 긴 전쟁에는 승자도 패자도 없었다. 독일의 상황은 매우 심각했다. 전체 인구의 3분의 1을 잃었으며 이후 100년 동안 유럽의 후진국으로 전락해버렸다. 전쟁에 지친 유럽의 강국들은 결국 1648년 10월 베스트팔렌 조약(Peace of Westfalen)을 맺음으로써 30년 전쟁을 종식시켰다. 이 조약의 핵심은 국제사회에 주권국가의 개념을 정립한 것이었다.

국제를 뜻하는 'inter-national'라는 말은 국제사회가 주권국가들

간의 갈등이나 협력을 뜻하는 가장 쉬운 예시이다. 국제사회에서 국가는 주요한 행위이자 유일한 행위자로 여겨졌다. 국제사회는 힘을 바탕으로 작동할 것으로 보였으며, 군사력이 국제적인 흐름의 주요한 원천으로 작용한다고 믿었다. 소련과 미국이 한 치의 양보도 없이 대치하던 냉전시대는 더욱 그랬다. 불행 중 다행으로 양측의 힘이 균형을 이룸으로써 2차 세계대전 이후 오랫동안 전면적인 전쟁은 수면 아래도 가라앉았다. 그러나 분쟁의 불씨가 완전히 꺼진 것은 아니었다.

소련이 해체되면서 피상적으로는 자유민주주의가 승리를 거둔 것처럼 보였으며 세계 도처에는 영원한 평화가 정착되리라는 희망이 팽배해 있었다. 그러나 냉전시기 수면 아래 침전해 있던 민족, 인종, 그리고 종교 간의 갈등이 본격적으로 표출되면서 국내분쟁 등으로 야기된 대규모 학살, 고문, 강간 등과 같은 심각한 인권침해가 세계평화에 대한 희망의 자리를 차지해 버렸다. 영원한 세계평화는 냉전시기에도 불가능했으며 탈냉전 시기에는 더욱 요원한 희망이 되어 버렸다.

군사력을 바탕으로 작동하던 국제사회에 경제력을 바탕으로 한 새로운 강국이 등장했다. 바로 독일과 일본이었다. 냉전의 틈바구니 속에서 두 나라는 2차 세계대전의 패전국에서 20세기 경제적인 강국의 면모를 굳건히 했다. 국제사회에도 새 바람이 불었다. 국제관계의 주요 행위인 국가를 넘어서 새로운 주인공들이 등장했는데, 소위 비국가적인 행위자들이다. 그것은 UN, WTO, APEC과 같은 국제정부간기구(IGO), 국제앰네스티, 국제적십자사, 그린피스와 같은 국제비정부기구(INGO), 그리고 코카콜라, 나이키, 도요타와 같은 다국적기업(MNC)[3]이다.

다국적기업, 국가를 넘어서다

국제정치이론에서 다루어진 다국적기업에 대한 논의는 크게 현실주의와 자유주의 입장으로 정리될 수 있다. 현실주의는 국제사회에서 오로지 힘의 논리와 국가 간 이해관계를 최우선으로 여긴다. 이에 비해 자유주의는 힘과 이해관계 이외 국가 간 보편적인 도덕이나 윤리의 문제도 중요시한다. 국제사회를 바라보는 두 관점은 뚜렷하게 구분되는데, 다국적기업을 바라보는 시각도 역시 다르다. 먼저 현실주의는 다국적기업에 대한 초국가적인 관계의 존재 자체는 부인하지 않으나 이러한 관계가 국가에 효과적인 정치적 영향력을 미친다는 것은 부인한다. 해외에서의 직접투자는 다국적기업의 성장을 수반하지만 이것은 다만 부수적인 대외정책의 도구로서 국가권

---

[3] 다국적기업은 Multinational Corporate(Corporation, Company) 혹은 Transnational Corporate(Corporation, Company) 등으로 명명되고 그 정의는 "자산, 판매, 생산, 고용 및 이윤에 관련된 행위를 하는 1개 또는 그 이상의 해외지점(Foreign Branch)이나 자회사(Foreign Affiliate)를 가지고 있는 기업, 바꾸어 말하면 2개국이상에서 소득을 창출하는 자산-공장, 관산, 판매사무소-을 소유 또는 통제하는 기업이다" UNCTC, 『Multinational Corporation in World Development』, New York, UN, 1973.

력의 확장으로 파악한다.

　현실주의가 국가 중심적 견해를 견지하는 것에 대해 자유주의는 다중심적 견해를 가진다. 즉 자유주의는 국가중심사상을 부인하고 국가 이외의 다양한 행위자에 주목한다. 따라서 현실주의가 국가와 국가 사이의 경쟁과 협력에 관심을 갖는 반면에 자유주의는 국가통제를 벗어난 초국가적인 행위에 관심을 갖는다. 따라서 자유주의는 상호의존적인 입장에서 다국적기업이 자본, 기술, 그리고 지식을 이전시킴으로써 경제적인 효율성을 증진시킨다고 본다. 또한 성장을 자극하며 유휴 국내자원을 이동함으로써 세계의 효율성을 증가시키고 성장을 촉진하며 그 결과 복지를 증진시킨다고 본다.

　국가에 대한 다국적기업의 지위와 영향력은 시장에서 민간의 자유로운 활동을 강조하는 신자유주의에 의해 강화되어 왔다. 신자유주의는 경제영역에 대한 국가의 개입을 철저히 배제시켰으며, 자본시장의 자유화와 공기업의 광범위한 민영화를 중시했다. 다국적기업은 신자유주의의 깃발을 들고 쾌재를 불렀다. 해외자산에 대한 규제와 속박에서 벗어났으며, 과거에 진입이 금지되었던 공공부분까지 사업영역을 확장했다. 그야말로 고삐 풀린 망아지가 따로 없었다. 국가는 다국적기업의 진출에 따라 조세체계의 개혁을 철회했으며, 사회복지 분야에 대한 지원도 축소했다.

　소비재 상품에 대한 보조금 축소 등을 통해 다국적기업에 대한 국가통제는 약화되었고 이를 틈타 다국적기업은 세계시장을 장악해갔다. 그 결과는 참혹했다. 전 세계 다국적기업의 90%를 미국, 일본, 프랑스, 영국 등이 독차지했다[4]. 다국적기업들은 전 세계 경제규모의 25% 이상을 차지하게 되었고 경제적 힘을 바탕으로 자신들이 진출한 국가의 정책에 영향력을 행사했다. 정치자금 등을 기부하며 기업활동에 유리하도록 국가정책을 마음대로 조정한 것이다. 1990년대 다국적기업의 영향력은 이미 국가의 영향력을 넘어서게 되었다. 다국적기업은 서방 선진국과 소수의 특권층에 부를 집중시켰으며, 그들의 이윤추구활동에 따라 노동착취, 임금동결 혹은 삭감, 고용불안정 및 실업 문제 환경오염 문제, 기간사업의 민영화 등과 결합하여 심각한 인권침해를 야기했다.

다국적기업의 정책과 활동은 기업에 고용된 노동자 외에도 해당 지역의 사회권 향유에 상당한 영향을 미칠 뿐 아니라, 경우에 따라 직접적으로 침해하는 결과를 초래한다. 바로 이러한 사실이 국제인권법의 새로운 규율대상으로서 다국적기업의 중요성을 부각시키고 있다[5]. 또한 종래 다국적기업의 활동에 비판적이었던 개발도상국들도 최근 다국적기업의 직접투자도입을 성장의 동인으로 인식하고 유치 활동에 적극적인 태도로 바뀐 것도 세계화의 논리가 전 세계적

---

4) 전 세계 100대 다국적기업 가운데 53개 기업은 서유럽계, 27개 기업은 미국계, 14개 기업은 일본계이다. 또한 200대 다국적기업 가운데 미국, 일본, 독일, 프랑스, 영국이 차지하는 비율은 84%이며, 10개국이 차지하는 비율은 96.5%이다. David P. Forsythe, 『Human Rights in International Relations』, Cambridge University Press, 2000, 최의철 옮김, 『인권과 국제정치』, 백산자료원, 2003., p.193.
5) 정경수, 『다국적기업의 인권의무 확립을 위한 국제법적 모색 : 국제인권법의 수평적 효과를 중심으로』, 민주주의법학연구회, 민주법학, 2002, p.214.

으로 확산된 계기로 작용하였다[6]고 할 수 있으며 이러한 태도변화는 결국 개발도상국에서 다국적기업에 의한 인권침해가 심화될 가능성을 증가시키고 있다. 그러나 강화된 다국적기업의 국제적인 지위와 영향력과는 반대로 다국적기업에 의한 인권침해를 현실적으로 제어하고 통제할 규범 및 실행규칙은 부재한 상태이며 이러한 세계화의 진전 속에서 다국적기업의 인권문제는 새로운 국제적 현안으로 대두되고 있다.

기업의 사회적 책임은 필요한 것인가

기업의 사회적 책임(corporate social responsibility, CSR)은 시대나 지역 그리고 학자에 따라 다양하게 정의되어 왔는데, 가장 초기 CSR 개념 정립에 공헌한 Carroll은 CSR에 대해 "기업이 경제적 목적의 달성뿐만 아니라 사회 공헌, 지역 및 문화 사업, 소비자 보호 그리고 환경 보호적 책임을 다하기 위한 규범과 행위"라고 정의하였다. 또한 그는 CSR의 평가유형[7]을 경제적 책임, 법률적 책임, 윤리적 책임 그리고 자선적 책임 등 네 가지로 유형화하였다.

---

6) 손명환, 『다국적기업과 WTO체제』, 충남대학교 경영경제연구소, 경제논집 제14권, 1998, p.5.
7) Carroll, A. B.(1991), The pyramid of corporate social responsibility: Toward the moral management of organizations stakeholder, Business Horizons, July-August

Carroll이 CSR 피라미드 모형[8]에서 제시한 네 가지 평가유형은 다음과 같은 의미를 각각 내포한다. 경제적 책임은 기업이 경제주체로서 재화와 서비스를 생산할 책임과 투자자들에게 보상이 가능한 이윤을 창출할 책임을 동시에 가진다는 의미이다. 법률적 책임은 기업의 경영활동이 사회의 법률제도 내에서 이루어져야 하며 관련 법률 및 규정을 준수해야함을 뜻한다. 윤리적 책임은 기업이 사회 구성원으로서 올바른 행동과 도덕적 활동을 해야 함을 의미한다. 자선적 책임은 기업 자체의 판단과 선택으로 수행하는 자발적인 책임을 의미한다.

기업은 사회적으로 다양한 가치를 추구하며 이를 바탕으로 기업의 성공요인을 창출한다. 전통적으로 기업의 성공요인은 제품이나 기술 등 유형의 가치에 의존하였으나, 최근에는 기업의 평판이나 대외적인 이미지를 포괄하는 무형의 가치로 이동하는 추세이다. 이것은 기업을 바라보는 소비자의 태도 변화에 기인하는데, 소비자들은 사회적 가치를 추구하는 기업에 대해 적극적인 호감을 표시하고 있으며 이러한 기업이 생산한 제품을 구매하려는 성향이 증대되고 있다. 특히 기업들은 기업의 사회적 평판이나 이미지를 극대화하는 기제로 또는 소비자의 관심을 이끌어내기 위한 수단으로 CSR을 적극 활용하고 있다.

---

8) 정은송·박병진·김도희, 『CSR 활동 유형 및 메시지 유형이 기업 이미지에 미치는 영향』, 기업경영 리뷰리뷰 10권 4호, KNU기업경영연구소, 2019, p.32

2009년 전국경제인연합회가 실시간 한국기업의 윤리경영 추진현황 조사결과[9]에 따르면, 응답기업의 97%가 CSR 활동의 필요성을 인식하고 있었고, 전사적 윤리경영 추진의 기본요소가 되는 윤리헌장을 도입한 기업은 조사대상 기업 중 84.1%에 달했다. 또한 응답기업의 86.6%는 사내 윤리경영교육을 실시하고 있으며, 주요내용은 준법경영, 부패 및 뇌물수수 금지, 소비자 만족 및 보호, 사회공헌활동 등으로 나타났다.

CSR은 1950년대 이후부터 미국과 유럽을 중심으로 꾸준하게 논의되어 왔으며, 특히 경영학계에서 지속적으로 연구되어온 주제이다. 그러나 최근 다국적기업에 대한 인권침해가 국제적 이슈로 부각되면서 이를 규제하려는 차원에서 기업의 사회적 책임과 기업행위규약에 대해 많은 연구 활동이 있어왔다.

CSR에 대한 사회적인 요구에 따라 UN, OECD 등의 국제기구들은 CSR의 추진에 관한 다양한 문서들을 채택해 왔으며, 최근에는 이들 국제기구뿐만 아니라 소비자 운동단체 등 비정부단체들도 CSR의 규범화를 추진하고 있다. 그 대표적인 결과물[10]이 유엔 기업과 인권 이행원칙, 유엔 글로벌 콤팩트 10대 원칙, 그리고 OECD 다국적기업 가이드라인 등이다.

---

9) 전국경제인연합회, 『윤리경영 현황 및 추진 실태 조사결과』, 2009.
10) 유엔 기업과 인권 이행원칙(UN Guiding Principle on Business and Human Rights), 유엔 글로벌 콤팩트 10대 원칙(UN Global Compact 10 Principles), OECD 다국적기업 가이드라인(OECD Guideline for Multinational Enterprises)

유엔 기업과 인권 이행원칙[11]은 법적인 구속력은 없지만 2011년 유엔인권 이사회가 만장일치로 승인한 국제원칙이다. 이 원칙은 보호, 존중, 구제(Protect, Respect, and Remedy)의 3대 축을 가진 프레임워크로 국가는 효과적인 정책, 법률, 규제, 판결을 통하여 기업 등 제3자에 의한 인권침해를 방지할 의무가 있으며, 기업은 인권을 존중할 책임과 타인의 권리침해 방지 및 기업이 인권에 미친 부정적 영향에 바르게 대처할 필요가 있다. 또한 기업이 연관된 인권침해 사례의 피해자는 효과적 구제책에 접근할 수 있어야함을 명시하고 있다.

유엔 글로벌 콤팩트 10대 원칙은 1999년 1월 스위스 다보스에서 열린 세계경제포럼에서 코피 아난 UN 사무총장에 의하여 제안되어 2000년 7월에 공식 출범한 대표적인 기업의 국제행동규범이다. 이 협약은 인권, 노동, 환경, 반부패의 4개 분야에서 기업들이 이행하여야 할 10개의 원칙을 규정하고 있으며 기업, 경영자의 시민정신(citizenship)에 호소하는 것을 특징으로 하고 있다. 본 협약에서의 10개 원칙은 각각 UN 세계인권선언(1948년), ILO 노동에 있어서 기본 원칙과 권리에 관한 선언(1998년), 리우환경개발선언 및 UN 반부패협약에 기초하고 있다. 유엔세계협약은 강제적이거나 규제적 성격이 아닌 자발적 성격을 가진다.

---

11) 조영원, 『다국적기업의 기업책임경영 사례를 통해서 본 기업의 지속가능한 경영관리 및 조직관리 등에 관한 방안 연구』, 훈련과제 연구보고서, 산업통상자원부, 2020, p.10.

OECD 다국적기업 가이드라인은 1976년 제정된 국제투자 및 다국적 기업에 관한 OECD선언의 일부분으로서 체약국 영토 내에서 활동하는 다국적기업의 의무사항을 권고하고 있다. 본 가이드라인은 다국적기업의 영업활동에 있어 일반정책, 정보공개, 경쟁, 조세, 노사관계, 환경, 과학기술, 자금운용 등 8개 항목에 대해 체약국의 정책과 조화를 이루도록 노력할 것이 주 내용이다. 그러나 다국적기업 가이드라인은 다국적기업에 대한 OECD가맹국 정부의 공동적인 권고일 뿐 법적인 구속력은 없다.

세계 최대의 글로벌 인프라 기업인 제너럴 일렉트릭(General Electric, 이하 GE)은 매년 1억 달러 이상을 CSR을 위해 지출하고 있다. GE의 CSR전략의 핵심은 "친환경 경영"으로 2005년부터 온실가스 배출 감축 등 환경 R&D에 막대한 자금을 투입하고 있다. 특히 태양열 기관차, 에너지 고효율 전구 개발, 공해 감축 항공기 엔진 개발 등 환경보호에 적극 나서고 있으며, GE의 자원봉사조직인 '엘펀(Electrical Fund, Elfun)'을 운영하고 있다.

독일 레베쿠젠에 본사를 둔 화학, 제약 기업 바이엘(Bayer)은 "보다 나은 삶을 위한 과학(Science for a better life)"을 기업이념으로 정하고, 공정한 경쟁, 정직한 거래, 지속 가능성의 원칙 등 바이엘 10대 기본 윤리 강령[12]을 준수하고 있다. 특히 바이엘은 안전 및 환경을 위한 자발적 품질 경영 시스템 운영, 개발도상국 의료지원 사업,

---

12) 바이엘 홈페이지 참조 www.bayer.com

세계 식수 보호 기금 지원, 기후 변화 대응프로그램 운영 등 적극적인 CSR활동을 추진하고 있다.

1926년 설립된 유한양행은 CSR을 가장 잘 실천하고 있는 한국의 대표적인 기업이다. 창업자 유한일 박사는 '기업에서 얻은 이익은 그 기업을 키워준 사회에 환원해야 한다'는 창업정신을 가지고 있었으며, 전 재산을 유한재단과 유한학원에 기증하는 사회공헌시스템[13]을 구축했다. '모두의 건강과 행복을 위한 선한 실천'을 모토로 국민건강, 행복 사회, 미래 희망을 추구하며, 학술지원 및 의약품 전달, 지역사회 건강지원, 임직원 헌혈캠페인, 취약층 지원 지역사회 문제 해결, 환경보호, 지역아동 교육지원, 보육원 멘토링 등을 실천하고 있다.

CSR에 대한 사회적 요구는 현실적으로 많은 한계를 내포하고 있으며 법적인 구속력을 가지는 측면보다는 오히려 윤리적이며 도덕적인 상태로 진행되어 왔다. 그러나 CSR이 도덕적이고 윤리적인 한계를 넘어 다국적기업에 의한 인권침해를 규제하기 위한 방안으로 고려되기 위해서는 강제력 있는 법적 구속력의 확보가 우선적인 과제라고 본다. 이러한 과정은 기업 혼자만의 과제라기보다는 각 국가의 정부와 시민단체 그리고 기업이 생산한 제품과 서비스의 최종 소비자인 우리 모두 진진하게 고민해 보아야 할 과제일 것이다.

---

13) 유한양행 홈페이지 사회공헌시스템 참조 https://www.yuhan.co.kr/Contribution/System/

나가며

　지금까지 우리는 막스 베버의 『프로테스탄트 윤리와 자본주의 정신』을 통해 프로테스탄트의 자본주의 정신과 자본주의 발전의 상관관계에 대해 알아보았다. 물론 막스 베버의 이러한 주장이 모두 옳다는 것은 아니며 분명 학문적인 한계가 존재한다. 그러나 막스 베버가 주장하듯 철저한 금욕주의에 기반한 직업소명의식과 벤저민 프랭클린으로 대표되는 자본주의 정신은 이익만을 최우선으로 추구하는 기업에게 사회적 책임을 요구하는 근본 사상으로 유의미할 것으로 본다. 막스 베버가 제시한 기업의 사회적 책임에 대한 물음에 대해 이제는 기업들이 답할 차례이다.

참고문헌

막스 베버 저, 박문재 역, 『프로테스탄트 윤리와 자본주의 정신』, 현대지성, 2018.

노명우 저, 『프로테스탄트 윤리와 자본주의 정신 : 노동의 이유를 묻다』, 사계절, 2008.

막스 베버 저, 김상희 역, 『프로테스탄트 윤리와 자본주의 정신 : 금욕과 탐욕 속에 숨겨진 역사적 진실』, 풀빛, 2006.

UNCTC, 『Multinational Corporation in World Development』, New York, UN, 1973.

David P. Forsythe, 『Human Rights in International Relations』, Cambridge University Press, 2000, 최의철 옮김, 『인권과 국제정치』, 백산자료원, 2003.

정경수, 『다국적기업의 인권의무 확립을 위한 국제법적 모색 : 국제인권법의 수평적 효과를 중심으로』, 민주주의법학연구회, 민주법학, 2002.

손명환, 『다국적기업과 WTO체제』, 충남대학교 경영경제연구소, 경제논집 제14권, 1998.

Carroll, A. B.(1991), The pyramid of corporate social responsibility: Toward the moral management of organizations stakeholder, Business Horizons, July-August.

정은송·박병진·김도희, 『CSR 활동 유형 및 메시지 유형이 기업 이미지에 미치는 영향』, 기업경영리뷰 10권 4호, KNU기업경영연구소, 2019.

전국경제인연합회, 『윤리경영 현황 및 추진 실태 조사결과』, 2009.

조영원, 『다국적기업의 기업책임경영 사례를 통해서 본 기업의 지속가능한 경영관리 및 조직관리 등에 관한 방안 연구』, 훈련과제 연구보고서, 산업통상자원부, 2020.

| 곽대훈 |

동아애드(주)의 대표로 마케팅, 광고홍보, 디자인기획을 수행하고 있다. 화성산업(주)동아백화점에서 마케팅본부, 백화점본부, MD기획팀의 경험을 쌓았다. 경북대학교에서 경영학(MBA) 석사학위를 취득하였으며, 계명대학교에서 마케팅 전공 박사과정을 수료하였다. 창업진흥원, 경북농촌융복합산업지원센터, 한국관광공사, 경북경제진흥원, 대구창조경제혁신센터, 대구경북디자인센터, 휴넷탤런트뱅크에서 마케팅&브랜드 멘토위원으로, 2021영주세계풍기인삼엑스포의 마케팅 자문위원 및 대구시 달서구의 기획자문위원으로 활동 중이다.

곽대훈

『리어왕』에서 경영리더십을 배우다

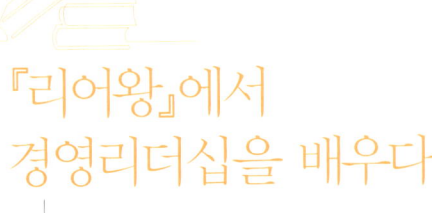

『리어왕』에서 경영리더십을 배우다

곽대훈

Intro

불멸의 비극 리어왕에서 「경영의 삶」을 그려 본다

셰익스피어의 4대 비극은 햄릿(1601년), 오셀로(1604년), 리어왕(1605년), 맥베스(1606년)로 불린다. 불멸의 비극인 리어왕에 대하여 퍼시비시셸리(1821년)는 "세상에 존재하는 극예술 중에서 가장 완벽한 표본이다."라고 하였으며, 윌리엄해즐릿(1817년)은 셰익스피어 극작품 중에서 '최고의 걸작'이라고 극찬하였다.

리어왕의 책장을 넘기면 권력과 재산을 둘러싼 현실 문제를 경험할 수 있고, 인간의 속성과 행태를 생생히 느낄 수 있다. 특히, '배은망덕한 자식들이 아비를 도탄에 빠뜨리는 이야기', '탐욕 때문에 추락하는 인간들의 이야기', '잘못된 판단으로 수난을 겪고 깨달음을 얻는 이야기' 등을 통하여 인간의 삶과 관련된 다양한 질문을 제시하고 있다.

- 부모와 자식은 어떤 관계인가?
- 권력과 돈 앞에서 인간은 어떤 모습인가?
- 욕망이란 무엇인가?

- 인간은 얼마나 위선적인가?
- 어리석은 판단의 결과는 무엇인가?
- 깨달음의 길은 얼마나 험난한가?

- 인간은 무엇을 위해 사는가?
- 어떻게 살아야 하는가?
- 당신은 누구이며 나는 누구인가?

이처럼 다양한 메시지를 던져주는 리어왕을 읽으면서 우리들의 다양한 삶과 오버랩(overlap)시켜 보자. 일상생활에서, 조직생활에서, 사회생활에서 다양하게 접목해볼 수 있어 인문고전을 읽는 어려움보다 자기계발을 위해 쉽게 접근할 수 있지 않을까 싶다. 무엇보다 기업을 경영하는 CEO들에게 있어 경영리더십 관점에서 공감할 수 있는 주제라 여겨진다.

CEO의 고민은 무한하며, 고행의 연속이다

늘 평온할 때에는 CEO의 존재가치는 미약하다. 태풍이 휘몰아치고 쓰나미가 밀려올 때 CEO는 남다른 존재가치를 드러내게 된다. 우리는 그런 CEO를 뛰어난 경영자로 칭한다. 반면에 평온할 때 시끄러웠던 CEO가 조직과 기업이 어지러울 때는 오히려 조용해지는 경우를 보곤 한다. 바로 무능력한 CEO, 비겁한 CEO라 부른다.

님은 어떤 CEO인가. 어떤 CEO와 함께하기를 갈망하는가. 이러한 말을 질문으로 던진다는 것은 그만큼 우리 주변에 뛰어나고, 남다름을 갖춘 CEO가 흔하지 않음을 방증하는 것 아닐까. 겉보기에는 뛰어난 경영자가 꽤 있겠지만 내공으로 가득하고, 내실로 다져진 경영자는 드물다. 리어왕을 읽으면서 그의 모습에서 최고 권력자가 갖추어야 할 리더십은 무엇인가를 생각해본다. 우리의 삶에 있어서 제대로 된 리더십을 갖춘 CEO가 넘쳐나기를 갈망하는 마음으로 생각을 담아본다.

CEO에게는 「소쩍새」도 울어주고, 「무서리」도 내려줘야 한다

어릴 적 외우고 또 외웠던 시구가 스쳐 지나간다. 어느 순간에는 가슴으로 느끼는 시구가 되어 있다. 힘들고 지칠 땐 그것을 한 번씩 되뇌곤 한다. 스타트업으로 창업하는 CEO는 얼마나 많은 시련과 마주하게 되는가? 자영업 사장, 중소기업 사장에게는 중견기업과 대기업의 사장들과는 차원이 다른 고통과 번뇌가 찾아오게 된다. 한 순간도 허투루 할 수 있는 시간, 쉬운 시간은 없다고 본다. 시간이 흐르면 흐를수록 그 강도는 더 세어지기만 한다. 그것이 귀찮고, 감당하기 힘들다고 하여 도전하고 부딪쳐 보는 것을 쉽사리 접어버리는 것은 삶의 매력을 포기하는 것 아닐까. 때로는 부질없지만 목표를 향해 달려가는 때도 있고, 때로는 높은 파고라고 생각하여 불안해하지만 주저하기보다 부딪쳐 보는 일도 있다.

가을이면 미당 서정주 시인의 '국화 옆에서'가 떠오른다. 돌아와 거울 앞에서 선 누님 같은 꽃, '국화'에서 자연의 이치를 깨닫는다. 한 송이 국화꽃을 피우기 위해 다녀간 소쩍새, 천둥과 번개, 무서리 등이 없었다면 어떤 모양, 어떤 느낌의 국화꽃을 피웠을까. 아마도 작은 비바람에도 쓰러지고 내팽개쳐지는 연약한 꽃이 되지는 않았을까. 다소 지치고 힘이 들지언정 과거보다 현재가 더 밝기를 바라고, 현재보다 미래가 더 밝기를 희망한다면 소쩍새와 천둥과 번개와 무서리를 멀리할 수 있겠는가.

　　　　한 송이의 국화꽃을 피우기 위해
　　　　봄부터 소쩍새는 그렇게 울었나 보다

　　　　한 송이의 국화꽃을 피우기 위해
　　　　천둥은 먹구름 속에서
　　　　또 그렇게 울었나 보다

그립고 아쉬움에 가슴 조이던
머언 먼 젊음의 뒤안길에서
인제는 돌아와 거울 앞에 선
내 누님같이 생긴 꽃이여

노오란 네 꽃잎이 피려고
간밤에 무서리가 저리 내리고
내게는 잠도 오지 않았나 보다

- 국화 옆에서(서정주) -

    우리 주변에서 현재 간판을 걸고 영업하고 있는 음식점이라 하여 모든 음식점이 똑같지 않다. 사업자등록증을 내고 기업을 영위하고 있다고 하여 모든 기업이 동일하지는 않다. 가을이 되어 성숙미 넘치는 한 송이의 국화꽃을 피우기 위해서는 음식점을 창업하여 영업함에 있어서도, 중소기업을 창업하여 경영함에 있어서도 남들과 달라야 한다. 남들과 다르기 위해서는 리더 및 CEO의 역할이 중요해진다. 창업 및 기업 경영에 있어서 무작정 행하기보다 사전에 역경을 많이 경험하고 인풋(in put)의 힘을 키워온 자者는 판단력의 힘, 의사결정의 힘을 소유하게 된다. 그러한 힘을 소유한 자는 '매력적인 스타'이면서 의사결정이 필요한 갈등의 상황에서 이분법적인 사고를 잘 하지 않는다.
    리어왕을 읽으면서 주인공이 역경지수, 내공지수의 부족으로 온갖 형태의 이분법적인 사고로 말미암아 주변인들과 갈등을 일으키는 모습을 보게 된다. 리더, CEO에게 있어서 겨울의 무서리, 봄의 소쩍새 소리, 여름의 천둥과 번개소리가 때로는 귀찮고 힘든 존재였겠지만, 자신의 경험지수를 높이고 내공지수를 키우는 중요한 키워드임을 생각하면서 상상의 날개를 펴보자.

[매력적인 스타]

호감이 전략을 이긴다(이은숙 저)에서 소개하는 인재 유형은 4가지 경우가 있다. 호감도와 능력이라는 관점에서 (a) 매력적인 스타, (b) 매력적인 바보, (c) 유능한 밉상, (d) 무능한 밉상으로 나누고 있다. 그중에서 능력도 탁월하고 호감도가 뛰어난 인재 유형을 '매력적인 스타'라 한다.

CEO에게는 「차별성」도 「필요성」도 있어야 한다

기업에 있어서 '차별성'과 '필요성'을 갖는 것은 선택의 관점이 아니라 필수사항이다. 선택사항이라면 우리들이 가져도 그만, 갖지 않아도 그만일 것이다. 필수사항이기에 갖지 않으면 상상하기 싫은 큰 문제와 마주하게 될 가능성이 높아지게 된다. 시간을 거슬러 올라가 보자. 1990년대까지는 기업에서 제품 또는 서비스를 출시할 경우, 소비자에게 차별성만 잘 전달하더라도 선택받을 수 있었다. 차별성만의 확보로 승승장구할 수 있었다. 하지만 2000년대 들어서는 차별성의 확보가 경쟁우위 요소가 되는 것이 아니라 기본 중의 기본이 되고 있다. 더 중요한 것은 차별성의 확보와 함께 소비자에게 필요성을 전달할 수 있어야 의미 있는 아이템이 되고, 매력적인 상품이 될 수 있다.

품질과 마케팅이라는 키워드를 가지고 비유해 보면 비슷한 맥락이라 생각된다. 품질이 떨어졌던 1970년대, 1980년대에는 품질지수 확보가 기업의 경쟁력이 되었다. 하지만 요즘은 어떠한가. 품질이 부족하여 소비자에게 선택을 못 받는 시대는 지나갔다. 같은 품질이더라도 마케팅의 힘[力]을 느낄 수 있을 때 소비자로부터 선택받는 상품이 될 수 있다. 시대와 트렌드가 변화함에 따라 그것에 상응하는 경쟁력을 제대로 갖출 때 경쟁우위 요소가 될 수 있다. 따라서 요즘 기업이 추구해야 하는 상품의 콘셉트는 '차별성'과 '필요성'을 동시에 확보하는 것이다. 그것을 갖기 위해서는 CEO의 역량이 무엇보다 중요하며, CEO가 그 역량을 갖추고 있을 때 기업의 성장은 한 걸음 더 다가오지 않을까.

리어왕의 주인공을 상품성이라는 관점에서 바라보면 참으로 안타깝기 그지없다. 리더가 제대로 된 리더십을 발휘하기 위해서는 주변인, 조직원, 이해관계자로부터 차별적인 능력을 선보이도록 하거나, 필요성을 느끼도록 할 필요가 있다. 차별성도 보여주지 못하고, 필요성도 제시하지 못한 리어왕에게 찾아온 것은 불행의 씨앗뿐이었다. 역설적으로 리더와 CEO가 갖추어야 할 능력으로 '차별성'과 '필요성'임을 생각하면서 생각의 깊이를 더해본다.

01. 부질없는 욕망은 절망을 안은 시한폭탄이다

"버리자, 내려놓자, 물처럼 되자." 이처럼 아름다운 말이 또 있을까? 아름답지만 누구나 행(行)하고 흉내 낼 수 있는 것은 아니다. 이 글귀는 노자의 '도덕경'에서 이야기하는 핵심 키워드이다. 이 글귀를 접하는 순간, 처음에는 무슨 말인지 잘 몰랐다. 도덕경의 내용을 몇 번씩 읽고, 삶의 경험지수를 높여 가면서 그 말의 뉘앙스를 조금이나마 이해할 수 있었다. 그 의미를 느낄 수 있는 지금은 마음이 한결 여유롭다. 그 여유는 세상을 얻은 것처럼 작은 미소를 머금게 한다.

공자의 논어를 읽고 배울 적에는 채우고, 모으는 것만이 최고의 경쟁력으로 생각하였다. 그것도 잠시일 뿐 노자의 도덕경을 읽으면서 그것만이 경쟁력이 될 수 없다는 생각에 잠기게 되었다. 만약 채움 그 자체가 목적이 되고 최고의 가치가 된다면 누구나 이룰 수 있는 쉬운 경지가 아닐까. 그렇기에 노자의 도덕경에서 강조하는 '비우기, 버리기, 물처럼 되기'는 우리가 추구해야 할 형이상학적 관점이 될 것이다. 물론 채움을 가지지 못한 자[者], 채움마저 벅찬 자[者]에게는 채움마저 호사스러움이라고 비아냥거릴 수 있을 것이다.

> 上善若水(상선약수)
> 최고의 선은 물과 같다
>
> — 도덕경 8장 중에서 —

學而時習(학이시습)

배우고 수시로 복습하라

― 논어, 학이편(學而篇) 중에서 ―

하지만 끊임없이 자기계발을 하고 자기 브랜딩을 위해 노력하고 있는 자[者]에게 있어서는 그것이 결코 호사스러움이 될 수는 없다. 오히려 그것은 기본 중의 기본이 되어야 할 것이며, 또 다른 배움과 채움을 위하여 버림과 내려놓기는 행[行]할 수밖에 없다. 그것이 가능할 때 진정한 경쟁력이 되는 것이면서 비즈니스 업계에서 이야기하는 프로의 세계로 입문하게 되는 것이 아닐까.

고전소설 리어왕을 읽으면서 주인공인 리어왕에게 왜 슬픔과 고통이 찾아왔을까를 곰곰이 생각해 본다. 어리석은 판단, 분별력을 상실한 눈먼 의사결정, 진실과 거짓의 혼돈, 오만과 불통같은 독선의 리더십 등 다양한 요소들이 리어왕의 몸속에 자리 잡고 있기 때문은 아닐까. 그럴 수밖에 없었던 이유는 무엇일까. 바로 '부질없는 욕망'이 그 불운의 씨앗이 된 것이다. '부질없는 욕망은 절망을 안은 시한폭탄이다'를 실감하게 되는 대목이다. 이러한 부질없는 욕망을 우리들의 일상생활 속에서 어떻게 멀리 떠나보낼 수 있을 것인가. 리어왕이 세 딸과의 관계에 있어서 부질없는 욕망을 소개해본다.

[효심을 테스트하는 리어왕]

- 효성이 가장 지극한 딸에게 최대의 영토를 주고 통치권을 이양하겠다고 선언하는 리어왕. 하지만 그에게는 그것이 불행의 씨앗이 되고 만다.
- 첫째 딸(고너릴), 둘째 딸(리간), 셋째 딸(코딜리아)

리어 그동안 짐은 숨은 뜻을 밝히리라.
   (중략)
   누가 짐을 이를테면 가장 사랑하는지,
   그래서 효성과 자격 갖춰 요구하는 딸에게
   최고상을 내릴 수 있도록.
   짐의 맏딸, 고너릴이 먼저 하라.

고너릴 전하, 제 사랑은 말로 표현 못 합니다.
   (중략)
   입 열고 말하면 빈약해질 사랑으로
   모든 한계 다 넘어 전하를 사랑하옵니다.

리간 전 언니와 타고난 자질이 같사오니
   사랑도 같은 값이옵니다.
   진심으로 언니는 제 사랑을 조목조목 밝혔어요.
   (중략)

코딜리아 아버님은 저를 낳아 기르시고 사랑해 주셨기에
   전 그에 합당한 의무로 보답하고자
   복종하고 사랑하며 가장 존경합니다.
   (중략)

           - 리어왕 1막 1장 중에서 -

[해석]

　사람의 욕심은 끝이 없다. 과유불급이 지나치게 되면 인륜을 벗어난 행동을 일삼게 되고, 그것의 잘못을 판단하는 힘이 흐려져 돌이킬 수 없는 상황으로 나아가게 된다. 리어왕의 욕심을 넘은 욕망은 세 딸에게 효심을 테스트하는 시추에이션을 가져오게 된다. 리어왕의 명령과 테스트가 비극의 시작이 되었다. 그 과정에서 아첨과 진심 어린 말의 구별을 못한 리어왕은 달콤한 아첨을 선택하게 되고, 진심 어린 말은 버리게 된다. 이것은 참담함으로 이어지는 단초가 된다. 우리들의 삶에 있어서 일상생활이든 조직생활이든 기업경영이든 비슷한 맥락이다. 공자의 논어에서 강조하는 끊임없는 채우기가 이루어지고 나면, 노자의 도덕경에서 강조하는 내려놓기, 버리기, 물처럼 되기를 실천할 때 자신의 브랜드 가치는 더욱 높아지게 됨을 명심해야 한다. 리어왕은 세 딸에게 효심을 테스트하는 과정에서 부질없는 욕망의 위험성을 알게 되었으며, 그것을 통하여 내려놓기와 버리기의 소중함을 생각해 보게 된다.

우리는 부질없는 욕망을 일상생활 속에서 어떻게 떠나보낼 수 있을 것인가. 노자의 도덕경에서 강조하는 '비움의 미학, 버림의 미학'을 생각해보게 된다. 늘 쫓기는 일상생활이지만 컨디션 밸런스(condition balance)를 유지하며 에너지 발산을 위해 우리는 부단히 노력하고 있다. 가능하면 '긍정적으로 생각하기'를 실천할 필요가 있다. 그렇지 않으면, '부질없는 욕망' 속에서 최근 이슈가 되고 있는

'번아웃(Burn Out) 증후군'과 마주하게 될 가능성이 높다. '번아웃(Burn Out) 증후군'은 한 가지 일에만 몰두하던 사람이 신체적, 정신적 피로를 느끼며 무기력증에 빠지는 증상을 말한다. 소진증후군, 탈진증후군으로도 불리는 이것은 스트레스의 극단적인 형태로서 피로감, 의욕상실, 무기력증, 우울증, 자기부정 등으로 연결될 수 있다. 때로는 현재 하고 있는 일 또는 업무 등을 거부해버리기도 한다. 이와 같은 현상은 직장인의 다수가 겪을 정도로 사회적 문제로 대두되고 있다. 일상생활 속에서도 다를 바 없다. 우리 주변에도 소중한 듯하여 가득 채워 두었지만 그것들의 불필요함을 생각하면 허탈한 웃음만이 나온다.

[언젠가는 입을 것 같은 옷들로 가득한 옷장]

늘 반복하게 되는 옷장 정리. 옷장을 정리하다보면 1년 동안 한 번도 입지 않은 옷들이 즐비한 것을 발견하면서 허탈감에 빠지게 된다. 그 순간에도 그 옷들을 과감히 버리기보다 다시 옷장에 묻어두는 경향이 반복되곤 한다.

[다시 찾을 것만 같은 책장 속의 책]

가뭄에 콩 나듯이 책장을 정리하곤 한다. 대학교 다닐 때의 책들도, 대학원 다닐 때의 책들도, 심지어 고교 시절의 책들도 발견되곤 한다. 물론 추억이 함께한 책들이기에 쉽게 버린다는 것이 잘 안 될 수도 있다. 과연 그것만이 최선일까.

[무엇이 들었는지도 알 수 없는 냉장고 안의 음식]

　새로운 음식이 생겨 냉동실에 보관해두면 푸근함을 느끼게 된다. 그렇게 쌓인 음식은 냉장고의 무게만 더하게 되고, 어느 순간에는 새로운 음식을 더 채우기가 어렵게 된다. 더 채울 수 없는 상황이 되면, 냉장고의 정리를 서두르게 된다. 냉장고 속에는 1년 동안 쌓여 있었던 음식들, 심지어 몇 년이 지난 음식들도 즐비한 것이 현실이다.

[수납장 속의 물건들]

　붙박이장, 신발장, 베란다 등을 들여다보면 엄두가 나지 않는다. 하나둘씩 쌓다가 이제는 포기한 수납장을 바라보면서 더 이상 참기 어려워 정리를 시작하게 된다. 정리의 시작은 버리기부터 시작되어야 하는데 왠지 모르게 또 찾게 될 것만 같은 물건들.

　우리들은 미래에 대한 꿈이 있기에 번아웃(Burn Out)과 같은 위험 요소가 있어도 버텨낼 수 있는 것이다. 이러한 꿈을 향해 달려가는 상황에서 배우고, 채우는 과정을 통하여 경쟁력 갖추기를 쉽게 포기할 수는 없다. 꿈, 목표를 향해 긴 시간을 달려온 우리들이 한순간에 버림, 비움을 실천한다는 것은 불가능에 가까울 수 있다. 그렇다고 하여 '번아웃 증후군' 등과 같은 상황을 모른 채 내버려 두는 것은 우리들에게 나쁜 영향을 미칠 것이 뻔하다. '채움에서 비움으로, 비움에서 채움으로' 나아가기 위한 일상생활의 해법은 없을까?

첫째, '디지털 디톡스'로 디지털 기기의 노예에서 벗어나 보자. 필자는 물론 우리는 스마트폰의 노예로 전락하면서 '정보 습득=채움'이라는 압박에서 헤어나지를 못하고 있다. 한국정보화진흥원의 자료에 따르면, 국민 1인당 스마트폰 이용 시간은 하루 평균 4.1시간으로 하루 22번 정도 스마트폰을 켜서 각각 11분 동안 들여다보는 것으로 조사되었다. 스마트폰 자체가 문제라기보다 이것으로 인한 '정보 습득=채움'의 중독이 또 다른 기회를 빼앗아 가는 데 있다. '디지털 기기에서 해방되어 우리들의 뇌를 쉬게 하자'는 형태의 '디지털 디톡스 운동'이 사회적으로 확산될 조짐을 보이는 것도 이러한 맥락에 기인한 것이다.

둘째, '멍 때리기'를 통한 마음의 공백을 만들어보자. 2014년, 서울에서 이색적인 대회가 열렸다. 바로 '제1회 멍 때리기 대회'이다. 아무것도 하지 않는 상태에서 10분마다 맥박을 확인하고 얼마나 안정적인 상태를 유지하는지를 측정하는 방식이다. 요즘 사회가 얼마나 복잡하고 채움으로 가득하였으면 이러한 퍼포먼스까지 기획되었을까. '멍 때리기'와 같은 퍼포먼스가 아니더라도 한 번씩 먼 산을 바라보고, 먼 호수를 바라보면서 마음의 공백 만들기를 실천해보면 어떨까.

셋째, '땀 흘리기 실천'으로 지친 몸의 땀을 배출하고 열정의 에너지로 채우자. 채움으로 가득한 상황이 지속되면 컨디션이 떨어지고, 슬럼프로 빠져들 가능성이 높다. 운동선수뿐만 아니라 직장인, 사업가, 주부, 학생들에게도 슬럼프는 얼마든지 찾아올 수 있지만 표현을 다르게 할 뿐이다. 정보, 걱정거리, 스트레스, 불안감, 공포감 등으로 가득한 우리들의 삶과 뇌파 속을 비우고 버리지 않으면 또 다른 것을 채우기에는 한계가 있다. 그것을 위한 손쉬운 방법이 운동을 통한 땀 흘리기가 아닐까.

02. 의사결정의 순간, 삶의 지수를 바꾸다

바보 넝마 걸친 아비는
자식들이 눈 돌리나
주머니 찬 아비는
자식들이 친절하지

- 리어왕 2막 4장 중에서 -

[해석]

　분별력을 상실한 눈먼 왕이 된 그는 참담한 현실을 맞이하게 된다. 첫째 딸과 둘째 딸의 위선적인 말을 수용하고 세째 딸의 진솔한 답변을 거부한 그는 돌이킬 수 없는 후회를 하게 된다. 분별력과 통찰력을 상실한 왕, 진실과 거짓 구분에 실패한 귀머거리 왕, 눈먼 왕의 끝은 비참하기 그지없다. 이렇게 되지 않기 위해서는 의사결정의 순간에 있어서 합리적인 판단을 할 수 있는 힘을 길러야 한다. 고민의 연속인 삶, 의사결정의 연속인 삶 속에서 방황하는 CEO들은 어떤 힘을 길러야 할 것인가를 생각해보게 된다.

"우리의 삶은 선택과 의사결정의 연속이다." 리더들에게 있어서 협상이라는 비즈니스 스킬(skill)을 잘 발휘하면 의미 있는 선택과 의사결정이 될 수 있지만, 그렇지 않으면 늘 문제를 낳는 경우가 될 수도 있다. 그만큼 선택의 순간에 있어서 '의사결정의 힘[力]'은 중요한 것이다. 그것이 중요한 만큼 쉽게 우리들의 몸에 내재화되지는 않는다. 쉽게 얻을 수 있는 것이라면 오늘날 화두가 되지도 않았을 것이다. 그렇다고 그냥 있는다고 하여 쉽사리 찾아오는 것도 아니다. 리어왕을 읽으며 주인공의 어리석은 판단에 따른 참혹한 결말을 보면서 생각의 관점, 선택의 관점, 의사결정의 관점이 얼마나 중요한가를 생각하게 되었다. 선택과 의사결정에 있어서 분별력을 상실할 경우에 도래할 미래가 무엇인가에 대해서도 생각해볼 수 있었다.

자신의 경쟁력을 만들어 가는 데 있어서 '선택의 힘[力], 의사결정의 힘[力]'을 키우는 것은 중요함을 넘어 그 이상이다. 그것을 키우는 데 있어 핵심은 무엇일까. 바로 '지수관리'에서 해법을 찾아보고자 한다. 흔히 이야기하는 '지능지수, 감성지수, 열정지수, 경험지수, 역경지수, 센스지수'는 우리들의 삶 속에서 자신의 경쟁력을 키우는 데 결정적인 역할을 하는 것이지만 많은 이들은 지능지수에만 집중하는 경향도 있다. 최근 사회 트렌드 변화에 발맞추어 다른 지수들이 각광받고 있지만 아직도 지능지수의 오류 및 그 위험성에서 빠져나오지 못하는 이들도 많아 안타깝다. 기업 경영에 있어서 최고책임자인 CEO는 그 오류에서 하루빨리 탈피해야 한다. 직원관리, 인재관리를 제대로 수행하여 성과창출, 성과경영으로 나아가기 위해서는 지수관리가 선행될 필요가 있다.

지능지수(IQ)는 감성지수(EQ)를 감당하지 못한다

> 감성지수(EQ)는 열정지수(PQ)를 감당하지 못한다
> 열정지수(PQ)는 역경지수(AQ)를 감당하지 못한다
> 역경지수(AQ)는 센스지수(SQ)를 감당하지 못한다
>
> – '곽대훈 마케팅&광고 이야기' 중에서 –

과연 IQ(지능지수)를 이기는 것은 무엇일까. 다름 아닌 '열정'이다. GE의 CEO인 젝웰치는 "열정이 부족한 천재보다는 열정이 넘치는 범재를 택하겠다."라고 역설하였다. 많은 리더들은 싸우는 법을 알고 있지만, 싸우려 하지 않는 사람들을 데리고는 어떤 게임도 승리할 수 없음을 강조하였다. 여기에서 강조하는 것은 승리를 위해서는 지식의 많고 적음보다 '열정지수, 경험지수, 역경지수, 센스지수'를 갖추는 것이다. 필자도 새로운 직원을 채용할 때 가장 중요한 덕목으로 생각하는 것은 인성이며, 인성 중에서도 열정이나 경험 등과 관련된 항목들이다. 혹자는 열정지수 또는 경험지수는 가식적으로 만들어낼 수 있다고 한다. 물론 짧은 시간 동안 본인의 진심을 숨기고 가식적으로 행동할 수 있으나, 긴 시간에 걸쳐 소통을 할 경우에는 진심이 아닌 모습은 금세 드러난다. 열정지수와 경험지수는 눈빛 하나, 자세 하나만 보아도 한눈에 알 수 있는 것으로 어려움을 극복해가는 불같은 에너지이다. 이러한 능력을 갖춘 구성원은 흔히 이야기하는 A급 인재가 될 수 있으며, 그 결과 기업 또는 동료로부터 가치를 인정받아 본인 스스로가 더 성장하는 계기가 될 것이다.

하지만, 열정지수와 경험지수는 하루아침에 생성되고 발산되지는

않는다. 가정교육에서부터 학교교육, 직장교육 등을 통한 오랜 과정과 경험을 통하여 나오는 것이다. 선천적으로 물려받는 경우도 있겠지만, 자기 자신의 노력에 의한 후천적 요소가 더 강하게 작용되고 있다. 우리들은 한계를 뛰어넘는 힘인 열정을 얼마나 가지고 있고, 열정을 쌓아가는 노하우는 어떻게 만들어가고 있는 것일까?

첫째, "자신에게 좀 더 가혹해지자." 많은 이들이 남에게는 가혹하려 하고, 자신에게는 관대해지고자 하는 본능을 가지고 있다. 세상살이는 어떠한가. 그 반대가 될 때 사회가 평안해지고 조직이 발전하고 자신의 성장으로 연결되는 것 아닌가. 자신에게 가혹해지기 위한 방법으로 하루하루를 알토란같이 보내는 것을 추천해본다. 어떤 이는 하루를 24시간으로 보내기도 하고, 어떤 이는 20시간으로, 어떤 이는 26시간으로 보내기도 한다. 하루의 시간 차이는 불과 2시간에서 6시간에 불과하다. 하지만 1년이 지나면 적게는 730시간에서 많게는 2,190시간의 차이가 발생한다. 남들보다 2,190시간을 적게 활용하면서 동료 또는 경쟁자를 앞서가는 것은 과욕이 아닐까. 나아가 3년, 5년이라는 반복의 힘[力]까지 더해진다면 경쟁 불가 상황이 될 것이다. 치열한 무한 경쟁의 시대에서 생존할 수 있는 강력한 힘은 자기 자신에게 좀 더 가혹해지는 삶이 아닐까. 그것의 원천은 열정에서 생성되는 것이겠지.

열정을 바탕으로 자신에게 가혹해지는 길을 택한 이는 자신도 모르는 사이에 능력의 소유자가 되어 주변에서 탐내는 인재의 길을 걷고 있을 것이다. 인재로 자리 잡은 주변인, 동료들을 보면서 시기질투

하는 경우를 종종 보곤 한다. 예를 들어 뛰어난 동료직원에게 "저 친구는 CEO에게 편애를 받는다, 저 친구는 임원에게 아부를 하여 인센티브를 더 받는다, 저 친구는 능력도 없는데 인사고과를 잘 받는다." 등의 시샘소리를 하는 모습을 보게 된다. 시샘하고 시기 질투하는 사람들의 공통점은 자신의 능력을 함양하는 것에 초점을 두기보다 가치 인정을 받는 주변인들을 평가절하 하는 경향을 보이곤 한다. 안타까운 현실이다.

둘째, "자신의 몸에 고감도 센스를 부착해보자." 보통의 사람들은 변화, 창조, 혁신이라는 외부 자극이 있어도 그것을 느끼지도 못하거니와 자극을 감지하고 느끼더라도 현 상황에서 버티려고 안간힘을 쓰곤 한다. 반대로 남들보다 앞서가는 사람들은 낮은 주파수의 자극에도 예민하게 반응하고 분발하고자 용틀임을 한다. 이것을 기업 경영 관점으로 대입해보자. 기업은 생존과 성장을 위해서 늘 고민하고 있다. 새로운 고객사 발굴을 위한 프로젝트, 기존 고객사 유지를 위한 프로젝트, 이탈 고객사의 재창출을 위한 프로젝트를 수시로 가동한다. CEO이든 구성원이든 어느 한쪽이라도 프로젝트에 대한 고감도 센스가 부착되어 있지 않다면 목표를 달성함에 있어 한계가 있을 수밖에 없다. 따라서 끊임없는 자기 충전이 필요하며 자신의 몸에 부착된 센스가 고감도인지 제대로 들여다보아야 한다.

고감도 센스가 부착된 조직원은 늘 과거보다 현재가 더 나아지기를 바라는 마음으로, 현재보다 미래가 더 나아지기를 바라는 마음으로 업무기획을 하고, 업무 프로세스를 설계하고, 업무 결과에 대해서는 원인분석을 바탕으로 계승할 요소와 보완할 사항을 생각하고 실천하게 된다. 무엇보다 현안 발생 시에 '5why 사고기법'으로 제대로 된 실행방안을 마련하게 되고, 대안마련으로 문제해결을 쉽게 하게 된다. 하지만 고감도 센스가 부착되지 않은 조직원은 '5why 사고기법'은 온데간데없고, '2why' 또는 '3why' 사고기법으로 제대로 된 문제 해결 방법을 제시하지 못하는 경향이 많다. '5why 사고기법'과 관련하여 미국의 워싱턴 주에 있는 제퍼슨 기념관에서 기념관의 벽이 심하게 부식되어 이것의 해결방법을 찾아가는 과정을 사례로 들어본다.

[5why 사고기법]

　5why기법이란, 문제해결을 위하여 근본적인 원인파악과 문제해결 방법에 대하여 구체적으로 파고드는 것을 말한다. 5번의 why라는 질문을 통하여 표면으로 나타나는 이유가 아닌 문제해결과 관련된 제대로 된 원인을 찾아내는 것이 중요하다. 그러한 원인을 발견하기 위해서 '왜'라는 질문을 통해 문제해결 관점으로 사고를 진행하는 솔루션 기법이다.

[Example] (자료 : https://brunch.co.kr)

　한때 제퍼슨 기념관(미국 워싱턴주 소재)은 돌로 된 기념관의 벽이 심하게 부식되고 있어 유지보수작업이 필요하였다. 관광객들은 기념관의 유지관리가 부실하여 기념관의 벽이 심하게 훼손되었다면서 불만을 터트렸다. 그 결과, 기념관의 이미지는 점점 악화되어 갔다. 제퍼슨 기념관은 이 문제를 해결하기 위하여 다양한 방법을 시도하였으나 시간과 비용만 들어갈 뿐 쉽게 해결되지 않았다. 결국에는 이 문제를 해결하기 위하여 '5why 사고기법'을 접목하게 되는데, 과연 어떻게 해결했을까?

(1) 문제 기술 : 기념관의 대리석 벽이 심하게 부식되고 있다.
  - Why 1 : 왜 기념관의 대리석이 점점 부식되고 있는 것일까?
      대리석을 비눗물로 너무 자주 닦기 때문이다.
  - Why 2 : 왜 비눗물로 자주 닦게 되는가?
      비둘기의 배설물이 대리석 바닥에 많이 떨어지기 때문이다.
  - Why 3 : 왜 비둘기들이 많은 것일까?
      비둘기가 좋아하는 거미들이 기념관 곳곳에 많기 때문이다.
  - Why 4 : 왜 거미들이 많은 것일까?
      일몰 전에 전등을 미리 켜서 거미들의 먹이인 나방이 많기 모이기 때문이다.
  - Why 5 : 나방이 많은 이유는 전등을 주변보다 일찍 켜기 때문이다.

(2) 해결책 : 기념관의 전등켜는 시간을 2시간 늦추자.

(3) 핵심POINT : 이 문제를 해결함에 있어서 '5why 사고기법'을 적용하지 않았다면 어떻게 되었을까? 기념관의 전등을 늦게 켜는 해법이 아닌 2why, 3why 등에서 제시된 비둘기 또는 거미 등과 관련된 해법으로 해결하고자 했을 것이다. 문제해결에 있어서 '5why 사고기법'은 핵심 중의 핵심이다.

셋째, "주인처럼 생각하고 행동하자." "앓아 누운 주인이 열 머슴 못 한다."라는 말이 있다. 어떻게 생각하면 서글픈 이야기일 수 있으나 그만큼 주인의식의 중요성을 강조한 것이라 본다. 주인의식이 가동된다면 진행하는 업무, 프로젝트에 있어서 효율성도 높아질 것이고 효과성도 높아질 것이다. 효율과 효과라는 두 마리 토끼를 잡을 수 있다면 기업의 가치 증대로 연결됨은 물론 기업 성장을 위한 선순환으로 이어질 것이다.

우리는 일련의 과정을 통하여 역경지수(AQ)를 좀 더 쌓을 필요가 있다. 역경지수가 높을수록 지능지수(IQ), 감성지수(EQ)만으로 가득한 상대방과의 경쟁에서 경쟁우위 요소의 발굴은 쉬울 수 밖에 없다. '열정의 힘[力]'을 가진 자[者]는 그렇지 않은 자[者]보다 긍정의 피가 흐를 것이며, 긍정의 피가 흐르는 사람은 도전, 반복, 실행의 키워드로 자기 자신을 중무장할 것이다. 즉 5가지의 힘[力]_열정, 긍정, 도전, 반복, 실행_을 가진 자[者]가 이 세상에서 인정받지 못한다면 우리 사회가 너무 불공평하고 불평등한 게 아닐까. 한계를 뛰어넘는 힘[力]인 '열정, 경험, 역경, 센스'를 우리몸에 장착하고 달려가 보자.

03. 사자가 아닌 가젤이 되어야 한다

리어 실컷 으르렁거려라! 불 내뿜고 비 쏟아라!
     비, 바람, 천둥이나 번개도 내 딸은 아니다.
     난 너희 자연을 불친절로 고발 안 해.
     왕국을 준 일도, 자식이라 부른 일도 절대 없고
     충성을 바친 일도 없으니 너희들 마음대로
     끔찍하게 쏟아져라. 난 너희 노예다.
     불쌍하고 허약하며 경멸받는 노인이야.
     하지만 너희를 비굴한 앞잡이라 부르겠다.
     이처럼 흰머리 늙은이와 싸우려고
     하늘에서 소집한 대군을 사악한 두 딸과
     합치려고 하니까. 암, 그건 더러워.

                                       - 리어왕 3막 2장 중에서 -

리어 내 머리가 돌기 시작해.
     (바보에게) 얘, 이리 와. 얘, 넌 어떠냐? 추우냐?
     나도 추워. (캔트에게) 이보게, 그 헛간은 어디 있지?
     궁핍이란 이상한 재주가 있어서 천한 것을
     귀하게 만들 수 있단다. 자, 움집으로.
     (바보에게) 불쌍한 바보야. 네 녀석이 가엾단 마음이
     아직은 좀 남아 있어.

                                       - 리어왕 3막 2장 중에서 -

[해석]

　　황야에 남겨진 리어왕은 드디어 '마음의 눈'을 뜨게 된다. 시련과 고통을 경험한 리어왕은 참담한 현실에서 무엇이 중[重]한지를 깨닫게 된다. 난생처음 혹독한 시련을 겪은 리어왕은 아첨과 진심 어린 말을 구별할 줄 알게 된다. 그 과정에서 자신보다 주변을 돌아보는 '마음의 눈'을 가지게 된다. 일상생활이든 조직생활이든 기업경영이든 무엇보다 중요한 것은 '마음의 눈'을 뜨는 것이다. 모든 것을 직접적인 경험을 하고 나서 인지한다면 늦게 된다. 직간접적 경험지수를 높이는 과정을 통하여 제대로 된 판단력을 가질 수 있는 힘을 길러야 한다. 무엇보다 리더(CEO)에게 있어서 핵심 중의 핵심이다.

　　"스타트업 CEO는 달라야 한다." 베스트셀러에 소개된 CEO의 덕목, 유명인의 강연장에서 듣게 되는 CEO의 덕목은 대기업 또는 중견기업의 이야기가 많다. 하지만 실제 그 책을 읽고, 그 강연을 듣는 많은 이들은 중소기업, 벤처기업, 스타트업, 소상공인, 자영업자이다. 이들에게 필요한 것은 말하는 자[者]와 듣는 자[者]에게 있어서 공감의 힘을 가질 수 있어야 한다. 즉 말하는 자가 듣는 자의 입장이 되지 않고 그들만의 리그를 이야기한다면 듣는 사람들 입장에서는 먼 나라 이야기에 불과하지 않을까. 내 몸에 맞지 않는 옷이 아무리 아름답고 예쁘다고 한들 무슨 소용이 있을 것인가. CEO의 덕목이 아무리 현란하다고 한들 무슨 소용이 있을 것인가. 내 몸에 맞는 것일 때 빛을 발할 수 있을 것이다. 또 다른 관점에서 본다면 중소기업, 벤처기업, 스타트업, 소상공인, 자영업자 CEO들의 인풋(in put) 과정은 끊임없이 진행되어야 하지만 그 내용의 선택이 더 중요한 것이 아닐까 본다. 어느 한쪽으로 편중된 인풋이 되지 않도록 리더(CEO)는 인풋의 균형감을 갖는 데 집중해야 한다.

"오늘날의 CEO는 달라야 한다." 오늘날 변화의 속도는 엄청 빠르다. 과거의 10년이 오늘날의 2~3년에 불과할 수도 있다. 그만큼 트렌드 속도가 빠르고, 소비자들의 정보 획득 능력도 탁월하기 때문일 것이다. 흔히 이야기하는 4차산업혁명의 대표 키워드로 인식되고 있는 인공지능, 사물인터넷, 증강현실 시대에 있어서 CEO가 갖추어야 할 덕목과 역량이 트렌드의 흐름과 함께하지 못한다면 이해관계자들과의 소통에는 한계가 있을 수밖에 없다. 요즘의 CEO는 사회 변화 트렌드 속도보다 빠르지는 않더라도 그것의 이해를 바탕으로 트렌드 미숙아가 되지 않도록 해야 한다. 여차하면 '꼰대 리더십', '트렌드 미숙아 리더십' 등에 빠져들 가능성이 높다.

이러한 맥락에서 최근에 인상적인 뉴스거리가 있어 예를 들어본다. 몇 해 전에 정부 국감 현장에 대형 외식 기업의 최고경영자(CEO)이자 인기 방송인인 백종원 대표가 참고인으로 참석하여 국회의원들의 질의에 답하는 모습을 본 적이 있다. 오늘날 스타트업, 중소기업, 자영업자 CEO의 모습은 어떠해야 하는가를 느끼게 해준 대표적 사례라 할 수 있다.

"(중소벤처기업부가) 백종원 대표 같은 분을 모시고 (창업) 교육 프로그램을 만들어야겠습니다."

— (전) 홍일표 국회 산업통상자원중소벤처기업위원회 위원장—

"(백 대표가) 손오공이 되셔서 분신이라도 모셔야 할 판입니다."

— (전) 홍종학 중소벤처기업부 장관 —

국회의원 및 정부 관계자로부터 왜 이런 말이 나오게 되었을까? 곰곰이 생각해보면, 백종원 대표의 CEO 리더십에 있어서 두 가지 측면에 부합하기 때문이 아닐까. 다름아닌 스타트업 CEO로서, 오늘날의 CEO로서 필요충분조건을 충족하고 있기 때문이라 본다. 아무리 화려하고 멋진 덕목들이 나열되고 제시되더라도 스타트업기업에 적용하기에 부적절하고, 오늘날의 트렌드에 있어서 타당성이 약한 경우가 많다. 하지만 백종원 대표가 제시하는 리더십은 그렇지 않기 때문이다. 특히 주변의 꼰대들에게 지친 20~30대 젊은이들은 뭔가 다른 그의 말과 행동에 열광하는 것이라 여겨진다. 젊은이들이 모이는 인터넷 커뮤니티의 자유 게시판은 그가 방송에서 하는 말에 실시간으로 반응하고 있다. 백종원 대표가 보여주는 그만의 리더십을 인용하면 다음과 같다.(한경비즈니스 2019년 1월)

첫째, 소통이 먼저다.
둘째, 끝없이 변해야 한다.
셋째, 차별화된 콘텐츠를 가져야 한다.
넷째, 실패에서 배우자.
다섯째, 반짝이는 아이디어는 좋은 리더를 만드는 양념이다.

이러한 맥락에서 필자가 생각하는 스타트업기업, 중소기업, 벤처기업, 소상공인, 자영업자 CEO에게 필요한 리더십은 세 가지로 이야기 하고 싶다.

첫째, 멀티플레이어의 힘을 가져야 한다.
둘째, 도전, 반복, 실행의 힘을 가져야 한다.
셋째, 사자가 아닌 가젤이 되어야 한다.

"멀티플레이어의 힘[力]을 가져야 한다." 무엇보다 역량이 뛰어난 직원을 채용하는 것이 중요하다. 그러한 직원이 채용되면 역량을 제대로 발휘할 수 있도록 관리시스템이 구축되어야 한다. 우수한 직원이란, 누구를 말하는 것일까? 흔히, T자형 인재, A자형 인재, M자형 인재, 하이브리드형 인재 등으로 표현되기도 한다. 과거에는 I자형 인재가 최고였으나 2000년대 초반부터는 T자형 인재가 각광을 받아왔다. 최근에는 한 발 더 나아가 A자형 인재, M자형 인재, 하이브리드형 인재로까지 확산되어 왔다. 이처럼 오늘날 각광받는 인재의 공통점은 무엇일까? 대기업이 아닌 스타트업기업, 중소기업, 벤처기업 등에 해당되는 뛰어난 인재는 바로 '멀티플레이어형'이다. 메이저리그 추신수 선수와 간호사 나이팅게일의 예를 통해 이야기를 풀어본다.

[사례1] 메이저리그 추신수 선수이다.

추신수 선수는 2013년에 텍사스와 7년간 1379억원이라는 큰 금액으로 계약을 체결하였다(연합뉴스, 2013년 12월 22일). 그 비결은 무엇일까. 바로 멀티플레이어형 선수였기 때문에 가능하였다. 공격 관점에서 보면, 홈런/장타(3루타.2루타)/단타(1루타)/스퀴즈번트 등 다양한 능력을 보유하고 있었다. 수비 측면에서 보면, 우익수/좌익수/중견수 등 다양한 포지션을 해결할 수 있어 탁월함 그 자체였다. 게다가 발이 빨라 도루 능력까지 가지고 있었다. 감독 입장에서 본다면 다양한 작전을 펼침에 있어 우수한 선수임에 틀림없다. 이러한 멀티플레이어형 선수였기에 메이저리그 시장에서 큰 금액으로 FA 계약을 성사시킬 수 있었다.

[사례2] 간호사 나이팅게일이다.

나이팅게일은 야전병원에서 깨끗한 위생이 중요함을 강조하였으며, 깨끗한 위생은 사망률을 줄인다는 것을 통계적으로 증명하였다. 그녀는 세계 최초의 자료정리법 및 도표 개발로 그것을 증명하였으며, 깨끗한 위생이 실제 사망률을 기존의 42%에서 2%로 감소시킨 결과를 가져왔다(한국경제신문, 2015년 6월 18일). 나이팅게일의 본연의 역할은 간호사였지만 병사를 간호하는 업무 이외에도 현장에서 발생하는 문제를 개선하고 혁신하는 영역까지 능력을 발휘하게 되었다. 그녀가 멀티플레이어형 기질을 가지지 않았다면 그와 같은 업적을 이룰 수 있었을까.

"도전, 반복, 실행의 힘[力]을 가져야 한다." 우리가 개인생활을 넘어 사회생활에 있어 성공에 도달하는 가장 값진 비결은 무엇일까? 우리는 성공이라는 목표 달성을 위하여 욕심이 끝이 없는 것도 현실이다. 하지만, 욕심을 채우기 위한 마음은 끝이 없는데, 경쟁력의 크기 및 노력의 정도는 미미하기 그지없다. 스스로를 돌아보는 마음의 여유가 필요하다. 하지만, 사회생활 및 직장 비즈니스에 있어서 성공을 통한 자신만의 욕심 채우기가 잘 되려면 현실과는 다른 정반대의 삶을 걸어가야 하지 않을까. 남보다 자신에게 가혹한 삶을 갈구해야 할 것이며 그것은 우리들이 기본적으로 생각하는 것 보다 더 강할 필요가 있다. 그 핵심으로 [도전], [반복], [실행]을 강조하고 싶다.

'도전의 힘[力]'. 에이브러햄 링컨의 대통령 당선은 18번의 도전이 있었기에 가능하였다. 라이트 형제의 비행은 805번의 도전 후 성공하였다. 에디슨의 전구 발명은 어떠했을까? 1만여 번의 도전이 없었다면 화려한 빛을 볼 수가 없었을 것이다. 너무 유명하고 거창한 사례를 들었다고 생각할 수도 있으나 우리들의 주변에서 쉽게 볼 수 있는 작은 행동, 과제, 목표도 다를 바 없다. 개인생활, 사회생활, 조직생활에 있어서 작은 것에서부터 도전의 연속성 없이 큰 것으로 넘어가려고 하는 것은 그 자체가 욕심이다. 도전을 행[行]하기 위해서는 열정을 넘어 '진정한 용기'를 필요로 한다. 진정한 용기는 선천적으로 타고날 수도 있지만 꼭 그런 것만은 아니다. 열정과 노력이 있을 때 진정한 용기는 함양될 수 있는 것이다. 이러한 과정을 거치면서 성장한 아이들은 남다른 경쟁력으로 AQ(역경지수)를 가지게 될 것이며, 그 경쟁력은 IQ(지능지수)를 이길 수 있는 강력한 힘[力]이 될 것이다.

하지만, 기업경영을 하면서 다양한 조직원을 바라보게 된다. 조직원들의 모습에 있어서 도전의 힘이 천차만별이다. 도전이라는 것은 어떻게 활용하느냐에 따라서 성공의 결과가 나올 수도 실패의 결과가 나올 수도 있다. 도전에 대하여 부정적이거나 소극적인 구성원들은 실패 시에 가지게 되는 리스크와 책임소재에 더 무게중심을 두게 된다. 이 또한 업무를 수행함에 있어서 나쁜 습관의 하나로 볼 수 있다. 도전에 대하여 적극적이거나 즐기는 사람의 경우는 추진업무 또는 프로젝트의 실패보다는 성공을 위한 방법적인 측면에 더 포커스를 두게 된다. 특히 리스크에 대한 불안심리보다는 리스크를 줄이기 위한 문제점 해결 방안 또는 대안 마련에 더 초점을 두는 경향을 보이게 된다. 더 중요한 것은 적극적인 도전을 통하여 성공의 희열을 맛보거나, 설령 실패했더라도 그것을 통하여 경험지수를 쌓아가고 내공지수로 승화시켜 나가는 과정으로 연결될 것이다.

'반복의 힘[力]'. 우리들이 성공의 길을 걸어가기 위해서는 스스로의 경쟁력 확보가 필요하다. 경쟁력 구축은 가만히 있을 때 하루아침에 뚝딱 찾아오는 것은 아니다. [반복=습관]을 내 몸의 경쟁력으로 만들어갈 때 가능한 것이다. 하루하루 이어지는 작은 습관은 우리의 하루를 결정하고, 한 달, 일 년, 평생으로 이어지게 된다. 새로운 행동에 대한 거부감이 사라지는 시간은 66일이 걸린다고 말한다. 그런데 우리들은 도전이 성공하기까지 얼마나 많은 반복을 해보았는가. 자녀에게 반복의 힘을 키워주기 위하여 어느 정도 노력을 하였는가. 반복을 밥 먹듯이 하여 우리 몸의 습관으로 안착시키는 것은 참으로 지루하고 어려운 과정이다. 이 벽을 넘을 수 있다면 우리들의 경쟁력 요소가 될 것이며, 그러한 경쟁력을 갖추게 되면 그 무엇도 부럽지 않을 것이다. 반복(反復)이 가져오는 반전(反轉)의 희열을 느껴보자.

일본 마라토너 도시히토세코의 인터뷰 내용을 통하여 '반복의 힘[力]'을 소개해본다. 그가 1981년 미국의 보스턴마라톤대회에서 우승했을 때의 일이다.

(기자 질문) "훈련을 어떻게 했습니까?"
(선수 대답) "저는 아침에 10km, 저녁에 12km를 달렸습니다."

너무나 단순한 답변에 주변인들이 실망한 표정을 지었다. 그때 주인공은 이런 말을 덧붙였습니다.

(선수 대답) "1년 365일 단 하루도 빼놓지 않고 달렸습니다."

그 순간 주변인들의 반응이 실망에서 경탄으로 바뀌었다는 이야기가 있다. '반복(反復)'은 '반전(反轉)'의 열쇠가 아닐까?

'실행의 힘[力]'. 실행의 키워드인 '퍼스트펭귄(First Penguin)'은 너무나도 유명한 마케팅 용어이다. 세상의 끝, 남극대륙 얼음판 위에 수많은 펭귄들이 옹기종기 모여 머뭇거리고 있다. 그들에게는 매서운 바람이 휘몰아치는 얼음빙판보다 천적들이 넘쳐나는 바닷속이 더 두려운 곳이었다. 생존을 위하여 누군가는 바닷속으로 뛰어들어야 하지만 아무도 쉽게 나서지 못한다. 그때 한 펭귄이 과감하게 뛰어든다. 그러자 다른 펭귄들도 기다렸다는 듯이 바닷속으로 뛰어든다. 바로 이 녀석이 '퍼스트펭귄(First Penguin)'이다. 스타트업, 중소기업, 벤처기업, 소상공인, 자영업자에게 있어서 중요한 것은 거대한 그림을 그리는 것보다 그린 그림을 실행하기 위한 퍼스트펭귄이 필요한 것 또한 현실이다. 그 주인공으로 직원이 되든지 그러한 직원이 없다면 CEO가 그 역할을 해야겠지.

퍼스트펭귄이 되어 앞에서 달려본 경험이 있는 구성원들 또는 CEO들은 그것의 짜릿함과 희열을 이야기하곤 한다. 그렇지 않은 사람들은 뒤에서 따라가는 것의 편안함을 자랑스럽게 이야기하며, 그러한 행동이 아무렇지도 않은 듯 뜻뜻하게 이야기하곤 한다. 기업의 존재 이유는 이익창출을 넘어 사회적 책임까지 달성할 때 그 가치는 높아지게 된다. 이를 위해서 과연 어떤 구성원이 필요하고, 어떤 CEO가 되어야 할 것인가. 두말할 필요 없이 퍼스트펭귄으로 가득한 조직

이어야 할 것이다. 이러한 조직문화, 기업문화로 만들어 가기 위해서는 CEO의 역량과 밀접한 관련이 있지 않을까.

"사자가 아닌 가젤이 되어야 한다." 목표를 향해 도전하더라도 [열정]을 담지 않는다면 효과를 만들어감에 있어 한계가 있을 수밖에 없다. 탁월한 성과를 가져오기 위해서는 [열정]이 꼭 수반되어야 한다. 열정이 수반되기 위해서는 긍정, 성실, 인내, 끈기와 함께 할 때 더 빛이 나게 된다. 이 또한 누구에게나 쉽게 찾아오는 것은 아니다. 끊임없는 노력이 있을 때 그 힘을 키울 수 있다. 조직이나 기업 또한 다를 바 없다. 기업에서 추진하는 다양한 프로젝트가 성공으로 이어질 때 기업의 유지, 존속, 발전으로 연결된다. 프로젝트 성공은 열정이 있을 때 가능성을 높일 수 있다. 우리들은 제대로 된 열정의 힘을 가지고 있는지 스스로 돌이켜 볼 필요가 있다. 열정은 간절함을 수반할 때 더 빛을 발하게 된다. 열정의 힘을 바탕으로 간절함을 생생하게 보여주는 세렝게티의 생존경쟁을 살펴보면 재미있을 듯하다.

세렝게티 현장의 [사자]와 [가젤] 생태계 먹이사슬을 상상해보자. 우리의 상상력 속에는 사자는 늘 쫓는 자, 가젤은 늘 쫓기는 자로 이미지화 되어 있다. 결국에는 가젤이 사자에게 잡아먹히는 형태의 생태계 모습이다. 하지만 꼭 그렇지만도 않다. 모든 것이 생각대로 상상대로 흘러간다면 너무 재미없는 모습 아닐까. 의외일지 모르나 사자의 생존율은 20~30%에 불과하지만 가젤의 생존율은 30~40%씩이나 된다. 가젤은 늘 세렝게티 현장에서 위험에 노출되어 있지만 위험을 극복할 자신만의 방법을 가지고 있기에 사자보다 생존율이 더 높은 것이다. 그 방법의 근간에는 무엇이 있는 것일까. 사자의 추격을 받기 시작하면 가젤은 "죽기 살기로 있는 힘을 다해 달린다." 이러한 모습에 비해 사자는 "(너 아니면 또 다른 녀석이라는 심리로) 대충 달린다." 여기에서 초강자도 초약자를 놓치고 마는 촌극이 일어나게 된다. 사자 입장에서 바라보면 허탈함이고 비웃음거리가 되지만, 가젤 입장에서 바라보면 그만큼 긴박했던 생존게임이었던 것이다. 가젤의 생존욕구는 어디에서 나온 것일까. 비결을 한마디로 요약하면 가젤의 '간절함'이 아닐까싶다.

우리들의 조직이나 기업 경영도 마찬가지라고 본다. 중견기업이나 대기업은 시스템에 의해서, 매뉴얼에 의해서 움직이지만 스타트업, 중소기업, 벤처기업은 그렇지 않다. 때로는 시스템과 매뉴얼에 의한 것도 있지만 다수는 임기응변식으로 그 순간마다 응용방법이 많이 다르다. 매번 일어나는 위험에서 벗어나고 그것을 기업의 경쟁우위 요소로 만들기 위해서는 사자의 마음만으로는 생존의 문턱을 넘을 수 없다. 가젤의 마음이 절실히 요구되는 것이다.

04. 리더가 균형감각을 잃으면 기업의 미래도 암울해진다

일상생활이든 기업경영이든 구성원 간에 있어서 힘의 균형은 중요하다. 인사조직 또는 마케팅에 있어서 '힘-의존 이론'이 조직경영에 인용되곤 한다. 힘이라는 것은 의존성을 수반하는 것으로 거래 상대방의 의사결정을 통제하거나 영향을 미칠 수 있는 능력을 말한다. 두 사람 또는 두 조직의 관계에 있어서 상호의존성을 가지지만 늘 동일한 힘을 가지지는 않는다. 즉 힘의 우위와 열위가 발생하고 그것에 따라 힘의 불균형이 일어나게 된다. 이것은 의존성의 불균형으로 이어져 상대방에 대하여 힘의 의존관계를 형성하게 된다.

예를 들면, 중소기업의 제조업체와 대형유통업체와의 관계를 살펴보자. 일반적으로 대형유통업체가 중소기업의 제조업체보다 더 우월한 힘을 가지고 있다. 이러한 상황에서 중소기업에 해당하는 제조업체는 대형유통업체의 요구 사항(ex. 판매촉진비 지원, 판매사원 파견 등)이 다소 불공정거래를 유발할 가능성도 있지만 그들의 요구사항을 수용하게 된다. 물론 중소기업인 제조업체도 대형유통업체의 요구 사항에 불만을 가지면서 다소 무리한 요구사항에 응하는 것은 실질적으로 제조업체에게 고객 확보를 통한 매출 증대에 도움이 되는 측면도 있기 때문이다.

이처럼 우리들의 일상생활은 물론 비즈니스를 함에 있어서도 힘의 원리는 늘 존재하는 것으로, 이러한 상황에서 리더의 균형감각은 많이 요구되고 있다. 균형감각을 상실한 리더, 균형감각을 상실한 CEO에게 제대로 된 조직경영을 기대하기는 어렵다. 균형 감각이라고 하는 것은 단순히 저울추가 좌우로 움직이지 않는 것처럼 어느 한쪽으로 기울지 않는 것만을 의미하지 않는다. 물체의 균형이란 상호 간의 동일한 무게, 질량을 맞춘다면 수평을 유지하고 그것이 균형으로 이어지게 된다. 하지만 사람과의 관계, 이해관계자와의 관계는 물론 기업의 구성원 간의 관계는 그렇지 않다. 왜냐하면, 사고의 능력과 생각의 힘을 가진 사람들 간의 모습이기 때문이다. 리더가 균형감각을 바탕으로 수평을 지향한다는 것은 생각처럼 쉽지않다. 이것이 잘 가동되어 조직과 기업이 유기적으로 유지되고 경영되기 위해서는 리더의 성숙된 리더십이 요구된다. 기업경영에 있어서 조직원들의 '아첨 vs 진심'에 대해 구별하고 선별할 수 있어야 한다. 이것을 구별하는 능력을 갖지 못한 CEO는 불행의 결말을 맞을 가능성이 높다. 리어왕 1막 4장의 글을 읽으면서 CEO가 가져야 할 덕목에 대하여 생각해본다.

바보

있다고 다 보여주지 말고
안다고 다 말하지 말고
가졌다고 다 빌려주지 말고
들었다고 다 믿지 말고
단판에 승부를 걸지 말고

— 리어왕 1막 4장 중에서 —

[해석]

　　주인공 리어왕은 첫째 딸(고너릴)과 둘째 딸(리간)의 감언이설에 넘어가 그들에게 왕국의 영토를 모두 나누어 주게 된다. 반면 부모에 대한 사랑을 위선적인 말로 표현하기를 거부한 막내딸(코딜리아)은 쫓겨나게 된다. 그런 리어왕의 옆에는 그를 즐겁게 해주는 광대(바보)가 있었다. 광대는 리어왕이 세 딸에게 행하는 모습을 보면서 리어왕에게 이러한 메시지를 전하게 된다. 균형 감각을 상실한 리어왕은 [아첨과 [진심]을 구별하지 못하는 우를 범하게 되었다.

　리어왕이 범한 우를 범하지 않도록 리더 또는 CEO가 제대로 된 리더십을 갖추는 것은 중요한 요소이다. 무엇보다 '균형 감각의 힘[力]'이 우선시 되어야 한다. 그 힘은 어디에서 나오는 것일까?

　　첫째, 인풋(in put)을 밥 먹듯이 해야 한다.
　　둘째, 공적인 것과 사적인 것을 구별해야 한다.
　　셋째, 비우기, 버리기, 물처럼 되기를 행해야 한다.

　"인풋(in put)을 밥 먹듯이 해야 한다." 제대로 된 의사결정이 되기 위해서는 균형 감각을 가져야 한다. 균형 감각을 가진다는 것은 그냥 이루어지는 것은 아니다. 충분한 인풋(in put)을 가질 때 그것을 바탕으로 한쪽으로 기울어진 판단을 하지 않게 된다. 제대로 된 의사결정으로 나아가는 첩경이 된다. 제대로 된 의사결정은 조직의 발전과 기업의 성장으로 나아가는 핵심요소가 된다. 그만큼 인풋의 과정은 중요한 것이다. 우리들은 얼마나 양질의 인풋을 행하고 있는 것일까. 무엇보다 어떠한 방법으로 인풋을 행할 것인가이다.

먼저, 다독이다. 읽지 않고서 채우는 것은 언감생심이다. 채우는 것이 중요하지만 그것이 하루아침에 이루어지는 것은 아니다. 끊임없는 노력이 뒷받침될 때 조금씩 확률도 높아지게 된다. 그것을 위한 핵심 키워드는 도전, 반복, 실행의 힘이 아닐까. 일반적인 사람이 아닌 남다른 1~2%의 사람이 되기 위해서는 도전, 반복, 실행 중에서도 반복의 힘을 가질 때 가능성은 더 높아질 것으로 여겨진다. 반복의 힘을 가진다면 도전과 실행이라는 키워드가 더 빛을 발할 수 있다. 즉 다독은 리더가 균형감각을 갖도록 도와주는 중요한 매개체가 될 것이다.

둘째, 고퀄러티 정보채널을 활용하는 것이다. 과거와는 달리 요즘은 정보채널이 다양하다. 그만큼 많은 사람들은 그 채널들을 적극적으로 활용하고 있다. 하지만 정보채널이 모두 똑같은 것은 아니다. 콘셉트와 트렌드를 소개하는 채널, 다양한 사례를 중심으로 소개하는 채널, 데이터를 기반으로 분석적인 정보를 제공하는 채널, 특정 장르에 의존하지 않고 다양한 장르(ex. 마케팅. 전략. 기획. 영업. 리더십. 인문학. 자기계발 등)를 소개하는 채널 등 다양하게 존재한다. 이러한 채널에서 제공하는 정보를 지속적으로 접하고, 그것을 통해 인풋(input)을 즐기는 과정을 통하여 스스로 경험지수 또는 내공지수의 깊이를 쌓아가야 한다. 그것을 통하여 상대방과의 협상 또는 다양한 의사결정에 있어서 균형감각을 발휘하도록 해야 한다. 그러한 정보채널을 접하지 않더라도 세상살이에는 별다른 문제는 없겠지만 나만의 경쟁우위 요소를 갖추기에는 한계가 있을 수 밖에 없다. 리더가 균형감각을 유지하기 위한 매개체로 고퀄러티 정보채널은 선택이 아닌 필수가 되고 있다.

셋째, 3가지 재산을 가져야 한다. "사람, 정보, SNS가 재산이다"를 명심하자. 개개인이 아무리 탁월하다 하더라도 근본적인 능력의 차이는 크게 나타나지 않는다. 하지만 개인이 가진 능력에 주변 사람들의 힘, 스스로 가진 정보의 힘, 스스로 운영 중인 SNS의 힘이 더해진다면 개인의 능력은 배가 되고 상황에 따라서 상상초월의 힘을 가지게 될 것이다. 예를 들어 입사 5년 차가 되는 김철수 대리가 팀장으로부터 '00기업의 영업 활성화 방안'과 관련된 업무를 지시받았을 때를 상상해보자. 물론 김 대리가 능력이 우수하여 멋진 기획서를 만들수도 있지만, 주변에 탁월한 능력을 가진 전략가, 기획가가 있다면 다양한 관점의 조력을 받을 수 있을 것이다. 나아가 그가 평상시에 다양한 정보를 데이터베이스로 관리해왔다면 기획서를 준비하는 데 있어 자신만의 경쟁력 요소가 될 것이다. 김 대리가 본인의 능력과 더불어 주변의 조력을 받을 수 있는 인적 네트워크 및 정보채널을 보유하고 있다면 그의 능력은 우리가 상상하는 이상으로 발휘될 것이다. 이러한 힘을 갖추는 것도 김 대리의 능력이겠지.

"공적인 것과 사적인 것을 구별해야 한다." 리더, CEO는 공사 구분이 명확해야 한다. 특히 조직원들에게 제대로 된 리더십을 발휘하기 위해서는 공적인 것과 사적인 것에 대한 구분을 잘 해야 한다. 그것이 생각만큼 쉽지 않은 것도 현실이다. 만약에 쉬운 것이라면 누구나 행할 수 있을 것이고, 그러한 능력을 갖추었다고 하더라도 그것이 남들과 구분되는 경쟁우위 요소가 되지는 않을 것이다. 그렇다면 공사를 구분한다는 것은 어떻게 판단하고 행해야 하는 것일까.

그 해법은 나 관점이 아닌 상대방 관점에서 생각하고 판단하기를 습관화해야 한다. 나 관점에서 생각하게 된다면 공사 구분은 물론이고 비즈니스 업무, 일상생활에 있어서도 늘 문제를 낳을 수밖에 없다. 상대방 관점에서 생각하는 것은 늘 희생, 배려, 역지사지와 같은 키워드가 몸에 배어 있어야 가능한 것이다. 이 또한 생각만으로 가능한 것은 아니다. 평소에 이러한 관점에서 생각하고 행동하는 모습이 일상생활에 배어 있어야 한다. 그 과정 속에서 나 관점이 아닌 상대방 관점이 될 때 가능한 것이겠지.

"비우기, 버리기, 물처럼 되기를 행해야 한다." 인풋(in put)은 중요한 요소라 하더라도 그것이 목적이 된다면 최상의 아웃풋(out put)으로 연결되기에는 한계가 있다. 아웃풋이 남다르지 않다면 자신의 가치 증대는 어려운 것이다. 자신의 가치 증대로 만들기 위해서, 최상의 아웃풋을 만들기 위해서는 인풋을 넘어 비우기, 버리기, 물처럼 되기를 행해야 한다. 그것이 가능할 때 상대방 관점이 될 수 있으며, 의사결정에 있어서 기울어진 모습을 보이지 않게 된다. 균형감을 갖춘 판단을 하게 됨에 따라 조직의 발전, 기업의 발전을 위한 핵심요소가 될 수 있다.

비우기, 버리기, 물처럼 되기는 인풋(in put)보다 훨씬 어려운 과정이다. 인풋이라는 가치를 쌓은 사람들이 행할 수 있는 것이 비우기, 버리기, 물처럼 되기이다. 이것이 가능할 때 아웃풋(out put)의 탁월함으로 연결됨과 동시에 개인의 브랜드 가치를 만들 수 있는 것이다. 이와 관련하여 대표적인 인문고전 책으로 노자의 『도덕경』을 읽어 보면 어떨까? 이 책에서 소개하는 내용 중에서 눈에 띄는 것으로 '부드러움', '비움', '버림' 등이 있다. 제8장, 제36장, 제43장, 제78장 등에서 소개되고 있다. 물과 연결지어 풀어가는 구절이 많다. 노자의 핵심 덕목인 '비움의 미학, 버림의 미학'을 강조하고 있으며 이것을 통해 균형감각으로 연결해보면 재미있을 듯하다.

05. 마케팅형 CEO, 인문학형 CEO가 기업을 살린다

코딜리아	없습니다. 전하.
리어	없습니다?
코딜리아	없습니다.
리어	없음은 없음만 낳느니라. 다시 해봐.
코딜리아	소녀 비록 불운하나 제 마음을 입에 담진 못하겠습니다. 전 전하를 도리에 따라서 사랑하고 있을 뿐, 더도 덜도 아닙니다.
리어	뭐, 뭐라고, 코딜리아? 말을 좀 고쳐봐라. 네 행운을 망치지 않으려면.

- 리어왕 1막 1장 중에서 -

[해석]

리어왕은 일생을 통하여, 특히 왕좌에 올라 있는 동안, 오직 있음과 긍정의 세계만을 살아왔다. 절대 권력의 소유자로서 그는 전지전능하였다. 신하들은 검은 수염이 나기도 전에 지혜의 상징인 "흰 털이 났다고…" 말했다. 그의 욕구는 무엇이든지 만족되었고 그의 말은 법이고 정의였다. 신하들은 늘 '예, 예, 예'라고만 대답할 뿐이었다. 한마디로 리어왕은 절대 긍정의 세계에 갇혀 있었다. 이런 맥락에서 코딜리아의 '없음'에 대해 리어왕이 왜 그토록 강한 부정의 메시지를 낳았는지 이해할 수 있는 측면도 있다. 하지만 진실에 충실한 코딜리아의 마음은 조금도 이해를 하지 않은 채 리어왕 자신의 관점에서만 '긍정 vs 부정', 'YES vs NO'라는 이분법적 사고에 함몰된 것은 급기야 돌이킬 수 없는 상처와 종말을 가져오게 되었다.

리어왕과 셋째 딸 코딜리아와의 대화를 바라보면 도덕경의 이 구절이 스쳐지나간다. "말을 하지 않으면 서로의 마음을 잘 알지 못해서 답답합니다. 하지만 침묵을 거치지 않은 말은, 범람하는 강물처럼 두렵습니다. 그런 말은 하면 할수록 스스로를 궁하게 만들어 버립니다." 리어왕의 세 딸이 모두 죽음을 향해 치닫는 것도, 말과 침묵이 균형을 잘 잡지 못했기 때문이 아닐까.

多言數窮, 不如守中.
말이 많으면 궁하게 되니, 빈 속을 지키고 있는 것만 못하다.

— 도덕경 중에서 —

우리 주변에 오랜 시간 동안 기술 개발에 매진한 결과 기술 인증을 받고, 기술 특허를 받으면서 창업으로 뛰어드는 경우를 자주 접하게 된다. 그렇게 많은 시간과 비용을 투자하여 경쟁력 있는 아이템을 가졌지만 창업의 성공 확률은 한 자릿수에 불과한 것도 현실이다. 그 이유는 무엇일까? 필자는 중소기업, 벤처기업, 스타트업기업의 조직원, CEO들을 대상으로 마케팅전략, 영업전략, 기업가정신 등과 관련된 특강, 멘토링, 컨설팅을 행하곤 한다. 이 경우에 공통적으로 느끼는 부분이 있다. CEO들에게 있어서 IT와 엔지니어와 관련된 피[血]는 흐르지만 마케팅과 인문학과 관련된 피[血]는 흐르지 않고 있다. 아무리

우수한 아이템이지만 시장에서 소비자의 선택을 받기 위해서는 IT와 엔지니어 관점만으로는 한계가 있다. 탁월한 아이템에 마케팅 요소와 인문학 요소가 가미될 때 소비자의 선택을 받을 가능성이 높아지게 된다. 이 부분에 대하여 많은 이들이 모르는 경우도 있지만, 알면서도 실제 행하지 못하는 경우가 더 많다. 반대로 제대로 된 품질을 확보한 후 마케팅을 일관성 있게 펼쳐온 기업을 살펴보면 의미 있을 듯하다.

그 대표적인 사례로 '안상규 벌꿀'을 소개해 본다. 벌꿀의 품질로만 본다면 강원도 산속에서 정성껏 제조한 어느 양봉농가의 벌꿀도 안상규 벌꿀과 비교하여 뒤지지 않는 품질을 가졌을 것이다. 하지만 소비자들이 생각하는 벌꿀에 대한 포지셔닝은 어떠한가. 마케팅이 접목되지 않은 일반 농장의 벌꿀과 마케팅을 제대로 접목한 안상규 벌꿀을 비교해보면 큰 차이를 가져오고 있다. 안상규 벌꿀을 접해본 사람들이라면 선물하기에 적당한 상품이라고 인식하고 있다. 소비자들의 마음속에 그려진 안상규 벌꿀의 이미지는 "고급스럽다, 비쌀 것 같다, 양주 같다, 품질이 좋아 보인다, 선물할 때 선택하고 싶다." 등이다. 시중에 판매되고 있는 2400g의 벌꿀의 가격을 비교해 보면, 일반 상품들은 약 30,000원~50,000원 선이다. 하지만 안상규 벌꿀은 기본형 78,000원부터 기능성 상품은 10만 원 가까이 한다. 동일 용량의 상품인데도 불구하고 단가에 있어서 이렇게 차이가 나는 이유는 무엇일까. 안상규 벌꿀은 상품 출시와 함께 마케팅에 집중하여 경쟁상품 대비 경쟁우위 요소를 확보했기 때문이다.

예를 들면, 브랜드 개발(BI), 시각 디자인 개발(상품 소개 브로슈어), 패키지 디자인 개발(포장지. 용기), 매장 외관 디자인, 매장 내부

디자인 등에 있어서 경쟁사 대비 차별성을 확보하고자 일관성 있는 노력을 해왔다. 그 결과 마케팅 비용으로 초기 투자가 이루어졌지만 소비자에게는 긍정적 이미지를 전달하여 매출 증대 효과를 가져오게 되었다. 안상규 벌꿀은 매출 증대(객수*객단가)를 위하여 객단가를 증가시키는 데 성공하였으며, 그 이후 소비자에게 지속적으로 제공된 브랜드의 긍정적 이미지는 추가 구매로 연결되어 객수 증대 효과를 가져오게 되었다. 즉 객단가 및 객수 증대라는 두 마리 토끼를 확보한 안상규 벌꿀은 업계에 있어서 성공한 대표적 사례가 되고 있다.

이러한 사례에서 보듯 창업의 성공 확률을 높이기 위해서는 다양한 요소가 있다. 그중에서도 개발된 상품에 대하여 마케팅과 인문학적 요소의 접목에 달려있다고 본다. 하지만 안타깝게도 창업 CEO들은 마케팅형 CEO로, 인문학적 CEO로 나아가지 못하고 IT형 CEO, 엔지니어형 CEO에 머물러 있다. 그것이 더 지속된다면 창업기업의 성공은 요원한 것 아닐까.

그렇다면 마케팅형 CEO, 인문학형 CEO로 나아가기 위해서 어떻게 해야 할 것인가. 그 해답은 이분법적 사고의 탈피에 있다. 리어왕이 혼돈에 빠지고 갈등의 수렁에서 벗어날 수 없었던 것은 리어왕의 이분법적 사고에서 찾을 수 있다. 리어왕의 오류를 타산지석으로 삼아본다면 이분법적 사고는 너무나도 처참한 결과를 가져오는 무서운 존재임을 알 수 있다. 기업을 경영하는 CEO든 조직을 이끄는 책임자이든 조직의 발전과 기업의 연속성을 위해서는 이분법적 관점에서 탈피하는 것이 너무나도 중요하다.

다수와 이해충돌이 있거나 의견 충돌로 인하여 선택과 의사결정의 어려움이 있을 경우에 리더, CEO에게는 혜안이 필요하다. 그것을 찾아내어 문제를 해결하고 대안을 마련하고 조직과 기업이 전진하기 위해서는 '이분법적 관점'이 아니라 '확장적 관점'의 사고가 이루어져야 한다. 이것이 가능할 때 창의적 사고로 이어질 수 있고, 문제 해결 관점으로 나아갈 수 있고, 대안 마련을 통하여 발전 모드로 진입할 수 있는 것이다. 조직 및 기업 경영에서만 필요한 것이 아니라 아이들의 교육과정에서 더더욱 요구되는 덕목이다. 이분법적 사고가 만연하게 되면 아이들에게 있어서 자기주도 학습의 한계를 가져오게 되며 그것은 문제풀이 유형에 익숙한 아이로 성장시키는 결과를 가져오게 된다. 그러한 것이 아닌 문제해결과 대안마련이 익숙한 아이로 성장시키고, 그 아이들이 사회로 진출하도록 해줄 때 아이들의 미래는 더욱 밝은 것 아닐까.

기업의 조직원들에게 있어서도 반복적으로 발생하는 업무를 진행함에 있어서는 이분법적 사고가 적용되어도 큰 무리는 없다. 하지만 새로운 프로젝트를 추진하거나, 신규 비즈니스를 개발하거나, 아이디어가 필요한 기획서를 만들거나, 리스크가 있는 비즈니스 모델을 개발하거나, 큰 문제가 예상되는 것을 해결하고자 할 경우에는 이분법적 사고를 가진 조직원과 함께하면 그 난관을 헤쳐 나가기에 어려움이 많다. 그 당사자가 리더, CEO라면 기업의 존폐와도 관련이 있을 것이다. 개인의 발전은 물론 조직의 발전, 기업의 성장을 원한다면 '이분법적 사고'에서 벗어나 '확장적 사고'를 가져보면 어떨까.

참고문헌

윌리엄 셰익스피어, 최종철 옮김, 『리어왕』, 민음사, 2005.
노자, 오강남 옮김, 『도덕경』, 현암사, 1995.
공자, 오세진 옮김, 『논어』, 홍익, 2020.
곽대훈 외, 『인문의 어깨에 올라 경영을 바라보다』, 부카, 2018.

| 에필로그 |

독서, 리케이온, 그리고 인문고전 글쓰기

독서

독서는 가만히 앉아서 활자를 훑는 행위정도로 인식되기도 한다. 문득 이런 생각을 해 본다. 문방사우가 귀하던 조선시대, 붓글씨로 한자 한자 써내려간 서책이 다 닳을 때까지 몇 번이라도 읽고 또 읽던 옛 선비들에게 책은 무엇이었을까. 그들은 책을 누워서 읽는 법이 없었다. 책을 읽는다 함은 자세와 태도가 8할인 것이다. 선비라면 응당 정좌된 자세로 때로는 밤을 새워서라도 사서삼경을 반복해서 읽었다. 독서는 선비를 대표하는 인내의 행위였던 것이다. 당시 일반 백성들은 책을 가질 수조차 없었고, 서양에서 또한 중세까지 책은 귀족의 전유물이었다.

출판 인쇄술이 발달하고 인터넷 혁명까지 더해져 온오프라인을 막론하고 원하는 책을 언제 어디서나 접할 수 있는 현대에서 책을 읽는다는 것은 과연 어떤 의미일까. 이제 책은 신분과 귀천을 떠나 누구나 가질 수 있는 공평한 소유물이 되었다. 어쩌면 누구나 손쉽게 책을 가질 수 있어서 그 가치가 폄하 되었는지도 모른다. 마음만 먹으면 지구촌 어디든 갈 수 있고 세계는 재미있는 것들로 가득

하다. 지천에 흥미로운 꺼리가 수두룩한데 굳이 난해한 활자를 붙들고 씨름해야 하는 독서는 시대에 뒤쳐진 고리타분한 취미활동인가. 생각해볼 것은 재미추구가 독서의 본질이 아니라는데 있다.

흔히 여행은 서서 하는 독서이고, 독서는 앉아서 하는 여행이라고 한다. 이를테면 독서는 시공간을 가로지르는 정신여행이다. 다채로운 정신여행에서 행해지는 독서의 과정은 그 자체로 경이롭다. 먼저 독자의 눈으로 흡수된 활자는 인식의 창을 거치고 무의식의 굴절을 통하여 순간의 느낌과 함께 각자의 해석에 이른다. 활자가 머리에 머무는 것에 그치지 않고 마음에 전이되고 피와 심장을 관통해 종국에는 손과 발을 움직이게 하는 것이다. 요리를 책으로만 배운다면 결코 음식을 잘 만들 수 없을 것이다. 사랑을 책으로만 배운다면 소설 속 주인공의 사랑만을 탐닉하는데 그치게 된다. 진정한 독서 여행은 한 권의 책으로 삶을 관통하는 여정이다. 결국 독서는 삶과 사람을 향해야 한다.

리케이온

2,400년 전 소크라테스는 그의 제자들과 철학에 대해 토론하기를 좋아했다.

그를 따르는 사람들이 많았고, 제자들에게는 물론이고 시민들에게까지 선한 영향력을 끼쳤다. 이는 당시 일부 귀족들에게는 위협이 되었으며 그들은 소크라테스를 아테네법 위반으로 몰아세우기에 이른다. 소크라테스는 사형에 처해질 위기에 놓이자 수많은 제자들의 만류에도 불구하고 유유히 형장의 이슬로 사라졌다. 스스로 무지를 깨닫게 하는 산파술과 함께 '너 자신을 알라'라는 명제를 설파 하였음에도 불구하고 이를 자신을 변호하는데 사사로이 이용하지 않았으며, 부당한 죽음도 기꺼이 받아들임으로써 철학을 실천으로 완성하기에 이르렀다.

그의 사상과 철학은 제자 플라톤에게 전승되어 스승의 철학과 자신의 철학을 집대성하여 만든 30여권의 저서를 통해 서양철학의 기원은 후대에 남겨진다. 플라톤의 이원론은 물질이 아닌 세계를 이데아, 물질세계를 이데아의 그림자로 나누어 불멸의 영혼은 이데아를 상기함으로써 얻어진다고 했다. 한편, 플라톤의 제자인 아리스토텔레스는 스승의 이원론과는 다르게 형상과 질료가 하나라는 일원론을 제기하여 현실을 강조했다. 아리스토텔레스는 플라톤이 학장이었던 아카데미아에서 20년 동안 스승의 사상을 계승해 자신의 철학을 완성하기에 이른다.

아리스토텔레스는 정치학, 시학, 윤리학 등 다양한 분야에 대한 저서를 남기며 학문에 매진하였으나 스승의 사후 학장을 이어받게 되지 못하게 되었다. 이후 아카데미아를 떠나 새로운 학당을 세우게 되는데 그 학당의 이름이 바로 리케이온이다. 소요학파라는 이름에 걸맞게 리케이온에서 아리스토텔레스는 제자들과 함께 배우고 산책 하며 학문을 이어나갔다.

인문고전 글쓰기 프로젝트

책을 좋아하는 경영대학원 동문들이 모여 5년 전 리케이온이라는 이름으로 인문고전 독서토론회를 만들었다. 리케이온은 인문고전에 대한 의미와 가치를 함께 나누고자 만들어진 독서와 토론의 장이다. 여러 해 동안 인문고전을 함께 읽고 이야기 나누던 일곱 명의 회원들은 독서와 토론에 그치지 않고 글쓰기에 도전했다. 그 결과물이 2년 전 출판된 동양고전으로 읽는 경영이야기 『인문의 어깨에 올라 경영을 바라보다』이다. 이 책은 동문들이 함께 어우러져 만들어낸 첫 번째 작품이라는 데 그 의의가 크다.

두 번째 출판을 앞둔 2020년, 뜻하지 않은 코로나19의 창궐로 삶의 풍경이 뒤바뀌게 되었다. 이 낯선 무법자로 인해 세계는 무성영화의 한 장면처럼 소리 없는 아우성으로 가득 찼다. 무거운 침묵이 평범한 일상을 가라앉히고, 하지만 사회적 거리두기가 아무리 인간관계의 고리를 끊는다 해도 모든 소통을 막을 수는 없다. 이 또한 지나갈 것이므로.

환난의 시기, 서양고전으로 읽는 경영이야기 『인문의 어깨에 올라 경영을 바라보다』의 공동저자들이 출판을 위한 마지막 모임을 가졌다. 책이 삶과 사람을 향해 있고, 고전이 시공간을 초월하여 현재와 다르지 않다는 것을 인문고전 글쓰기 프로젝트를 통해 다시 한 번 확인하는 계기가 되었다. 앞으로도 리케이온은 인문고전을 통한 책읽기와 병행하여 경영, 삶, 사회를 향한 글쓰기를 이어나가고자 한다.

『담론』에서 신영복 선생은 좋은 사람을 만나고 스스로 좋은 사람이 되는 것이 나의 삶과 우리의 삶을 아름답게 만들어 가는 길이라고 했다. '인문의 어깨' 시리즈는 좋은 책과 좋은 사람이 어우러지는 참의미와 진정한 가치를 오롯이 담은 '함께 읽고 함께 쓰기'의 시작이라 말할 수 있을 것이다. 스스로 물질보다 정신이 위대하다는 명제를 세우고도 한없이 지하로 전락할 때 정신적 고양이라는 채찍과 마음의 양식이라는 당근을 건네며 동지가 되어주고 스승이 되어주던 인문학과 책이 나오기까지 도움을 주신 모든 도반에게 이 책을 바친다.

카오스에서
코스모스로의
첫 비행, 2021
진미정

인문의 어깨에 올라 경영을 바라보다

초판 인쇄 ｜ 2021년 03월 15일
초판 발행 ｜ 2021년 03월 24일

지은이 ｜ 최성욱, 진미정, 손수빈, 도은한, 김도균, 곽대훈
펴낸이 ｜ 김도균

펴낸곳 ｜ 도서출판 리케이온
　　　　출판등록 : 제2016-000007호
　　　　대구광역시 동구 장등로 19, BJ빌딩 3층
　　　　전화_ 053.784-8666, 010-3439-7939　팩스_ 0505.966-8666
　　　　이메일_ lykeion@lykeionbook.kr
　　　　홈페이지_ www.lykeionbook.kr

정가 15,000원

ISBN　979-11-973527-1-3

이 책은 저작권법에 따라 보호받는 저작물이므로 무단복제를 금합니다.
이 책 내용의 전부 또는 일부를 이용하려면 반드시 저작권자와 도서출판 리케이온의 서면 동의를 받아야 합니다.